LUZHANZHIHUN
ZHONGGUO WANGPAI
JITUANJUN

春秋九十载 百战铸军魂

# 陆战之魂 中国王牌集团军

董保存◎著

陕西新华出版传媒集团
陕西人民出版社

**图书在版编目（CIP）数据**

陆战之魂 / 董保存著 . — 西安 : 陕西人民出版社 ,
2016
ISBN 978-7-224-12109-4
Ⅰ . ①陆… Ⅱ . ①董… Ⅲ . ①中国人民解放军军史—
通俗读物 Ⅳ . ① E297-49
中国版本图书馆 CIP 数据核字 (2016) 第 307341 号

陆战之魂
董保存　著

**出 品 人：** 惠西平
**总 策 划：** 宋亚萍
**策划编辑：** 刘景巍　关　谊
**责任编辑：** 刘景巍　管中洑
**装帧设计：** 哲　峰

**出版发行：** 陕西新华出版传媒集团　陕西人民出版社
（西安北大街 147 号　邮编：710003）
**印　　刷：** 西安印刷包装产业基地发展有限公司
**开　　本：** 787mm×1092mm　1/16
**印　　张：** 16
**字　　数：** 254 千字
**版　　次：** 2017 年 1 月第 1 版　2017 年 1 月第 1 次印刷
**书　　号：** ISBN 978-7-224-12109-4
**定　　价：** 45.00 元


投稿邮箱 disibianjibu@126.com
发货电话 029-87205094

中国军队从士兵到将军都是最优秀的，我要告诫世界军队，切忌与中国军队在地面上交手。

——二战著名将领、英国元帅蒙哥马利

# 写在前面的话

2013 年 4 月 16 日，中国政府发布了《中国武装力量的多样化运用》白皮书，公开介绍了中国人民解放军各军种的情况：

陆军机动作战部队包括 18 个集团军和部分独立合成作战师（旅），现有 85 万人。海军现有 23.5 万人，下辖北海、东海和南海 3 个舰队。空军现有 39.8 万人，下辖 7 个军区空军和 1 个空降兵军。第二炮兵是中国战略威慑的核心力量，主要担负遏制他国对中国使用核武器、遂行核反击和常规导弹精确打击任务。

白皮书首次对外公布了陆军 18 个集团军的番号及归属：

沈阳军区下辖第 16、39、40 集团军，北京军区下辖第 27、38、65 集团军，兰州军区下辖第 21、47 集团军，济南军区下辖第 20、26、54 集团军，南京军区下辖第 1、12、31 集团军，广州军区下辖第 41、42 集团军，成都军区下辖第 13、14 集团军。

此前，这些信息都属于保密范畴。因此，消息一经发布，立即引起全世界的瞩目，也成为国人热议的话题。

蒙哥马利曾经说过："切忌与中国军队在地面上交手。"他所说的中国地面部队，也就是我们这本书中所写到的中国陆军——他们或被称为"无敌铁拳""林中猛虎""岭南雄师"，或被称为"旋风部队""北疆勇士""军中利剑"；他们或以"敢于亮剑"闻名，或以"沙家浜精神""塔山精神"著称；他们或涌现了像狼牙山五壮士这样的战斗英雄，或诞生了像邱少云这样的"钢铁战士"……

这支诞生于1927年南昌起义隆隆炮火声中的人民军队，从小到大，从弱到强，在血与火中铸就了不朽的军魂，成为一支“能打仗打胜仗”的队伍，涌现出了一大批“有灵魂、有本事、有血性、有品德”的将士，是保卫中华人民共和国的钢铁长城，是维护世界和平的重要力量。

让我们走进这18个集团军，感受他们身上的红色基因，了解他们创造的英雄传奇……

# 目录

# “天下第一军”

## 中国人民解放军第一集团军

2013 年 4 月 16 日，中国政府发布了《中国武装力量的多样化运用》白皮书，首次以政府文告的形式，公布了陆军 18 个集团军的番号。按照数字编排序列，18 个集团军之首，是南京军区第一集团军，因而被称之为“天下第一军”。而一军的官兵却谦逊地说：“不敢不敢，我们是沾了‘一’字的光！”

## 百战出雄师

中国人民解放军第一集团军的前身，可追溯到 1930 年贺龙在湘鄂西创建的中国工农红军红二军团，1934 年年底，他们开创湘鄂川黔苏区。1935 年 11 月，红二、红六军团组建为红二方面军，突破敌人的重重包围，开始长征；1936 年 10 月，与红一方面军在甘肃静宁将台堡会师。

在抗日战争中，红二方面军被编为八路军一二〇师三五八旅，当时的晋绥根据地就是这支部队创建的。1938 年 10 月，三五八旅奉命开赴冀中。1939 年 4 月至 9 月，“亚五”（七一五团）、“亚六”（七一六团）打齐会，战陈庄，威震平原。同时组建一二〇师第三支队，贺炳炎任司令员，余秋里任政委。1940 年春，一二〇师重返晋西北，参加了著名的百团大战，巩固了晋绥抗日根据地。

日本无条件投降后，三五八旅北上绥远，先后在厂汗营、凉城、卓资山、归绥（呼和浩特）、察素旗、包头等地，给残留的日伪军和国民党顽军以有力的打击，收复了绥东广大地区。

1947 年，三五八旅和独立第一旅组建了晋绥军区第一纵队，共计 8300 人，后改称西北野战军第一纵队。当时正逢胡宗南大举进攻延安，西北野战军在彭德怀的指挥下首战青化砭，再战羊马河，攻下蟠龙，三战三捷。这是对胡宗南的当头棒喝，使骄横的蒋军气焰大为收敛。1947 年 8 月，又和兄弟部队一起取得沙家店伏击战大捷，粉碎了国民党军对西北的重点进攻。毛泽东对这一仗评价极高：“沙家店这一仗确实打得好，对西北战局有决定意义，最困难时期已经过去了。用我们湖南话来说，打了这一仗，就过坳了。”

1947 年年底，第一纵队进行的“以诉苦和三查为中心内容的整训”，受到毛泽东的充分肯定，被毛泽东命名为“新式整军运动”，并在全军推广。在宜川战役中，第一纵队在瓦子街与国民党军进行了顽强的白刃格斗，出现了闻名全国的著名拼刺英雄刘四虎（三五八旅七一四团六连二班班长）。

1949 年 2 月 1 日，西北野战军第一纵队整编为中国人民解放军第一野战军第一兵团第一军，军长为贺炳炎，政治委员为廖汉生。原辖第三五八旅（旅长黄新廷、政委余秋里）、独立第一旅（旅长王尚荣）、第七旅（旅长傅传作）分别被改编为第一师、第二师、第三师，全军人数共计 2.2 万人。

解放战争时期，一军转战晋、绥、察、陕、甘、宁、青等省，参加战役、战斗 163 次，解放县以上城市 51 座，歼灭国民党军 104277 人，缴获各种火炮 880 门、轻重机枪 4033 挺、各种长短枪 29743 支，同时也发展壮大了自己。1947 年延安保卫战时，全军共 8649 人，至 1949 年 9 月，全军达 35249 人，武器装备有了极大改善，部队的战术水平也有了极大提高。

新中国成立后的 1952 年 6 月，第一军与第三军合编为重装军，番号仍为第一军。军长黄新廷，政治委员梁仁芥。

朝鲜战争爆发后，一军将士跨过鸭绿江，参加了 1953 年的夏季战役，与美军作战屡创佳绩。朝鲜停战后，在“三八线”和东海岸担负守备任务，直至 1958 年才撤军回国。

和平时期，哪里有急难险重任务，哪里有“硬骨头”要啃，哪里就有第一军。1962 年福建前线有情况，他们去了。1984 年西南边境地区防御作战，他们再立新功。1987 年全军搞合成训练，该军组建了第一个“蓝军团”，有了著名的“蓝军司令”，把全军训练水平提高到一个崭新的高度。抗洪抢险，抗冰雪灾害，更是少不了他们的身影。

从红二军团到三五八旅，从西北野战军第一纵队到南京军区第一集团军，这支部队披荆斩棘，所向披靡，创造奇迹，血写历史。

## 一军一师“一把手”

说来很有意思，曾经在这支部队分别任司令员、政委的上将贺炳炎和中将余秋里都是独臂将军，余无左臂，贺无右臂。他们带领的部队被称为“一把手”部队，也就是后来的中国人民解放军第一军第一师。

贺炳炎变成“一把手”，是在红军时期的一次激烈战斗中。当时敌人拼命往上冲，机枪手都牺牲了。贺炳炎操起身边的轻机枪一阵猛扫，嘴里骂道：“老子叫你们冲，叫你们冲！都叫你们见阎王去！”突然，一颗子弹射来，贺炳炎右臂中弹，身负重伤，被抬到医院。

军团卫生部部长贺彪检查了伤情，对贺炳炎说：“必须截肢，不然命都保不住了。”贺炳炎大喊：“不能锯，我不能没有右手，不能！”

闻讯赶来的贺龙握紧贺炳炎的左手，对他说：“你还有左手，照样可以骑马、打枪嘛！”经过贺龙的劝说，贺炳炎同意截肢。但是临时救护所根本没有截肢所需要的最起码的器械和麻醉药，贺彪无奈，只能用找来的木工锯子代替手术锯，找来吗啡代替麻醉药。木工锯尚可凑合着用，但吗啡服少了不管用，服多了易上瘾，会损伤大脑。贺龙听说用吗啡止痛，也不无忧虑地说：“贺彪，你让他吃这么多的吗啡，往后还怎么打仗嘛！”贺炳炎将吃到嘴里的吗啡吐在地上，强忍着疼痛说：“我不能离开战场，我不能离开战场！把毛巾塞到我嘴里，把我绑在门板上！”贺炳炎硬是没有用一点儿麻醉药就完成了截肢手术，但塞在他嘴里的毛巾却也被咬得稀烂。之后，贺炳炎仅躺了六天担架，就骑马率部纵横沙场了。

余秋里则是在贵州威宁伏击战中受伤的。他在一座山头观察敌情时，忽然发现对面的敌人正朝团长成钧射击。情急之下，他一把推开成钧，但子弹却击中他的左臂，伤势严重。可是他只是简单包扎一下，便忍着剧烈的疼痛随部队北上了。长征途中部队渡金沙江时，他乘坐的筏子在江心翻了，全船人都被掀到水里，卷进急流。余秋里仅靠一只右臂游到了对岸。当部队抵达甘孜时，医务人员打开绷带，发现他的伤口上已爬满了白蛆，用止血钳轻轻一敲，便有一层白蛆落地。但当时无医无药，只能重新换上绷带，继续爬雪山、过草地。行军中疼痛难忍时，他便叫警卫员往他手臂上浇凉水来止痛。

一天，贺炳炎来看他，劝他说：“老余呀，干脆把手锯掉算了，像我一样，当个‘一把手’多省事。我现在不也照样干革命，一点儿也不比别人差。”

1936 年 9 月，红二方面军到达甘肃徽县，此时余秋里左手五指已肿胀坏死，如不及时治疗就会有生命危险。恰逢红军刚打了胜仗，缴获了一些医疗器械、消毒棉和纱布，红二方面军首长便要卫生部部长侯政给余秋里截肢。

在手术时，侯政用缴来的没有标明使用剂量的镇痛剂给余秋里注射，一针下去，余秋里就陷入昏迷。侯政先刮掉余秋里臂上的腐肉，用好不容易找到的一根小锯条作为手术锯，锯断坏骨，才又忙着抢救失去知觉的余秋里。

经过抢救，余秋里终于醒了过来，他对侯政说：“多谢侯部长，这是我负伤十个多月以来，睡得最安稳的一觉。”

余秋里和贺炳炎第一次搭档，是在 1935 年 5 月的忠堡战斗中。此战是我军以少胜多的典范。十八团在团长贺炳炎、政委余秋里的指挥下奋勇杀敌，歼灭了敌师部和一个旅，活捉了敌纵队司令兼师长张振汉。事后，总指挥贺龙高度评价和赞扬了这场战斗。

抗战全面爆发后，一二〇师挺进冀中，两个“一把手”在第三支队分

**1939 年 6 月 28 日，贺炳炎司令员、余秋里政委率领第三支队在莲子口歼灭日寇 200 余人**

别任司令员、政委。他们互相尊重，互相配合，情同手足，创造了军政干部合作的典范。两人不仅在工作上、作战指挥上相互支持，而且在生活上也相互关心和帮助。由于他们两位都是独臂，而且一个失去左臂，一个失去右臂，因而在领服装时，手套只领一副，你用一只，我用一只。上衣也时常换着穿。余秋里的右边袖子磨坏了，贺炳炎的左边袖子磨坏了，两个人一调换，“这不都是好的嘛”。

余秋里后来曾经深情地回忆说：“在冀中的时候，我和贺炳炎的关系相当好，好到什么程度呢？我到外面开会不回来，贺炳炎就不吃饭，一直等我。有一次，我晚上 11 点才回来，他居然还在那里等我……”

贺龙元帅曾经对“一把手”部队这样评价：“贺炳炎和余秋里两人都是一只胳臂，刚来冀中时没有几个人，可是他们东一搞，西一搞，就搞出了一支队伍。这支队伍仗打得很硬嘛！敌人听见‘一把手’的队伍来了，离得大老远，就吓得溜掉了！”

## “一个伟大的创造”

三五八旅的“新式整军运动”被称为“一个伟大的创造”，当时对提高部队的战斗力，加速解放战争胜利的进程，发挥了不可估量的作用，甚至对新中国成立后的军队建设，也起到了巨大的作用。

1947 年秋天，西北野战军曾经两次围攻榆林，均未成功。撤围之后，彭德怀麾下的将领们都在思考一个问题：两次打榆林，为什么都没有打好？为什么都没有成功？

三五八旅政委余秋里奔走在部队中，找战士座谈，找干部开会，想找出一个明确的答案。有人说是因为思想上轻敌，对敌情估计不足，战役组织准备不够充分；也有人说是因为马鸿逵、傅作义的部队来得太快了，等等。余秋里觉得，这都是原因，但还不是根本原因。

在七一五团的座谈会上，有人说，除开外部的原因，主要是我们部队的斗志问题，是部队的战斗力问题。余秋里问：为什么斗志不强？有人说是思想不坚定。有的同志看到仗越打越大，担心今后的战斗更加激烈、艰苦、残酷，个别干部不愿靠前指挥，甚至有编造假情况、打滑头仗的问题。还有的说，现在战士成分变化太大，“解放战士”数量激增——部队就靠俘虏来补充大批减员。刚开始，还把他们短训一下再补充到部队，随着战斗越来越频繁、俘虏越来越多，现在是战斗一结束，就直接补充到部队。他们的觉悟程度直接影响战斗力。

听到这里，余秋里插话说：“刚才在操场上集合，我一看，好家伙，黄乎乎一片（当时国民党军穿黄军装）。你们这里解放战士的比例平均占多少？”得到的回答是：“70%左右，有的连队在80%以上。”

大家议论的焦点集中到了“战斗力”的基础——士兵身上。在围攻榆林的战斗中，有的解放战士贪生怕死，畏缩不前；有的不瞄准就放枪；有的无组织、无纪律，不听从排长、班长的指挥；有的对解放区来的老战士不服气，为一些小事和老战士争吵；有的违反群众纪律，乱翻乱拿群众的东西……最近，部队中还出现了谣言，说什么“共产党先甜后苦，打起仗来拿俘虏兵顶头阵”等。

听着听着，余秋里的思路开始清晰起来。打仗靠什么？除了正确的指挥，就是士兵的勇敢。在解放战士已占兵员总数百分之七八十的情况下，提高他们的觉悟十分重要。

在七一四团，余秋里发现二营教导员夏伟摸索出了一些提高解放战士觉悟的经验。

卓资山战斗后，二营补进了一批被俘的国民党军士兵。开始，他们不服气，说我军“打仗不正规”，说“摆开架势明着打，还说不定谁胜谁败呢”，还经常和从边区补来的子弟兵发生争执。

夏伟从关心、爱护入手，不断问寒问暖。行军时，安排班、排干部和老战士替新战士和解放战士背枪；宿营时替他们放哨站岗……这使解放战士很受感动。

夏伟还在全营搞了国共两军对比教育。通过对比，不少解放战士改变了立场，同子弟兵的关系密切了。在驰骋晋绥和保卫延安的战役中，很多解放战士冲锋在前，英勇杀敌，立了功、受了奖。

于是，余秋里和旅长黄新廷研究决定，利用冬季战斗的间隙进行一次整训。余秋里要七一四团先行一步。他主持召开了营以上干部会议进行动员。他说，目前部队中解放战士已占大多数，这次冬季整训，应以提高解放战士的觉悟为重点。借鉴二营的经验，发动干部战士诉旧社会的苦、诉旧军队的苦，进行新旧军队对比，在“诉苦”的基础上，进行“三查”，即查阶级、查工作、查斗志，进一步解决少数干部和战士思想不坚定、斗志不强的问题。

诉苦开始后，七一四团二营四连出现了一个典型事件——

一个深夜，全连都睡熟了，解放战士路新理悄悄爬起来，抱着一包东西跑向野外。查铺的指导员发现了，以为他想开小差，就悄悄地跟了上去。

这个路新理是蟠龙之战后解放的，怪话怪事不断，人们叫他“罗克兵”。见夜行军走山路，他就说：“钻山沟，走夜路，和土匪一样。”给他发了一顶解放军帽子，他居然扔到地上用脚踩。发的津贴是边区票子，他一转身便撕了。打环县时，他甚至对俘虏说：“你拿的是枪，不是木棒，为什么不抵抗就跑了？”攻打榆林时，他畏缩不前，把头埋在地下，不瞄准就放枪……

谁知他跑到后沟的一个土崖下停住了，从怀里掏出一个纸牌牌，插在土坎上，点燃带来的蜡烛和供香，跪下磕了三个头，叫一声“娘！”就开始说话，说着说着就成了哭诉。指导员慢慢听明白了——他在向死去的亲娘诉说自己的伤心事。听着听着，指导员的心也酸了，再也忍不住，上前去和路新理一起抱头痛哭起来。

原来路新理听了别人诉苦，顾虑自己是俘虏兵，平时又爱发牢骚、讲怪话，怕在会上讲了自己的悲惨遭遇，得不到同志们的理解和同情，这才跑到野外来哭的。

第二天，全连召开诉苦大会，路新理上台诉说自己的遭遇。

他老家在山东曹县，父亲给地主扛长工，他稍大点儿也帮着打短工，常年累死累活也养活不了一家四口人，后来父亲被活活累死了。他和母亲掩埋了父亲，领着妹妹来到晋南的夏县，他去给盐场晒盐。在盐场干活，没有防护鞋，脚上的布鞋一湿，双脚就被盐卤汁蚀烂，疼痛难忍。但为了母亲和妹妹不被饿死，他就咬着牙硬撑。后来，母亲病饿交加，也离开了人世。他没钱埋葬，连吊孝的麻布也买不起，还是一起逃难来的乡亲们凑钱帮忙，才让母亲草草入了土。母亲死后，他每天带着 9 岁的妹妹伏在母亲坟头上哭。有一天，国民党军队突然到盐场抓兵，把他抓走了。妹妹哭得死去活来。从此，可怜的小妹妹是死是活他一点儿也不知道了……路新理说到这里，再也说不下去了，号啕大哭起来。停了一会儿他又说："解放过来以后，我认为在国民党军队里是当兵，当解放军也是当兵，反正都是打仗。我不愿当兵，天天想我那苦命的妹妹。现在我明白了是谁让我受的苦，明白了应该用手中的枪去打谁。"他拿起手中的枪，将枪托猛地向地上一捣说："今后，我一定在解放军里好好打仗，为我的亲人报仇。"

典型的力量是巨大的。余秋里把七一四团二营的经验在全旅推广后，三五八旅上上下下都动了起来，七一五团和七一六团也都有自己的典型和创造。

七一六团在团直属通信连试点，出了个典型人物于德水。他是解放战士，既受地主剥削，又受旧军队的欺压。他的诉苦感动了全连、全团。后来他还成了战斗英雄。通信连还创造了算账的办法，不仅倒苦水，而且找苦源、挖苦根，通过说理、算账，引导干部战士把个人和家庭的苦难遭遇与整个阶级的命运联系起来，与推翻剥削阶级的反动统治联系起来，使战士们搞清了剥削和被剥削的关系，增强了斗志。

在七一五团，余秋里充分肯定了他们的做法——诉查结合，在三查中诉苦，诉苦后再三查。他们认为诉苦是开展三查的基础，三查是诉苦的继续。不搞诉苦教育或诉苦搞得不充分就进行三查，不是查不起来，就是深入不下去。诉苦搞得越深入，三查就越有基础。三查是把阶级觉悟转化为战斗力的关键环节。

三五八旅把开展诉苦三查活动的简报送到西北野战军总部后，立即引起了彭德怀的极大关注。他是站在更高的角度来看这件事情的。他对政治部的人说："最近，毛主席写的《中国人民解放军宣言》发出了'打倒蒋介石，解放全中国'的伟大号召，解放战争进入了新阶段，解放区正在搞土改，焕发了人民群众支援革命战争的极大热情。那么，军队该怎样调动积极性，提高战斗力？我看，诉苦三查是个好办法。"

彭德怀和野战军政治部主任甘泗淇深入到三五八旅，亲自听取各团政委、主任的汇报，找干部战士座谈，详细了解情况，还参加了诉苦大会。

当听到七一六团通信连指导员刘传喜汇报解放战士于德水在家受尽剥削压迫，被抓丁当兵后又受尽反动军官欺凌的悲惨遭遇时，彭德怀扭过头来对余秋里说："翻身农民参军的子弟兵，受地主老财的剥削压迫，只受过一重苦；俘虏过来的解放战士，绝大多数是贫雇农，他们在家受地主老财剥削压迫，在国民党军队又受压榨打骂，受的是双重苦，是我们的阶级弟兄。”“通过诉苦，大家懂得了阶级，懂得了剥削，懂得了为人民当兵、为自己翻身打仗，对敌人的仇恨加深了，战斗意志就会更加坚定。”

临别前的晚上，彭德怀对余秋里说：“你们搞的诉苦三查，是政治工作的一种新发展。有了彻底的群众路线，就能充分发扬民主，引导群众从根本上提高觉悟。部队士气旺盛，就可以跟敌人拼命。你们要下决心抓下去，要注意研究新情况、新问题，注意总结经验。”

余秋里想到前段作战骨干伤亡大，干部减员较多，又要迎接新的战斗任务，便向彭德怀请示：“经过诉苦三查，能不能从解放战士中选一批骨干？”

彭德怀眼睛一亮说：“好啊！在运动后期，你们可以发扬民主，让群众推荐干部，经过领导审查，确实表现好的，可以当排长、连长，当营长也可以嘛！”

彭德怀回去以后，西北野战军总部发出了关于推广诉苦三查做法的电报，全军的诉苦三查运动就此广泛开展起来了。

1948 年 1 月，西北野战军在米脂县杨家沟召开团以上干部参加的前

**某部诉苦三查大会后进行复仇宣誓**

委扩大会，毛泽东等中央领导人参加了这次会议。会议期间，彭德怀告诉余秋里："毛主席要接见你，要了解部队诉苦三查的情况。"

余秋里没有想到的是，毛泽东竟用了两个晚上的时间，听他谈诉苦三查的情况。

余秋里从如何组织诉苦，如何让苦大仇深的典型引领大家诉苦、把群众发动起来，讲到如何算账、找苦源、挖苦根，使大家认识到蒋家王朝是地主老财的总代表，要彻底翻身过好日子，就要跟着共产党，推翻三座大山……

毛泽东说："这个对，要顺应群众的心愿，按自己的主观意愿办事是不会成功的。"

毛泽东特别关注解放战士的情况，他要余秋里谈细一点儿。余秋里讲了路新理等解放战士的转变情况，他说："国民党军队的士兵，除了个别兵油子，绝大多数都是贫苦出身，有的是被抓来的，有的是用钱买来的。他们在家受地主老财的压迫，到国民党军队里又受长官的压迫，受不了就逃跑，抓回去就被打死。实际上他们的阶级成分跟我们子弟兵一样，有的家里比解放区来的战士还要苦。经过诉苦教育，他们的觉悟提高得很快，揭发坏人坏事坚决得很。"

听到这里，毛主席站了起来，说："很好！很好！我们从中央苏区起，就想找到一个教育俘虏兵的好形式，这次诉苦三查的办法把这个问题解决了。你讲清楚了！好，明天你到会上去讲，请陈毅同志也参加。"

第二天，余秋里在大会上做了生动的发言，他用鲜活的事例引出了这次诉苦与三查教育的方针和目的、教育的原则和方法以及取得的经验和教训，受到了广大与会者的欢迎。

杨家沟会议以后，毛主席把诉苦三查运动正式定名为"新式整军运动"。随后，毛泽东为新华社写了《评西北大捷兼论解放军的新式整军运动》一文，指出："最值得注意的，是在冬季两个多月中用诉苦和三查方法进行了新式的整军运动。由于诉苦（诉旧社会和反动派所给予劳动人民之苦）和三查（查阶级、查工作、查斗志）运动的正确进行，大大提高了全军指战员为解放被剥削的劳动大众、为全国的土地改革、为消灭人民公敌蒋介石匪帮而战的觉悟性；同时就大大加强了全体指战员在共产党领导之下的坚强的团结。在这个基础上，部队的纯洁性提高了，纪律整顿了，群众性的练兵运动开展了，完全有领导地有秩序地在部队中进行的政治、经济、军事三方面的民主发扬了。这样就使部队万众一心，大家想办法，大家出力量，不怕牺牲，克服物质条件的困难，群威群胆，英勇杀敌。这样的军队，将是无敌于天下的。”

在毛泽东的号召下，“新式整军运动”很快在全军蓬勃展开。其所焕发出来的战斗精神，在解放战争的各个战场上都显示出了无比巨大的威力。

## 一个六连，名扬天下

第一集团军的“硬骨头六连”，可说是威名远扬，光写他们的书就有上百本，上电视、登报纸更是家常便饭，国家邮政局还专门发行了一套“硬骨头六连”的纪念邮票。六连也是全军唯一一个先后被国防部、中央军委授予荣誉称号的连队。

如今走进六连荣誉室，会看到毛泽东等党和国家领导人与六连在一起的照片或给这个连队的题词。

而这种“硬骨头精神”，却是在血与火中锻造出来的。

诞生于冀中抗日烽火中的六连组建不久，就经历了一次严峻的考验。

当时，部队跳出日寇包围圈后，准备东渡子牙河。当行进到一个叫马家营的村子时，与300多名日军遭遇。六连奉命占领马家营，掩护全团东渡子牙河。在连长陈砚庭、指导员张会田的指挥下，刚进马家营，大批日军便蜂拥而至。六连利用断墙、残壁、塄坎，从早上打到黄昏，先后击退日军5次进攻。在最危急的时刻，指导员张会田带领战士，与日寇展开了白刃格斗，毙伤日军60多名，掩护全团渡过了子牙河，而他却英勇牺牲。

1945年，在著名的爷台山战斗中，六连作为进攻突击队，与国民党胡宗南的暂编五十九师所谓的“常胜连”四连针锋相对。一班副班长张殿山带领战士尹玉芬、孙正中、赵春霖接近敌军阵地外壕。冲在最前面的孙正中牺牲了，而尹玉芬、赵春霖朝敌军碉堡甩出两颗手榴弹，借着烟雾，敏捷地冲进了外壕。张殿山利用射击死角，突然冲到碉堡的射击孔，猛地伸出双手，紧紧抓住滚烫发红的枪管，一使劲儿，把机枪从工事里拽了出来。就在那一瞬间，六连战士吼叫着全部冲了上去，与敌军拼起了刺刀。此时，尹玉芬发现工事旁边有一架木梯，他立即攀登上去，见工事里有一个敌人正向我后续部队射击，他一扣扳机，敌人应声倒毙。不一会儿，连长李存金、指导员肖良田带着一排、三排冲上来了。尹玉芬奋勇当先，踩着人梯接近碉堡顶，先往里投了两颗手榴弹，消灭了三个正在疯狂射击的敌人。接着，翻身登上碉堡顶，从碉堡的豁口连续投进了几颗手榴弹，碉堡里的机枪也哑巴了。尹玉芬后来又一人连续刺死几个敌人，最后还活捉了爷台山国民党军最高指挥官、加强营营长黄日升。爷台山主峰的每一段堑壕，都闪现着六连战士的身影，杀得国民党军魂飞胆裂，有 70 多个敌人死于六连勇士的刺刀之下。战后，不少俘虏心有余悸地说："八路军的手榴弹、刺刀真厉害!"

在解放战争中，六连越战越勇，威震敌胆，屡建奇功。1948 年的宜川瓦子街战役中，六连杀出了威风，确实惊心动魄！第一野战军战史记载:"处在敌人拼死突围地段上的七一四团表现尤为突出，全团指战员与敌激战，团长、参谋长先后牺牲，团政治委员负伤……该团二营六连打得更为顽强，全连只剩下 13 位勇士，仍然坚守阵地。战斗中，班长刘四虎冲锋在前，一人连续刺倒了 7 名敌兵。"

新式整军运动提高了指战员的阶级觉悟，这是某部战士们在宜川战役中勇猛登上宜川城

刘四虎的英雄传奇绝非像战史上所说的那么简洁。

那天，刘四虎一马当先，一口气冲到

了距敌前沿阵地十几米的一棵大树下。回头一看，跟上来的只有两个战士。几颗冒着青烟的手榴弹滚落在他们的脚下，眼看就要爆炸。刘四虎一脚踢开脚下的手榴弹，一个战士捡起手榴弹投向敌人。不一会儿，两个战士中一个牺牲，一个负了重伤。刘四虎怒睁双目，连投四颗手榴弹，趁着爆炸的烟幕，端着上了刺刀的步枪，呐喊着冲上了敌前沿阵地。躲在工事里的一个敌机枪手被吓呆了，扔下机枪就跑。刘四虎跨上前去，一刺刀将敌人刺倒，然后向几个敌人猛追过去。一个敌人斜转身子想逃跑，但刺刀已从他的左肋下插了进去。另一个敌人翻转身准备搏斗，刘四虎虚刺一刀，敌人用刺刀向左一拨，胸前闪出了空当，他上前猛一突刺，敌人的肚子被刺透，倒了下去。他见敌人不肯缴枪，又追上第四个敌人，一刀刺中了敌人的咽喉，敌人立即丧命。第五个敌人背着背包要逃，他又一刀将敌人刺倒。仅三四分钟，刘四虎就刺死四个敌人，刺伤三个。敌指挥官见上来的只有一个人，大声吼叫："不准退，谁退就枪毙谁！"后来，十几个敌人将刘四虎包围起来。刘四虎怒目圆睁，怒吼连连，手中的刺刀滴着血，那气势叫敌人既不敢靠近，又不敢开枪。刘四虎平端刺刀，威风凛凛，和敌人对峙了十多分钟，为后续部队上来争取了时间。

突然，刘四虎听见右侧有搏斗的呐喊声传来，立即将刺刀向前一指，冲出重围。只见一班班长舒照明已被压在地上，一个敌人正举起铁锹朝他头上砍去。说时迟，那时快，刘四虎的刺刀朝敌人刺去，舒照明这才脱险了。刘四虎却因用力过猛，跌进了狭窄的交通壕里，转不过身。他刚从身下抽出枪，拥上来的 4 个敌人几乎同时刺向了他，他的头部 4 处负伤，鲜血染红了帽子，跌倒在深沟里，昏迷了过去。这时，后续部队冲了上来。当他们把刘四虎抬下来的时候，发现他已负伤 11 处。

为了占领敌主阵地，六连连续组织冲锋。连长赵贵荣、指导员郭志山及排长相继牺牲，建制几次被打乱，战士们就自动组成战斗群。

最后，六连只剩下 6 名拿步枪的战士，加上炊事员、通信员等共有 13 个人。副连长胡开珍将 13 个人组成一个班，对三排副说："我当班长，你当副班长，就是死，也要与敌人拼到底！"当发起最后冲锋时，这 13 个人再三请战，加入了冲锋的行列。

新中国成立后，六连继承和发扬了战争年代铸就的"压倒一切敌人的狠劲，百折不挠的韧劲，坚持到底的后劲"，出色完成了剿匪反霸、抗美援朝、战备执勤、抢险救灾等一系列重大任务，以“战备思想硬、战斗作风硬、军事技术硬、军政纪律硬”而闻名全国全军，被国防部授予“硬骨头六连”荣誉称号。刘伯承、贺龙、徐向前、聂荣臻、叶剑英五位元帅欣然为六连题词，号召全军弘扬硬骨头精神，锻造过硬的思想、作风和军事技术。

粉碎江青反革命集团后的1977年1月，中央军委向全军发出学习“硬骨头六连”的号召。邓小平同志在军委座谈会上说：“所有的连队以至各级干部都应该像他们那样勤学苦练，有他们那种政治思想。”这次讲话后来被收入《邓小平文选》第二卷，“硬骨头六连”因此成为唯一在《邓小平文选》里出现的连队。

1984年1月22日，当“硬骨头六连”迎来命名20周年的时候，邓小平指示以中央军委的名义，给六连赠送了一面写有“发扬革命传统，争取更大光荣”的锦旗。

新时期以来，六连在革命化、现代化、正规化建设征程中不断创造出新的辉煌，先后4次荣立集体一等功、14次荣立集体二等功。在边境作战过程中，六连英勇顽强，克敌制胜，被中央军委授予“英雄硬六连”荣誉称号。

1991年秋天，江泽民来到西子湖畔的“硬六连”驻地。在连队荣誉室里，他详细了解六连所走过的半个多世纪的战斗历程，挥笔为连队题词：“弘扬硬骨头精神，全面建设连队。”

江泽民更是对“硬骨头精神”做了高度概括：“硬骨头精神，集中到一点，就是在任何艰难困苦面前都决不低头，敢于拼搏、勇于牺牲，直至夺取胜利。这种硬骨头精神，战争年代需要，在和平时期同样也很需要。”

## 英雄辈出，将星闪耀

走进第一集团军的军史馆，最醒目的是两批人的照片。

一批是英雄模范单位和个人。单位的荣誉称号如“英勇善战杀敌先锋”“战斗模范连”“抗洪抢险模范团”“坚守英雄连”“攻坚英雄连”“尖刀七连”“老山大功连”等；也有“拼刺英雄”刘四虎、“孤胆英雄”尹玉芬等 15 名全国战斗英雄……他们在这里注视着自己的团队，注视着所有后生来者。

另一批是从这里走出来的将军。贺炳炎、张宗逊、廖汉生、余秋里、黄新廷等一个个响亮的、为人们所熟悉的名字赫然在目。老将军们在这里深情地望着自己的战友和同志。还有 1988 年以后授衔为上将的傅全有（中央军委委员、总参谋长）、陈炳德（中央军委委员、总参谋长）、赵克石（中央军委委员、总后勤部部长）、李乾元、吴铨叙、朱文泉、史玉孝等数十名将军。新将领们在这里列队向老首长、向自己部队的英雄们行注目礼。

LUZHANZHIHUN
ZHONGGUO WANGPAI
JITUANJUN

# 刘邓大军中的“无敌铁拳”

## 中国人民解放军第十二集团军

## 溯源寻根

第十二集团军的根儿是黄麻暴动后成立的红军七十四师一部，抗日战争中成立的八路军一二九师东进纵队一部和一二九师三八六旅七七一团一部，以及河北抗日义勇军冀察游击队一部。

1945 年 10 月 15 日，晋冀鲁豫军区将太行军区部队组成的韦（杰）张（国传）支队、石（志本）何（柱成）支队、秦（基伟）向（守志）支队和太行军区第六军分区直属队合编为晋冀鲁豫军区第六纵队，王宏坤任司令员，段君毅任政委。这就是第十二集团军的前身。

六纵成立后，很快就成为刘伯承手下的一支主力部队。1946 年 9 月，定陶战役发起前，刘伯承、邓小平主持作战会议，刘伯承问各个纵队的司令员、政委：这一仗能不能打？敢不敢打？会场上一时沉默。突然，六纵代司令员王近山站起来，操着浓重的黄安口音说："一号（刘伯承司令员）、二号（邓小平政委），我和政委商量了，六纵坚决要求打，打剩下一个旅，我当旅长，剩下一个团，我当团长，剩下一个连，我当连长。"在作战中，王近山率领刚成立不到一年的六纵，血战大杨湖，打出了气势，打出了名声，为消灭国民党军整编第三师立下首功。

在接下来的巨野战役徐庄战斗中，第六纵队十八旅五十二团一连机枪班班长王克勤，带领全班战士打退敌人多次反击，顽强地守住了阵地。战后，延安《解放日报》发表了《普遍开展王克勤运动》的社论，从而在全军掀起了"王克勤运动"高潮，有力地提高了我军战斗力。

在挺进中原时，六纵政委杜义德指挥部队强渡汝河，以"狭路相逢勇者胜"的英雄气概，杀出一条血路，掩护野战军领导机关安全突围。

1948 年 7 月，六纵又以"刀劈三关"的大胆战法，一举攻下襄阳古城，生擒特务头子康泽。战后，十七旅四十九团被授予"襄阳特功团"光荣称号。

1949 年 2 月 9 日，六纵在安徽蒙城改编为中国人民解放军第十二军，王近山任军长兼政委，他率部参加渡江战役和进军四川，与兄弟部队一起解放重庆。在成都战役中，第三十六师一〇六团先头连指导员王银虎，带领10名战士，生俘敌军一个团1000余人。

1950年12月，第十二军跨过鸭绿江抗美援朝，此时又有一支劲旅加入第十二军的行列，即原隶属第十一军的三十一师（该师一〇一团前身为红军时期的红四方面军第四军第十师，抗日战争中是威震太行的一二九师七六九团朱德警卫团——步兵第三十六师一〇八团）编入该军。

在抗美援朝的第五次战役中，第十二军三十一师九十一团在“三八线”以南将近100公里处被敌军重兵包围。他们不仅成建制突围返回，还俘敌240名，创下战争史上的奇迹。在举世瞩目的上甘岭战役中，第三兵团代司令员王近山将十二军调为兵团的战役预备队，成立了五圣山战斗指挥所，由十二军副军长李德生负责统一指挥上甘岭前线作战的第十五军、第十二军部队。李德生带领十二军部队上去时，工事已经基本被炸毁，阵地上一片焦土，一脚踩下去没膝深。但他们想方设法坚守阵地，取得了战役最后的胜利。

在解放战争和抗美援朝战争期间，该军共歼敌约50万人，先后涌现出杨春增（第三十五师一〇四团副排长）、伍先华（第三十四师一〇〇团二连班长）、胡修道（第三十一师九十一团五连战士）等著名战斗英雄。

20世纪60年代初，第十二军又创造出著名的“郭兴福教学法”，为全军开展的“大比武”运动蹚开了路子，做出了贡献。

1985年，中国人民解放军第十二军改编为中国人民解放军第十二集

**上甘岭阵地一角**

团军，军部驻在历代兵家必争之地——江苏徐州。

## “百将团”与“临汾旅”

第十二集团军有个“百将团”，这不是他们自己命名的，是前国防部部长徐向前元帅亲笔题写的。

团史馆里，我们可以看到 80 多年来，124 颗“将星”从这个团里冉冉升起。共和国大将徐海东、王树声，上将王宏坤、陈锡联、洪学智、刘震、许世友、韩先楚、王新亭、陈再道、王建安，中将王近山、杜义德、王必成、郑维山等，这些响亮的名字，使“百将团”的历史熠熠生辉。

细心的读者会发现，这些将领多出自鄂豫皖根据地，这就要追溯到这个团的诞生地黄安、麻城。

1927 年 11 月 13 日晚，会集在黄安七里坪的武装起义军千余人，高唱着“暴动暴动，工农打先锋，拿起刀和枪，一同去进攻！”的雄壮歌曲，冲向了黄安城。14 日凌晨，攻城战斗打响，数十名义勇队员翻越城墙，与早先潜入城内的吴光浩率领的突击队员里应外合，一举打开了北门，数万武装农民杀声震天，拥进城内。鲜艳的革命红旗插上了古老的城墙。参加暴动的队伍中的一部分，就是“百将团”的老底子。

抗日战争中，由七六九团团长陈锡联率部夜袭阳明堡，火烧日军机场，创下了步兵打飞机的著名战例。

那是在 1937 年的秋天，该团进抵山西代县阳明堡以南滹沱河岸边的苏龙口、霁家庄地区。团长陈锡联发现头顶上不停地有飞机盘旋，决定先去摸摸情况。他们化装成农民，在一个曾被日军抓到机场当苦力的民夫的带领下，潜到机场附近进行侦察，发现机场上有 24 架飞机，其中 8 架是大家伙，机场里有警卫部队 200 多人。他们遂对机场周边的地形和兵力部署情况进行了详细的侦察。

10 月 19 日深夜，陈锡联命令三营营长赵崇德带两个连爬过了机场外的铁丝网，神不知鬼不觉地钻进了机场。

当他们靠近飞机时，被敌人发现，急促的枪声打破了深夜的沉寂。赵营长当机立断，派部分兵力抗击敌人，他则带领其余的战士扑向飞机，把捆好的一捆捆手榴弹往飞机肚子里塞。随后，轰隆隆的爆炸声响成一片。战士们用炸药炸，用铁镐砸，用一切可以利用的武器和工具将机场上的飞机打得趴了窝。夜袭阳明堡共炸毁敌机24架，毙敌百余名，这在当时创造了步兵打飞机的范例，震动了抗日战场。

**在夜袭阳明堡飞机场战斗中，七六九团三营营长赵宗（崇）德光荣牺牲**

淮海战役打响以后，在攻打宿县战斗中，该团和友邻部队一起发起猛攻。他们很快攻下了宿县小东门，敌军大部被歼。一股敌人逃到一个教堂里，被五连的六名战士封死在里面。敌人利用房屋做掩护，用火力使进攻部队不能靠近，班长李正堂搬来几箱刚缴来的手榴弹，狠命地往院子里投。院子里顿时火光冲天，爆炸声、喊叫声不断，敌人的枪声也停了下来，有的战士提起枪就要往里冲，班长李正堂拦住他们，提醒说："院里的敌人还很多，可能要突围。"

果不出所料，片刻之后，敌人先是一阵机枪扫射，又朝外面扔了一排手榴弹，才趁着烟幕冲了出来。说时迟，那时快，李正堂拉响一颗手榴弹，向冲出来的敌人投去。随着一声巨响，敌人被炸得晕头转向、血肉横飞，连忙往里缩。

这时一名军官模样的人，提着枪往尖刀班这边跑来。战士郝占敖冲了上去，一把夺过枪来，顶住那人的脑壳。殊不知，此人正是敌护路副司令兼交警第一旅旅长、少将张绩武。这次战斗中，五连6个人歼灭敌人2个

志愿军某部坚守在上甘岭阵地上

连，抓了150多个俘虏，活捉1个少将。

在一般人的印象中，举世瞩目的上甘岭战役是十五军打的。其实在战役的后一阶段，在副军长李德生的指挥下，十二军的部队英勇顽强地坚守阵地，同样打出了威风。1952年12月3日、4日，十二军一〇六团粉碎了敌人最后一次两个多营的攻击后，敌人再无力发动大规模进攻，上甘岭战役基本结束。战后，侵朝“联合国军”地面部队司令范佛里特公开承认这次作战是“战争最血腥的和时间拖得最长的一次战役，使‘联合国军’蒙受到重大的损失”。

新时期以来，“百将团”的后代们没有躺在功劳簿上睡大觉，而是不断创造新辉煌，连年被集团军和师部评为先进团党委、军事训练先进团、后勤建设先进团、装备工作先进团和“两防”工作先进团，成为十二军乃至南京军区的标兵团、样板团。

1999年10月1日，在首都天安门广场举行的庆祝新中国成立50周年盛大阅兵式上，由该团选派代表参加的钢铁方阵，威武雄壮地通过天安门广场，接受党和国家领导人的世纪大检阅，充分展示了我军威武之师、文明之师、胜利之师的良好形象，充分展示了我军革命化、现代化、正规化建设的巨大成就。

在第十二集团军，不仅有“百将团”，还有一个十分著名的旅——“临汾旅”。解放战争时期，在山西临汾攻坚作战中，他们利用坑道爆破的方法，率先攻破被敌人称作“铜墙铁壁”的临汾城，创造了我军城市攻坚作战的典型战例，后中央军委授予该旅“光荣的临汾旅”荣誉称号。

临汾是晋南军事重镇，号称“卧牛城”。其地势内高外低，城墙依自然地形构筑，高 15 米，顶宽 10 米，基厚 30 米左右；城周碉堡林立，壕沟纵横，内外暗道相通，从城外到城内构成警戒阵地、护城阵地、城墙主阵地、城内纵深阵地四道防线。城东关筑有外城，城高 11 米，上宽 6 米，基宽 11 米，外壕仅次于本城，是临汾本城的主要屏障。总体设防严密坚固，易守难攻。为死守东关，保住临汾，守敌共构筑了四道防线。为了坚决攻下东关，二十三旅旅长黄定基带上旅工兵连连长钟立本、指导员贾青山到东关临汾发电厂，侦察敌情和选择坑道作业的具体位置，又部署六十八团抽出部队，在旅工兵连的技术指导下进行坑道作业。1947 年 4 月 7 日下午 2 时，总攻东关的战斗打响了。一声令下，二十三旅指战员猛打猛冲，逐屋争夺，一举夺取东关。

徐向前接到黄定基的报告后，非常高兴地说：“东关攻克，让参战部队大睡三天！”又说：“有二十三旅，我也可以安稳地睡一会儿觉了！”

进攻临汾本城前，黄定基按徐向前的指示，周密部署工兵和步兵同时进行坑道作业，用坑道装炸药破城，当一回“土行孙”。旅教导大队二队和旅工兵连开始艰苦劳作，挖掘两条破城主坑道。为了对付敌人外壕和“反坑道”，他们挖掘的坑道要不断拐弯，同时，为了向外运土，战士们以弹药箱代替拖车，以双膝代替脚，赤身露体地来回爬行。

经过 26 天的艰苦作业，两条坑道挖成了。一号坑道长 117 米，二号坑道长 115 米。5 月 16 日黄昏，旅长黄定基冒雨指挥坑道作业最后的也是最关键的环节——运送和装填破城炸药。为了防止炸药淋湿，他脱下身上的旧棉衣，盖在炸药上。3 个小时后，装填炸药完成，南边的一号主坑道共装黑色炸药 6200 公斤，北边的二号坑道共装黄色炸药 2500 公斤，另又装硝铵炸药 500 公斤。

按照命令，5 月 17 日晚上 7 时，旅长黄定基向工兵发出起爆的命令。一阵闷雷似的巨响后，整个临汾城大地颤动。经过 27 天千辛万苦挖掘的坑道爆破位置上空，升起两团巨大的烟云。城墙被炸开两个大缺口，攻城部队吼叫着从缺口突入城内。经过几个小时激战，黄定基指挥的二十三旅毙、伤敌近千人，俘敌 4337 人，缴获各种火炮 2051 门、各种机枪 358 挺、长短枪 3034 支、汽车 21 辆、骡马 442 匹、弹药 109 万余发。守敌头目梁培璜在混战中逃出临汾，第二天也被生擒。

临汾战役是一场攻坚战，此战的坑道作业规模之大、时间之长，在人民军队的攻坚作战史上是罕见的。由于二十三旅战功卓著，徐向前提议并经中央军委批准，命名该旅为“临汾旅”。在八纵队的庆功大会上，徐向前亲自将写着“光荣的临汾旅”六个大字的横幅奖旗授予二十三旅。临汾战役一结束，部队没来得及休整就开赴晋中，参加晋中战役。又经过 42 天的激战，解放军以 6 万兵力，共歼敌 10 万余人。其中，黄定基指挥的“临汾旅”歼敌 7900 多人。

新中国成立后，“临汾旅”又在抗美援朝、国防建设、抗洪抢险等战斗、任务中屡立战功，成为名震华夏的精锐部队之一。“临汾旅”官兵在训练场、考核场、表演场，从技术到战术，从单兵到合成，从模拟到实弹，经受千锤百炼，将部队战斗精神和武器性能发挥得淋漓尽致。他们先后接待了 100 多个国家和地区的数千名国家元首、军政要员和贵宾，向世界展示我军威武、文明、胜利之师的良好形象，成为“中国陆军的窗口”。

**1948 年 6 月，徐向前（前左三）检阅在临汾战役中英勇作战的“临汾旅”**

## 三个标志性人物

第十二集团军有三个标志性的人物——王克勤、郭兴福、王杰。在不同历史阶段，他们都成为人们崇敬和学习的榜样。

新中国成立60周年时，中共中央宣传部、中共中央组织部、解放军总政治部等评出的“100位为新中国成立作出突出贡献英雄模范人物”中，王克勤的名字排得很靠前。

王克勤的人生经历颇具传奇色彩。

18岁的王克勤被国民党中央军抓了壮丁，“当了四年兵，受了四年洋罪”。1945年10月被俘后，王克勤自愿要求参加解放军，被就地编入晋冀鲁豫军区第六纵队五十二团一营一连。在随后进行的政治整训，特别是诉苦教育中，他受到了深刻的触动，阶级觉悟得到了根本性的提高。

解放战争开始后，他的军事才能得到了充分发挥，每仗必立功。出击陇海线，首战兰封、杞县，他消灭敌人4名机枪手，立战功1次，升为副班长。在定陶战役大杨湖战斗中，王克勤带领的一个战斗小组迂回到敌人侧翼，用手榴弹炸毁敌人两挺机枪，打死敌人39人，战绩突出，又立战功1次，后升任班长，并加入中国共产党。

此时，由于连续行军作战，部队减员很多，大量翻身农民和“解放战士”补入队伍，如何使部队的老骨干、新战士、解放战士拧成一股绳，很快形成战斗力呢？王克勤受解放区组织农业生产互助组的启发，在班里首创“思想互助、技术互助、生活互助”三大互助活动。他说：“中国有句老话，叫作‘在家靠父母，出门靠朋友’。现在，这句话可以改成‘在家靠父母，革命靠互助’。我们要亲密团结，互相帮助，取长补短，共同进步。”

他们以民主方式建立互助小组，根据学习、训练、行军、作战等任务，灵活调整。老骨干发挥了作用；解放战士既受了教育，又发挥了技术特长；解放区入伍的新兵能在教育中宣传解放区的新气象，又很快从老骨干和解放战士那里学到军事技术；体弱的战士在行军作战中感受到生活互助的温暖及力量。

王克勤班的凝聚力、战斗力很快在徐庄战斗中表现出来。1946年9

月底10月初，五十二团参加歼灭国民党军第十一师的龙（龙固集）凤（张凤集）战役。10月5日夜，由于情况变化，先头两个营在仓促占领徐庄后转入防御。此时的徐庄已处于三面被围中，国民党军出动重炮、坦克、6架飞机轮番轰炸，倾泻了约3000发炮弹，发动40多次进攻，徐庄已成一片火海，房屋全被炸塌。战斗中，王克勤将全班分为两个战斗小组，现场教新战士打仗，灵活地转移射击位置，像钉子一样坚守在阵地上。此役他们毙、伤敌人123名，全班竟无一伤亡。

战后，王克勤班荣立集体一等功。王克勤等四人被评为战斗英雄。王克勤被提升为副排长、排长。在以后的历次作战中，他的表现非常突出，屡立战功，先后荣获“爱兵模范”“爱民模范”“杀敌英雄”“模范党员”“三大互助模范”等荣誉称号。《解放日报》称他为“智仁勇全备的人民战士”，他创造的“三大互助”带兵经验为中国人民解放事业创造了新的光荣范例。

1947年7月，在进攻定陶的战斗中，25岁的王克勤壮烈牺牲。消息传到刘伯承司令部，刘伯承捶胸顿足地说：“蒋介石一个旅也换不来我一个王克勤！”他伏案疾书，以他和邓小平政委的名义，起草致王克勤追悼

**爱兵、带兵模范王克勤（前右一）正在组织全排讨论立功计划**

大会的唁电。晋冀鲁豫野战军决定，命名英雄生前所在部队的一连一排为“王克勤排”。从那天起至今，五十二团一营一连每次集会点名，第一个喊响的名字就是“王克勤”。

20 世纪 60 年代，中国人民解放军曾经组织过全军的大比武，与这场大比武运动紧密相连的，是十二军另一个标志性人物郭兴福。

那年，十二军军长李德生带着工作组，到军训练先进连某团二连进行调研，发现战士练兵热情很高，但也存在不少问题。一方面教学缺乏灵活性，搞模式化；另一方面也存在马马虎虎走过场的情况。训练中，无章法、无目标。为了取得“好成绩”，专选无风无雨的天气练射击，练战术也挑选无障碍、无坡度的平地进行。

随后，李德生搞了一次“突然袭击”。事先不通知，让部队翻山越岭行进之后搞射击，模拟实战。事后，先进连队刚刚打了个“及格”，成绩上说不过去。李德生便找来二连负责训练的副连长郭兴福，问：“在深山密林里，刮着狂风，下着暴雨，既没有指南针也没有向导，你们连能不能夜行百里？”

郭兴福如实回答：“根据现在的训练水平，不行。”

再问：“在各种距离上，在表尺规定的范围内，不论出现什么目标，你们连的战士，能不能举枪就把敌人消灭掉？”

郭答：“还是不行！”

又问：“在一二百米内，在猛烈的敌军炮火下，你们连的战士，能不能勇猛地冲上去？敢不敢同敌人拼刺刀肉搏，最后消灭敌人？”

郭答：“不行！”

李德生面色严肃，他肯定了郭兴福这种说实话的态度，提醒说：“训练是为了打仗，不是为了摆花架子，一定要从实战出发，严格要求，严格训练，使每一个战士都练出真本领。”

这期间，中央军委分管部队训练的副主席叶剑英元帅对训练发出了一系列指示，强调一定要从严、从难、从实战需要出发训练部队，要求军政一把手亲自抓训练。

根据叶帅的指示精神，李德生带工作组到郭兴福所在的二连扎下来蹲点，确定从单兵、小组和班的战斗训练开始进行试验，对训练内容、训练方法都做了一些改革。经过一段时间反复演练，初步有了一个样子。军里召开了营以上主官参加的训练现场会，要求大家用“实战需要”这把尺子来衡量训练效果。

其中二连郭兴福的小组进攻战术最好，他吸收了作训参谋宋文皋、吴亚东搞单兵和班战术教学的优点，教得细，教得活，较为切合实战需要。既然郭兴福教学有一定的基础，工作组决定由此入手进一步抓下去。同时还决定，将以抗美援朝中舍身爆破的英雄伍先华的名字命名的二连三班做试点班。郭兴福教学法由此起步。

经过半年多的艰苦训练，郭兴福和他所带的班进步很大，在教学上形成了一套较成型的做法。李德生便组织第三十四师排以上干部参观了两次，全师干部看了一次，反映很不错。之后又带到另外两个师表演，也得到了好评，并根据意见建议进一步完善了教学法。

1961 年 8 月，总参军训部《军训通讯》杂志负责人郝云虹带人来了解情况。李德生让他们看了郭兴福这个试点。那天气温高达 37 摄氏度，郭兴福和战士们在训练场上摸爬滚打，认真操练，情绪饱满。郝云虹看后，觉得很有推广价值，于是和军里的同志一起到二连总结郭兴福教学法。

1961 年 10 月，《军训通讯》出了一期增刊，专门介绍郭兴福教学法，扩大发行到连队，给予推广；又把郭兴福的单兵进攻战术作业笔记编辑成《既严又活》专论，紧紧抓住“一切从实战出发”这个前提，赢得了各级领导和指战员的肯定。之后，第十二军开始普遍推广这一教学法。

叶剑英元帅看了这期《军训通讯》增刊后，对郭兴福教学法高度关注，南京军区司令员许世友、政委杜平对此也十分重视。军区分管军事训练的王必成副司令员在观看后还评价：“教得好！教得活！你把思想教活了，动作也教活了，向你们学习！”并指示：一是南京步校毕业班的学员，要把这一套教学法学会了才能毕业分配；二是要求军区司令部组织郭兴福小分队到全区部队巡回表演；三是做好推广郭兴福教学法的宣传工作。

1963 年年底，在镇江召开了有各大军区、军事院校领导干部参加的现场会。叶剑英元帅于 12 月 24 日在镇江观看了郭兴福单兵进攻战术作业表演。叶帅看后连声说：“大开眼界！大开脑筋！这充分说明群众是真正的英雄，群众的创造力是无穷的！”叶帅高度肯定了郭兴福教学法，之后直接给中央军委写了报告：“郭兴福教学法是我军传统练兵方法的继承和发扬，是领导培养、群众支持和他个人努力的结果。”军委秘书长、总参谋长罗瑞卿立即将叶帅的报告送呈毛主席，指出："郭兴福教学方法，不仅是我军传统练兵方法的继承，主要是在新条件下的发扬。"报告得到毛主席的认可。至此，郭兴福教学法在全军的推广进入了一个新阶段。

在周恩来留下的墨迹中，有这样一首诗："座座高山耸入云，我们施工为人民。不怕施工苦和累，愿把青春献人民。"并亲笔写明"录王杰诗"。这是共和国总理唯一一次抄录战士的诗歌。这个战士就是第十二集团军某部工兵一连五班班长王杰。

1942 年，王杰出生在山东省金乡县一个普通农民家庭。1961 年 8 月，他应征入伍，到济南军区装甲兵某部工兵一连当了战士。那时全国都在开展学习毛主席著作的运动，他不仅认真学，而且照着做，并写下了大量的读书笔记和心得体会。1962 年 2 月王杰入了团，他在日记中写道："今后不论什么工作，我一定要做到：对党的事业忠心耿耿，为革命胜利勇于牺牲，是共产党员哪能不视死如归，做革命军人岂能管个人安危。"在国防施工中，他总是抢着到最危险的地方作业，坚持抡大锤，胳膊累肿，双手磨出血泡，也不喊一声苦。他以雷锋为榜样，从"微不足道"的小事做起，处处以身作则。在长途行军中，他主动关心新战友，帮助新同志扛枪、背背包；在抗洪救灾中，哪里危险，他就冲向哪里；在施工中，哪里有重活，他就奔向哪里。他用自己的行动实践自己"一不怕苦，二不怕死"的誓言，入伍以后，连续三年被评为"五好战士"，两次荣立三等功，多次受奖，被评为模范团员。

王杰有个习惯，坚持记日记，这些日记记录了他的人生轨迹，也记录了不少有那个时代特点的豪言壮语。比如在 1964 年 2 月 3 日的日记中，他写道："我们青年人要像疾风中的劲草、岁寒时的松柏，经得起艰难困苦的考验，勇敢地担当起建设社会主义的重担。"当他考上一级技术能手的时候，他记下了任爆破手期间的心得，决心"把艰苦奋斗的作风接过来，传下去"。1965 年 5 月 1 日他在日记中写道："我们要一不怕苦，二不怕死，做一个大无畏的人。"

对于王杰的日记，人们有各种各样的看法。但他在危险时刻的举动，证明了他的日记不是写给别人看的，而是自己的真情实感。

1965 年 7 月 14 日上午，王杰奉命到江苏省邳县张楼公社执行民兵训练任务，在进行最后一项训练——地雷实爆时，他让大家围成一圈，由他做示范动作。突然，埋设炸药包的土层冒出了白烟。在这千钧一发之际，王杰大喊一声“闪开”，便飞身而起，扑向炸药包（实爆训练用炸药包代替地雷）。随着一声巨响，王杰倒在了血泊之中。在场的12名民兵和人武干部得救了，但年仅23岁的王杰却献出了自己的生命。

根据王杰生前愿望，王杰生前所在部队党委追认他为中国共产党正式党员。毛泽东主席看了王杰事迹报道后，动情地说:“我赞成这样的口号，叫作‘一不怕苦，二不怕死’。”党和国家领导人毛泽东、周恩来、朱德、叶剑英、董必武、陆定一亲笔为王杰题词。中国人民解放军总政治部、全国总工会、共青团中央、全国妇联先后发出通知，号召全国军民向王杰学习。

1965年11月，国防部命名他生前所在班为“王杰班”。1968年，家乡人民为纪念王杰，将其故里更名为“王杰村”，并在村东建王杰烈士纪念馆，让子孙后代铭记烈士的英雄事迹。

LUZHANZHIHUN
ZHONGGUO WANGPAI
JITUANJUN

# 山林猛虎

## 中国人民解放军第十三集团军

中国人民解放军第十三集团军的历史，要从备受欢迎的电视剧《亮剑》说起。

第十三集团军的前身是土地革命战争时期鄂豫皖苏区的红四方面军第七十三师，到了川陕苏区编为红三十一军第九十三师，抗日战争时期改编为八路军一二九师三八六旅，旅长陈赓、参谋长周希汉。

《亮剑》中有一个画面，前来找李云龙决战的日本人在坦克上贴出了“专打三八六旅”的标语。此事是事实还是作家虚构的？对此，笔者专门访问过三八六旅的老人，也和三八六旅旅长陈赓大将之子陈知建将军进行过探讨。得到的结论是，不仅我们的老战士这么说，日本人也这么说，甚至侵华日军的后代也予以确认。

那么，他们为何成了日军要专打的队伍呢？

## “专打三八六旅”之由来

“中华民国二十六年，7 月 7 日起了狼烟……”卢沟桥事变后不久，八路军一二九师三八六旅东渡黄河来到抗日前线。他们在山西省平定县的七亘村同一地点两次设伏，以伤亡 50 余人的代价，共歼灭日军 400 余人，缴骡马近 400 匹和大批军用物资，创造了“重叠的待伏”这种奇妙的战法。

几个月后，三八六旅用“引蛇出洞”计，在神头岭设伏，两个小时枪战加肉搏，毙、伤鬼子 1500 人，缴获长短枪 500 多支。随后，又在响堂铺设伏，一个“口袋阵”套住鬼子 500 多人，毙、伤其官兵 400 多人，缴获汽车 180 辆。打此战时，八路军总司令朱德和副总司令彭德怀邀请国民党军高级将领现场观战，国民党军将领为之叹服。这三战打疼了日军，也使得八路军声望大增。

1939 年 2 月，三八六旅在冀鲁豫大平原的威县香城固再次隐蔽集结，派出小股部队连续袭击城镇要地，吸引鬼子开着 8 辆汽车出动。2 月 10 日，日军四十联队一个加强中队的坦克和汽车陆续进入三八六旅的伏击圈，一营立即开火，击毁了头一辆汽车，击毙了日军的翻译官，击伤了中队长安田。安田知道上当了，立即命令后撤。然而，为时已晚，香城固的“口袋阵”越扎越紧。经过 8 小时的激烈战斗，日军一个中队的兵力全部

**香城固战斗中缴获的山炮和炮弹**

被歼灭。香城固一仗，给日军再次造成沉重打击，振奋了根据地人民的斗志，这对巩固冀南平原抗日根据地，坚持平原游击战起到了重要作用。于是，三八六旅自然成了日军的眼中钉。

第二天鬼子就调来了 70 辆汽车 2000 多人的部队，派出 5 架飞机“配合”，出动坦克，拖着重炮，坦克车上贴着“专打三八六旅”的标语，沿途搜寻三八六旅机关和部队。他们抓住八路军一个通信员，第一句问话就是:“你是不是三八六旅的?”确认不是，汽车一溜烟开走，一心要找三八六旅报仇。

这时，三八六旅已跳出包围圈，转移至邱县了。日军车队追向邱县，三八六旅又突然转移至馆陶以北的尖冢附近。日军追到尖冢时，三八六旅已渡过卫河，转移到了冠县。鬼子尾随追击了整整 7 天，还是没有追上。

陈赓率领三八六旅就这样徒步与鬼子的汽车赛跑，每次都机动地在宿营的当晚又转移了地方。鬼子始终没有抓到三八六旅，最后只得恼恨而归。

有人计算过，在抗日战争中，三八六旅转战山西、河北、河南三省，发动群众，扩大武装，开展游击战争，先后战斗 850 余次，毙、伤、俘日、伪、顽军 2.5 万余人，巩固和扩大了抗日根据地，壮大了我军力量。

当时太岳区曾流传歌谣：“小日本，你听清，太岳山上有陈赓。小日本，你别捣蛋，让你碰上周希汉……”说的就是这支队伍。而陈赓却说：“我们三八六旅叫‘三子一郎’部队——陈赓腿有伤残，人称‘瘸子’；政委王新亭高度近视，戴眼镜，人称‘瞎子’；参谋长周希汉奇瘦，人称‘瘦子’；副旅长陈再道号称‘拼命三郎’，这不正好是‘三子一郎’部队嘛！”

后来，美国大使馆武官卡尔逊来到三八六旅考察，还禁不住连连称赞说：“三八六旅，中国最好的旅！”

## 专打“天下第一旅”

为了保卫抗战的胜利果实，改编为晋冀鲁豫军区第四纵队的三八六旅归中共中央军委直接指挥，执行晋南方向作战任务。为粉碎胡宗南、阎锡山向我军的南北夹攻，三八六旅先后参加了闻夏、同蒲、临浮战役，三战三捷。

在临浮战役中，他们全歼了胡宗南的发家之旅——“天下第一旅”。这个第一旅是蒋军的王牌，做过蒋介石的警卫部队，全部美式装备，士兵训练有素，多是有七八年军龄的老兵，军官官衔都比其他部队高一级。中将旅长黄正诚不仅出身黄埔，还在德国的军校留过学。全旅所有团长都是少将。因为受宠，这个旅也特别霸道，在行军路上，其他国民党军遇上它都得赶快让路。

陈赓把歼灭第一旅的战场选在了临浮公路上。临浮公路两侧都是新解放区，地势平缓，傲气十足的第一旅绝不会想到他们会在这里被伏击。

胡宗南的一六七旅沿临浮公路攻击前进，三十师二十七旅沿翼浮公路攻击，很快就“拿下”了浮山，但马上发现“共军”主力正向浮山紧逼而来，大有一举围歼的势头。其实，这是陈赓引诱其第一旅出援的“诱饵”。

第一旅二团果然出兵东进策应。陈赓认为歼灭第一旅的时机到了，当即部署：以李成芳十一旅首先攻歼官雀之敌一旅二团；以周希汉十旅截断敌一旅二团与临汾之敌的联络，并阻敌东援，相机歼敌；以陈康的十三旅阻击浮山敌两个旅的西援，太岳军区三分区部队向浮山佯动，钳制该敌；十一旅三十三团向临汾迫近活动，迷惑钳制敌整编九十师。

这是一个冒险的作战计划。周希汉、李成芳两旅围歼"天下第一旅"，十三旅则要顶住浮山两个旅的西进增援；驻守临汾的有阎锡山的两个师，陈赓仅抽出十一旅的一个团前去迫近活动。实际上，陈赓有被东西两面夹击的危险。

围歼"天下第一旅"的临浮战役就是在这样的情况下发起的。天黑前，胡宗南的第一旅二团已经全部集结于官雀村。十一旅先头部队也随之赶到。

李成芳命令三十一团由村西北进攻，三十二团沿村西南进攻，又集中兵力先向村西的敌第一营发起攻击。黎明前，敌两个步兵连和一个团战防炮连被李成芳就地消灭，团指挥所阵地也岌岌可危。李成芳遂占领了官雀村西部和南部。周希汉率十三旅到达韩北略村一带却发现村中没有敌兵，而官雀方向枪声大作，便立即主动向西进攻，占领了官雀村东侧高地。就在一夜之间，在官雀村的国民党军王牌一旅二团于东、西、南三面被围。团长王亚武在电话中请黄正诚旅长派部队增援。

黄旅长答应道："你坚持住，我马上命一团前去增援。"

二团被围的消息传到在西安的胡宗南那里。胡宗南说："二团被陈赓抓住，凶多吉少！"他马上给一军军长董钊下达"死命令"："必须想尽一切办法从两面包围陈赓，拼死也要解二团之围！"他命令二十七旅、一六七旅放弃浮山向西进攻，既解二团之围，又合击陈赓。

此时，李成芳旅还在官雀激战，为了尽快结束战斗，他重新调整部署，发起了总攻，终于在凌晨3时许，彻底消灭了最后一股顽敌，敌少将团长王亚武被击毙。消息传来，陈赓长长出了一口气。假如李成芳与王亚武打成胶着状态，而四面援敌并进，形成"反包围"，麻烦就大了！现在李成芳结束了战斗，他高兴地说："这个李猛子，总算是把我解放了！"

陈赓的注意力转到了陈康这边，他一个旅要阻击敌人两个旅，能不能顶住？他给陈康打电话："李成芳消灭了二团，要不要增援你？"

"不要了，请司令员放心，敌人前进不了。"

陈赓把敌二十七旅、一六七旅死死拦在了半路上，东面的敌人硬是被他们顶住了！

黄正诚一心想解救二团，他率一旅旅部和一团以强行军的速度，气势汹汹地沿临浮公路杀来。当他赶到陈堰村一带时，首先遭到了十旅的顽强阻击。在飞机加大炮的助攻下，黄正诚一天内连续向三十团发起 14 次冲锋，但就是不能前进一步。黄昏时分，他不得不停止攻击，集结在筑有寨墙的陈堰村。殊不知隐蔽待命的周希汉率十旅两个团正乘着暮色悄悄向他逼近。天色一黑，周希汉一声令下，各突击队一齐出动，从四个方向攻击陈堰村。

黄正诚旅在房顶上架起机枪，却没能挡住十旅的冲击，双方开始一间房一堵墙地争夺。激战中，敌一团少将团长刘玉树光着膀子，跑到房顶上指挥，被我方打得从房上摔了下来。但他一站起来，就嚷："你们抓住我，算我倒霉。想消灭'天下第一旅'，凭你们这几条烂杆子枪，那是妄想！"几个战士冲上去，把他捆了个结结实实。

此时，黄正诚正带着旅部在村子西南的四个大院里进行顽抗。他一遍一遍地向军长董钊呼叫，要其派兵救援。董钊也急得像热锅上的蚂蚁，二团已经完了，一团和旅部也顶不住了，他命令二十七旅和一六七旅"一定一定"要突破防线，从西面增援黄正诚，同时从临汾派兵"火速东进"增援。

为了迅速结束战斗，陈赓令周希汉拿下陈堰村，并一再叮嘱说："一定要活捉黄正诚。"周希汉集中最猛的火力进攻，炮兵先对黄正诚据守的院落抵近射击，士兵用湿棉被做成"土坦克"，用炸药爆破为冲锋部队开辟通路。二十九团四连五班班长李新田带领两名战士闯进黄正诚躲藏的高墙大院，一阵猛投乱射，院子里硝烟弥漫。新战士时来亮向一座窑洞甩出一颗手榴弹，正好打在窗口上，窑洞里的敌人高声尖叫投降，七八个满脸灰土的敌兵举着手从窗口钻了出来。黄正诚被俘。

被俘后的"天下第一旅"旅长黄正诚要见"共军"最高指挥官。

周希汉说："我就是！"

黄正诚看看周希汉说："你不是陈赓！"

"我是旅长周希汉。"

黄正诚说："我要见陈赓。"

周希汉笑了："杀鸡还要用牛刀？捉你，我周希汉足矣。"

随后，黄正诚被带到陈赓那里。陈赓一见到黄正诚，就问："你也是黄埔毕业，还留过洋，你这个仗是怎么打的？"

"你们打仗不讲规矩，我的部队还未展开，就遭到你的袭击。"

"规矩，什么规矩？我就是不许你将部队展开！你连这也不懂吗？"

"天下第一旅"被歼灭的消息传到中央军委，刘伯承在晋冀鲁豫军区干部会上讲："同蒲方面打得很好！中央夸奖说'这一仗出乎意料'。"

1946 年 9 月 26 日，延安的《解放日报》发表了题为《向太岳纵队致敬》的社论，称此役"与中原部队的胜利突围、苏中南下的七战七捷、陇海路与晋冀豫歼灭蒋军同为光辉胜利。对于粉碎蒋介石进攻、争取国内和平民主，有其不可磨灭的功绩。我们欢欣庆祝之余，特向太岳纵队全体指战员致以崇高的敬礼！"

解放战争的战略进攻阶段，第四纵队强渡黄河，和兄弟部队一道，挺进中原，开创豫西解放区。他们转战河南，参加了洛阳、宛西、宛东战役和豫东阻击作战，粉碎了国民党军在中原地区的防御体系。在淮海战役中，第十三旅三十八团一营坚守小张庄，打退国民党军两个团的多次进攻，完成阻击黄维兵团突围的任务，战后被总前委授予"钢铁营"称号。编为第十三军后，他们参加渡江战役，第三十七师一〇九团荣获兵团颁发的"渡江杀敌第一功"锦旗。此后，1949 年 5 月 22 日攻占南昌，9 月进入广西，进军云南，活捉国民党军陆军副总司令汤尧。

解放战争期间，这支部队先后转战山西、河南、湖北、安徽、江苏、福建、江西、广东、广西、云南等省，参加了十多次著名战役，大小战斗数百次。

1950 年 1 月，第十三军抽调 1700 余人、骡马 1000 余匹，组成辎重团，调归第十八军，进军西藏。而后，又在云南进行剿匪作战，剿灭土匪 318 股，共 5.5 万余人，为巩固西南边疆做出贡献。抗美援朝时第十三军以警卫团为基础，抽调干部、战士 1 万余名，组成补训师，调归中国人民志愿军第十五军赴朝作战。

# 传奇军长："稀有的汉子"

1949年2月，根据中共中央军委关于统一全军编制和部队番号的命令，中原野战军改称第二野战军，第四纵队第十旅、第十三旅及豫西军区第三、第六军分区部队一部，在河南省郾城县黄阁村组成中国人民解放军第十三军，隶属第二野战军第四兵团，周希汉任军长，刘有光任政治委员，陈康任副军长，廖冠贤任副政治委员兼政治部主任，任学恭任后勤部部长。全军共2.9万余人。

第二野战军政委邓小平找周希汉谈话。"周希汉，你早就该当军长，晓不晓得为什么到现在才提你？"

"是不是怕我骄傲？"

邓小平点头："对头，就是要杀一杀你的傲气。"

周希汉说："江山易改，禀性难移。我知道自己的这个缺点，就是改不掉。"

邓小平一点儿也不客气地说："改得掉得改，改不掉也得改。必须得改！"

周希汉的傲气与他的成长历程有关，他没有当过营长而当科长，没有当过团长而当旅长，没有当过师长而当军长，身经百战，全身却无一处枪伤弹洞。

百团大战时，周希汉奉命任左翼纵队司令员，负责寿阳至榆次段铁路的破袭。刘伯承、邓小平问周希汉："左翼没有配政委、参谋长，只有你一个，行不行？"周希汉不假思索地说："不怕，这种短期的任务，有两三个硬一点儿的参谋就行了。"邓小平那时就略有感觉：这个娃子不简单，但有些子傲气。

百团大战第一阶段战役发起后，日军出动精锐部队报复，直扑卷屿沟。此时，八路军前指和中共中央北方局首脑机关正撤至卷屿沟，他们仅有一警卫营掩护，情况万分危急。而第十六团于羊儿岭与敌激战半小时，主阵地也已失守。刘伯承正愁无兵可调之时，忽闻周希汉率部赶至羊儿岭，与日军交上了火。刘伯承舒口气说："好了，这下是赵子龙来了。"

**三八六旅周希汉参谋长在做战前总动员**

周希汉率部勇夺羊儿岭，阻击日军至黑夜。刘伯承总结正太战役时，表扬他说："起到了掩护首脑机关转移的重要作用，并使左右两翼得以安全转移。"

陈谢大军挺进豫西时，周希汉随先锋第二十九团先行南渡黄河。偷渡得手上岸后，周希汉命令二十九团团长吴效闵（后为济南军区副司令员）夺取敌石头山阵地。

吴效闵高举冲锋枪大声回答："放心吧，旅长！拿不下石头山，我提头来见！"周希汉也提起冲锋枪，大声喝道："不行！老子要你提国民党军的头来见我！"数小时后，吴效闵攻克石头山，押大批俘虏来报到。新华社记者冯牧（后为中国作协副主席）当时就在现场，他说："真是关云长温酒斩华雄啊！"

1947 年冬，周希汉率部脱离主力攻打郏县。原判断郏县守军为民团，战斗打响后，方弄清守军为国民党军正规部队。城克将半，有情报到，国民党军第十五师师长武庭麟率该师师部及六十四旅等 5000 余人进至郏县增援；同时国民党军整编第三师师长李铁军率部出洛阳救援。

指挥所哗然，多数人主张撤。周希汉一拍桌子，说："打！"主攻前，他下了一道特别命令："开饭，主攻部队必须喝上热汤。"一仗下来全胜，生俘国民党军武庭麟等两名中将，前委电报称这是"中原我军机动歼敌的典型范例"。

有人问周希汉："前有武庭麟，后有李铁军，你还有心思考虑开饭？"

他说："我早已计算好了。武庭麟早我一天到，防御上不可能有大作为；李铁军离郏县还有60公里，最少得3小时到。李铁军有饭吃，武庭麟有饭吃，我们为什么要饿肚子去会他们？"

淮海大战时，周希汉率十旅西攻砀山，东斩津浦，阻敌北上，滞敌东援。他率部参加围歼黄维兵团之决战，在进攻黄维兵团东北方向最后据点杨文学庄时，进攻失利，伤亡严重。陈赓对他说："你别难过，这一战打完了，损失多少我给你补多少。"周希汉悄悄对陈赓说："不必，我还有一个十旅呢。"——原来他手下十旅留守处和教导队还留了数千人，以备关键时刻用。陈赓挥拳打了他一下说："你这小子！"

攻克杨文学庄后，黄维兵团被歼。周希汉曾有些遗憾地说："黄维虽不是我旅捉的，但他是被老子打垮的！"

解放战争期间，周希汉率部共击毙和生擒61名国民党将军，大多为生擒，其中有8名两星将领，如国民党军第八兵团司令汤尧、"粤桂剿总"司令喻英奇以及黄正诚、邱行湘等著名将领。

1950年春，周希汉奉命培训和装备越南人民军。他严格训练，严格要求，越军军事素质迅速提高。4个月后，陈赓来考核验收，随机抽查，并增加内容，均获良好成绩。据说，周希汉训练的部队，后来成为越军抗法之主力。

更神的是，1979年对越自卫反击战中，越军凡遇我十三军便不战而退。听到这个消息，周希汉开玩笑说："哪有徒弟打师傅的？"

周希汉任海军参谋长时，曾向海军党委建议在海军机关和高级军官中举行导弹装备的技术讲座，并请著名科学家钱学森讲课。他在苏联专家的帮助下，组织进行了苏制"小火山"型岸基导弹实弹射击试验。试验成功后，周希汉与苏联首席顾问又是拥抱，又是欢呼，又是"哈拉哨（好）！"周恩来总理有一次向外宾介绍周希汉时说："这是中国海军参谋长、海军专家周希汉，'希汉'的中文意思是少有的英雄。"

## 山地、高原、丛林作战的猛虎

驻守山城重庆的中国人民解放军第十三集团军，不仅在历史上声名显赫，新中国成立后也是一支最擅长山地、高原、热带丛林作战的部队，被网民称为“山林猛虎”，是目前所有集团军中唯一的从新中国成立到21世纪一直参与作战任务没有间断过的军级作战单位，是朝鲜战争之后参与作战任务最多、战果最大的部队之一。它参加过中印边境自卫反击战、对越自卫反击战，以及柬埔寨维和、海地维和、非洲维和等特殊的军事行动。在汶川大地震救援中，第十三集团军是出动最快的部队，3.5小时奔袭400公里到达现场。即使最偏远的山区，通过十三集团军陆航部队空投，也只用了不到7个小时。20世纪90年代中期以后，一四九师成为全军首批应急机动作战部队之一，并培养出了“全国十大女杰”之一的硕士副团长张可（一四九师装甲团副团长）。2004年参加解放军军一级山地作战演习，十三集团军参演部队以极大优势战胜其他部队，其纯熟的山地战法震惊了参观的众多国外观察员。2006年，从十三集团军的战士成长起来的少将王西欣接任十三集团军军长，在演习中和号称全军最强的“万岁军”派出的参演部队激烈对抗，取得了空前的成绩。2008年，第二次全军大规模山地作战演习，十三集团军山地丛林作战的反制战法和反应速度之快，再次震动东南亚各国的军事观察员。

# 南疆丛林有猛虎

## 中国人民解放军第十四集团军

## 根在山西，淮海成军

驻守祖国南疆的第十四集团军，根儿在山西。抗日战争时期，它是中国共产党领导的山西青年抗敌决死第一纵队；解放战争时期，它是中原野战军第四纵队第十一、第二十二旅。1949 年 2 月按照中央军委的命令，将淮海战役中起义的国民党军第一一〇师整编后编入这支部队，组成中国人民解放军第十四军。首任军长李成芳，政治委员雷荣天。

卢沟桥事变后不久，在山西太原国民师范学校成立了山西青年抗敌决死队，后扩编为决死第一纵队。1940 年年初，决死第一纵队正式列入八路军序列。1941 年 8 月改称决死第一旅，归八路军太岳纵队建制。陈赓任司令员，薄一波任政治委员。

在抗日战争中，华北敌后战场曾经成功地组织过“沁源围困战”。1942 年冬，日寇纠集 3 万余人，占领山西沁源进行“山岳剿共实验”，决死第一旅奉命成立“沁源围困委员会”，实行围困战，组织野战部队和民兵基干队，在全县 13 个区进行游击活动，空室清野，骚扰敌人，切断敌人的补给线等，最后迫使日、伪军撤离沁源城。

日本无条件投降后，决死第一旅改编为晋冀鲁豫军区第四纵队第十一

**薄一波（右一）与朱德（右二）在山西沁源县**

旅。在第四纵队编成内参加了著名的上党战役，生俘阎锡山中将炮兵指挥胡三余以下 2000 余人。1946 年 6 月至 11 月，参加闻夏、同蒲、临浮、吕梁、汾孝战役。

1947 年 3 月，太岳军区的部分地方部队在山西灵石地区组建了太岳军区第二十二旅。4 月至 5 月，第四纵队及第二十二旅在晋南地区进行攻势作战，歼敌 1.4 万余人。7 月，第四纵队及太岳军区第二十二旅归陈（赓）谢（富治）集团指挥。8 月，南渡黄河，挺进豫西，先在潼（关）洛（阳）间往返作战，后转至伏牛山麓，开辟豫西根据地。11 月，第二十二旅归第四纵队建制。1948 年 3 月，他们参加洛阳战役，与华东野战军第三纵队一起，全歼国民党青年军第二〇六师等部共 2 万余人。

1948 年 5 月 9 日，晋冀鲁豫军区第四纵队改称中原野战军第四纵队，先后参加宛西、宛东、郑州等战役，后又参加淮海战役，攻占符离集车站，断敌退路；在南坪阻击援敌，保证主力部队于双堆集歼灭黄维兵团。

这时，中共秘密党员廖运周率领国民党军第八十五军一一〇师在淮海前线起义，为十四军的历史增添了具有传奇色彩的一笔。廖运周是 1927 年的中国共产党党员，长期隐蔽在国民党军队中，向党组织传递重要情报。

1947 年 2 月，廖运周派人和邓小平取得了联系。有一次，国民党军企图合围在山东泰安的我第十纵队宋时轮部，廖运周派人连夜将情报送出，使第十纵队安全转移。陈毅、粟裕接见了送情报的人，称赞廖运周干得好。

1948 年 2 月，邓小平指示廖运周，说解放军在近期要打一场大仗，要求一一〇师地下党委做好一切准备，在解放军的接应下完成起义的任务。

淮海战役打响后，黄维的第十二兵团被解放军包围，廖运周向黄维建议："突围时若四个师齐头并进，在狭小的地带展不开兵力，不如用一个师打前锋，其他三个师在后面策应；前锋师进展得手，后面的三个师迅速跟上。"并表示："如果司令官信得过我，一一〇师愿为开路先锋打头阵。"

黄维颇受感动，拿出一瓶白兰地，倒了两杯说："这瓶酿造多年的白兰地，我珍藏很久一直舍不得喝。现在我先敬你一杯，预祝你旗开得胜！剩下的等到开庆功会时，我还要再敬你。"

11 月 27 日，淮北平原寒风凛冽，早晨 6 时，一一〇师（缺一个团）官兵 5500 余人，按计划开出双堆集地区。他们的手臂上扎着白毛巾，迅速向解放军阵地前进。行进途中，黄维不断用报话机询问“突围”情况，廖运周不断报告：“进展顺利，已突破共军的第 × 道阵地，正在继续加速前进。”

两个小时后，一一〇师起义官兵按照预定路线，全部通过了解放军前线阵地。跟在一一〇师后面的国民党军部队，却突然遭到第六纵队的迎头痛击。黄维得到消息后，用报话机追问廖运周已到哪里。廖运周回答说：“正在前进，一切正常。”当国民党军飞机到部队上空侦察时，廖运周按约定的信号，向飞机表示“一切正常”。随后他下令关闭全师报话机，切断了同黄维的一切联系。

廖运周率部起义成功后，经过整训，编为中国人民解放军第十四军四十二师。

## 艰难困苦铸就“决死精神”

在第十四集团军军史馆，可以看到这支部队“以团结救亡为核心的铁心跟党、誓死抗敌、敢打必胜”的“决死精神”是怎样铸就的。铿锵有力的歌声在耳边响起：“快迈开脚步向前，向前。不怕那一切危险和艰难，把全部力量献给民族……”

1941 年是抗日战争最艰苦的一年，日军对太岳区发动了大规模的“扫荡”。决死第一旅分散到各地，旅参谋长李成芳率三十一团在安泽县将军沟一带活动。老百姓都在饿肚子，部队更筹不到粮草，战斗力可想而知。

这时，日军又来寻找太岳区领导机关和主力部队。在万般无奈的情况下，李成芳不得不决定杀马充饥。那天早上，饲养员牵来了李成芳的坐骑，他抱了抱马脖子，用手梳理梳理马的鬃毛。马通人性，眼里含满泪水，在李成芳的胸前蹭了蹭。

李成芳事后回忆说：“马儿似乎有预感，真的，它哭了。我也哭了。我轻轻拍了拍马的肩胛，赶紧走开了……部队吃了一顿马肉，饲养员老冯和我没有吃。”

就在这个时候，日军“扫荡”扑空后开始撤退。李成芳岂能放过战机，立即指挥三十一团在安泽县将军沟布置伏击，一仗下来消灭日军200余人。不久，决死第一旅收复太岳纵队兼太岳军区机关所在地沁源城。

1942年，日军华北方面军司令官冈村宁次调集第三十六、三十七、六十九师团各一部7000余人，伪军4000余人，分数路对岳北区进行冬季大“扫荡”，企图占领并常驻沁源县城，建立“山岳剿共实验区”。

决死第一旅紧急行动起来，和当地群众一起实行“空室清野”。在日军进入沁源县境前，李成芳率三十八团在外线周旋，袭击日军据点和交通线。

“扫荡”过后，日军将大部兵力撤走，留下第六十九师团伊藤大队驻守沁源城关、中峪、阎寨、交口四个据点，并在安泽和绵上的据点分别留下了一部分兵力，建立了所谓的“山岳剿共实验区”。

太岳区党委、八路军太岳纵队兼太岳军区决定，成立以中共沁源县委为核心的沁源对敌围困斗争指挥部，总指挥由决死第一旅三十八团团长蔡爱卿兼任，政治委员由中共沁源县委书记刘开基兼任，李成芳坐镇指挥（决死第一旅旅长李聚奎赴延安学习后，李成芳任代理旅长）。

围困斗争指挥部组织主力部队带领民兵在日军据点周围及公路两侧开展麻雀战、阻击战、地雷战和伏击战，日夜围困袭扰，使日军不得安宁。民兵还把据点内的水井用粪便、土石填塞，迫使日军不得不在武装掩护下到据点外下河取水，游击小组则趁机冷枪杀伤。同时，开展交通破袭战，断沁源日军给养，迫使日军多次换防，收缩据点。沁源军民在日军交通线上遍布地（石）雷，大量消耗日军，还组织群众，利用暗夜摸进日军据点，先后夺回粮食7000余担。围困战斗不断升级，一直持续到1945年4月。在此期间，英勇的沁源军民共作战2700多次，歼灭日、伪军4000余人，创造了群众性长期围困战的范例，最终使日军建立“山岳剿共实验区”的计划彻底破产。

解放战争时期，太岳军区部队把“决死精神”不断发扬光大，他们在上党战役、歼灭“天下第一旅”等作战中，战果辉煌，可圈可点。

1945年9月，太岳军区主力部队合编成晋冀鲁豫军区第四纵队，陈赓任司令员，谢富治任政委。第四纵队下辖第十旅、第十一旅和第十三旅。后经中央军委批准，又将第八纵队合并到第四纵队，下辖部队番号不变，兵力大增。这支部队后被称作“陈谢兵团”。部队合编后，在刘邓指挥下进行了著名的上党战役。第十一旅旅长李成芳率部参战，斩获颇丰。

上党战役打得最激烈的时间是10月2日至12日，阎锡山的部队被我军围困在长治城内。李成芳指挥十一旅在长治北关作战。由于靠前指挥，他被大雨淋得发起高烧。10月4日，冀南纵队司令员陈再道突然来到指挥部，告诉李成芳说：“敌人援军从太原、榆次向沁河以东的将军岭、桃川地区增援。邓（小平）政委亲自打来电话，命令留一个大队监视长治敌人，我们冀南纵队和你们旅立即赴老爷山打援。”

李成芳忍着剧烈的头痛，跳下床，立即命令部队撤出战斗，向老爷山疾进。

赶到老爷山陈赓的指挥所时，李成芳已浑身透湿，满脸是水，也不知是汗还是雨。陈赓说：“你来得正好。敌人已开始逃跑，你们赶快抄近路向虒亭前进，到前边去堵截敌人，不许中途出击。只要你们能把敌人堵住，太行、太岳各参战部队就能全歼敌人。”

当十一旅赶到虒亭时，第四纵队政委谢富治也赶到了，他对李成芳说的第一句话是：“你要是叫敌人跑了，撤你的职！”

李成芳是一个泰山崩于前而色不变的将领，总是不慌不忙，冷静地判断情况。他对身边的参谋说：“你们听，他们的大炮还在响，说明了什么?”

“他们要逃跑的话，后卫就变成前锋了。”

“他们还在打炮，说明他们还没有跑。”

李成芳说：“对呀，这正是好机会！我们步兵打他的炮兵，通知部队，分头去捉大炮！”

三十一团一营按李成芳的命令，顺河沟跑步向阎锡山的炮兵阵地扑去，目标只有一个：一定要把大炮抓住！

一阵激战，仅三十一团就生俘阎军1000多人，缴获骡马200多匹、山炮7门半。

战斗结束后，陈赓打电话给李成芳：“刘邓首长指示，缴获的炮和牲口，你们要分一部分给冀南部队。”

这也是对一个指挥员的考验。陈赓打电话时也有些顾虑，这是要把李成芳他们用鲜血和生命换来的战利品调给别人。电话那头，李成芳回答说：“知道了，我们随时等候他们来取。”

这让陈赓很是感动，他放下电话，对身边的参谋赞叹道：“本来还想对成芳解释一下，可没等我说完，人家成芳二话没说就同意了。”

十一旅在上党参加激战时，毛泽东正在重庆和蒋介石进行谈判。后来毛泽东对上党战役的胜利给予了很高的评价，他说：“太行山、太岳山、中条山的中间，有一个脚盆，就是上党区。在那个脚盆里，有鱼有肉，阎锡山派了 13 个师去抢。我们的方针也是老早就定了的，就是针锋相对、寸土必争。这一回，我们‘对’了，‘争’了，而且‘对’得很好，‘争’得很好。就是说，把他们的 13 个师全部消灭。这样的仗，还要打下去。”

上党战役，十一旅还有一个收获，就是组成了它的“山炮大队”。在追击敌人的时候，李成芳对参谋长王砚泉说：“你留下来，把四门火炮整理一下，损坏的地方修理好，牲口鞍具都要配齐。等部队回来，我们就成立山炮大队。”

为成立山炮大队，李成芳下了一道特别命令：“在全旅挑选人员，挑选驮山炮的牲口，包括我骑的牲口也在挑选范围之内。哪一匹适合驮炮，就调哪一匹。”那段时间，弄得十一旅的其他部队见了山炮大队的人就躲，生怕大个子兵被挑走，好牲口被牵走。事后，李成芳回忆说：“部队作战，吃够了没有火炮的苦头，特别是攻坚战斗，有多少优秀战士倒在了城墙下、碉堡边啊！我做梦都想成立一个山炮大队。”十一旅的山炮大队在后来的解放战争中，发挥了巨大威力。

## 进军广东，飞兵三水

“钟山风雨起苍黄，百万雄师过大江。”组建后的中国人民解放军第十四军参加渡江作战，迅速切断浙赣线，配合友邻部队解放南昌，再由赣州一路南进。

1949 年 10 月 2 日，在第四兵团的建制内，第十四军参加广东战役。10 月 9 日，李成芳率部抵达英德，守军弃城而逃。这引起了李成芳的思考：广州的守军会不会也弃城而逃？如果是，就意味着作为二梯队的十四军将没仗可打。那么怎样捕捉战机？李成芳认定在国民党军逃跑时，十四军必须追上去打。要做到这一点，动作必须要快!

李成芳要作战处处长梁中玉打开地图，问:“从英德至清远，清远至三水，先头部队要走多长时间?”梁中玉说:“至少要三天，如果大部队走，时间还得再长一点儿。”

副军长王启明说:“王砚泉副师长带领一一八团和一一九团两个团到了英德，一二〇团还未到。如果等齐两个师，时间就更不够了。”

“那不行，要都等齐了再出发，敌人早跑光了。”李成芳说完，就往北江岸边走去。也许是江上的渔船启发了李成芳，他在很短的时间内就做出了决定:“通知司令部、政治部，立即派人去弄船。大船也好，小船也好，只要是能载人的船，能弄多少弄多少，船户要什么给什么!”

王启明副军长说:“好主意! 部队坐船顺水而下，昼夜兼程，不知速度要提高几倍!”

梁中玉提醒说:“如果敌人封锁江面怎么办?”

“这倒是有点儿冒险。”李成芳说，“只有敢于冒险，才能抓住敌人、消灭敌人。即使有点儿损失，也值得。”随即，李成芳口述了命令:“四十师组织一个轻便的指挥所，带一一八、一一九两个团，于 12 日 16 时前赶到上步护渡口登船。军部组织一个轻便指挥所，带一部电台，带司令部、政治部十名干部，和四十师一起乘船由北江南下。”

10 月 13 日，李成芳与先头部队率先到达清远。途中，有国民党军向他们乘坐的船只开枪，李成芳命令:“不要管他，继续加快速度前进!”

14 日，十四军大部队开始乘船南下。第二天占领三水城和西南镇，控制了北江、西江的汇合点，扼住了广州以西的交通咽喉。

在武汉的刘伯承司令员听到报告后，很是惊喜:“昨天下午李成芳还在清远，怎么一夜之间就占领了三水?”

陈赓报告说:“这是李成芳的杰作，他们昨天登船，不顾两岸敌人的袭扰，一夜顺水前行 100 多里，已占领三水。”

十四军的到来，迫使守在三水附近的国民党军第三十九军一〇三师、一四七师共 5000 余人“愿意走傅作义将军的道路”。

而后部队接着向阳春、阳江方向追击，经九天九夜连续行军作战，在阳江地区歼灭国民党军第五十军、第三十九军、保安第二师、第十三兵团部、第二十一兵团部等 4 万多人（俘敌 30300 人，毙敌 1 万余人）。国民党海军第四巡逻联合舰队官兵500余人，率11艘军舰向我投诚。

广东战役结束后，第十四军进军广西、云南。经茂名阻击战斗、博白追击战斗后，强渡钦江，直插钦州，粉碎了白崇禧集团逃往海南岛的企图。钦州一战，第十四军俘敌第七军军长阎仁毅等将校级军官938名、校以下官兵44168人，毙、伤敌1900余人，缴获汽车245辆、军用物资一批。

1950年1月，第十四军在南宁经过休整后，向云南进军。3月参加西昌战役。4月，十四军兼云南军区所属滇西卫戍区，归第四兵团兼云南军区建制，在大理、丽江、保山一带执行剿灭匪患、改造国民党军起义部队、帮助地方建立政权等任务。

在战争年代，第十四军涌现出一批英雄模范人物，有著名的太岳区战斗英雄胡尚礼、祁保禄，宁死不屈的战士马冠群，全国战斗英雄刘子林、侯廷选、张玉琦、高文魁等英雄个人，另有荣获“钢铁防线”“守如泰山”的第一一八团二营，“剿匪模范”第一一九团二营、三营和第一二二团的“水上英雄”四连、“突破天险”六连等英雄集体。

## “丛林猛虎”与“老山精神”

十四军究竟是什么时候被称为“丛林猛虎”的？是20世纪七八十年代的边境作战使这个称号威名远扬，还是“老山精神”锻造了“丛林猛虎”？

应该说，第十四军四十师、四十九师是名副其实的丛林作战师，进军大西南后，经历过山地、丛林作战的锤炼；又长期驻扎在大西南，针对热带山地丛林训练过各种战法。1962年3月，昆明军区在西双版纳举办过“昆明军区第一期战术研究班”，专门研究山地丛林的战法，军区副司令陈康将军以及军区机关和各军、师、军分区、步兵学校主管训练的干部等悉数参加学习。研究班后，第十四军四十九师副师长张化民上校还率领一支200人的部队，专门研究热带山岳丛林作战。经过几十年的经验积累和平时的演练，第十四军积累了丰富的山地丛林作战经验。

在20世纪六七十年代的援越抗美时期，第十四军不仅担负着滇越铁路和公路的守卫任务，保证援越运输线的畅通，而且还曾有两个团去越南帮助抢修被美军炸毁的重要桥梁、工厂，在后方的战略要地负责阻击美军、南越特工队的偷袭，为越南战争的最后胜利立下过汗马功劳。

有人说两山血战，以老山战场最激烈、最残酷，以者阴山之战打得最有魅力。

1984 年 4 月 28 日，第十四军四十师、四十九师分别对老山、者阴山一线越军展开大规模拔点战斗。经一日激战，四十师一部 7 分钟占领 662.6 高地，5 小时 20 分钟攻上老山主峰。下午，两个主力营向船头、八里河东山方向推进，收复越军占领的十余个高地。

“老山主攻团”涌现出四个一级战斗英雄，他们是：史光柱、陈洪远、张大权、尹光中。在他们每一个人身上，都有一段感人至深的英雄传奇，特别是史光柱，一度成为青年人崇拜的对象。在 1984 年收复老山的战斗中，史光柱是代理排长。在进攻中史光柱八处负伤，左眼球被打掉了，右眼球打进两块弹片，但他仍然坚持指挥战斗，带领全排攻占了 57、50 号高地，完成了上级交给的作战任务。中央军委授予其“战斗英雄”的光荣称号。后来他被评为“100 位新中国成立以来感动中国人物”，他创作的诗歌《小草》被改编为歌曲后也曾风靡全国。

开战前，四十九师师长廖锡龙赴前沿详细侦察敌情，勘察道路，为迂回部队选择最佳路线。总攻之前他又根据战场情况随机决断，两度推迟总攻时间，在老山总攻后 40 分钟才发起攻击，使正面进攻部队和迂回分队得以极好地配合，干脆利索地结束了战斗。以阵亡不到百人的辉煌战绩，占领者阴山全线，推进至松毛岭前沿，全歼敌两个连，毁灭性打击敌两个营，击溃敌三个团。

指挥者阴山战斗的廖锡龙师长，战后升任第十四军军长，当选“1984 年十大风云人物”，后又晋升成都军区副司令员、司令员，中央军委委员，总后勤部部长。

随后又有多支部队到老山轮战。十四军的英雄和后来者共同打造出了著名的“老山精神”——英勇拼搏的英雄主义精神、为国捐躯的爱国主义精神、无私奉献的自我牺牲精神、恪尽职守的严于律己精神、不怕艰难困苦的革命乐观主义精神。

新时期以来，第十四集团军在完成中央军委赋予的各项任务中，发扬了“决死精神”和“老山精神”，取得了可喜的成绩。“丛林猛虎”在西南的丛山密林中，建设边疆、保卫国土，发挥着越来越重要的作用。

# 北疆勇士

## 中国人民解放军第十六集团军

## 两颗“种子”成勇士

每年新兵入伍后，第十六集团军都会组织他们参观军史馆。走进军史馆，老兵都会对稚气未脱的小战士说：“我们是著名的勇士部队，知道吗?”而勇士部队，是从两颗红色的“种子”成长、发展起来的。

这两颗“种子”就是红一军团第二师五团、红三军团第四师十二团。

走进红五团的营区，会看到镌刻在汉白玉墙上的周恩来的题词：“模范红五团是全军的模范，但你们不能骄傲，要一直当模范，直到把国民党反动派彻底消灭，你们还要当模范。”这是1933年8月，时任红军总政委的周恩来在江西藤田授予他们“中国工农红军模范红五团”荣誉称号时的题词。在此之前，红五团中的骨干经历了八一南昌起义的战火和井冈山斗争。

1934年10月，作为中央红军主力团队的红五团，从瑞金出发，踏上漫漫长征路。在著名的湘江之战中，为掩护中革军委渡过湘江西进，奉命阻击全州之敌。红五团打退了敌人十多次进攻之后，在12月1日黎明又迎来了更加惨烈的战斗。阵地上展开了反复的拉锯战，团政委易荡平带领部队与敌人厮杀，弹药打光了，就和敌人展开白刃格斗……他接连刺死两个敌人后，自己也身负重伤。他夺过警卫员的手枪，大喊一声：“誓死不当俘虏!”便向自己扣动了扳机……

红五团与数倍于己的敌军血战七天六夜，数百名指战员用生命和鲜血掩护中革军委渡过了湘江。而后，在四渡赤水、巧渡金沙江、过雪山草地、激战腊子口等作战中，都有这支团队战斗的身影。

红十二团则是彭德怀、滕代远发动平江起义的主力团队，因而又称为“平江起义第一团”。他们撤出平江县城后，转战在平江、浏阳和江西的万载、修水、铜鼓，湖北的通山一带，进行游击战争，开辟了湘鄂赣革命根据地。彭德怀、滕代远率领红五军主力上井冈山与朱毛红军会师后，他们和井冈山上的部分队伍合编为工农革命军第一师第二团，参加了著名的黄洋界保卫战。在井冈山时期，这支部队被改编为第一纵队、第五纵队、红八军第三纵队等，1933年6月整编为红三军团四师十二团。1934年1

月，在中央苏区第二次全国苏维埃大会上，红十二团被授予“模范红十二团”荣誉称号。在长征途中，他们攻打娄山关，抢占遵义城，一路过关斩将，取得了辉煌战绩。

1937年8月，红五团改编为八路军一一五师三四三旅六八五团二营，红十二团改编为六八六团三营，随即开赴华北抗日前线。八路军首战平型关，六八五团二营迎头截击日军，六八六团三营则是直冲敌阵与日军展开白刃战。此战也打出了八路军的军威。1938年9月，六八五团二营编为东进抗日挺进纵队五团，进入冀鲁边区，创建和保卫鲁西根据地。1941年2月，五团归鲁西军区三旅建制，改番号为七团。

1939年1月，六八六团三营改编为八路军东进支队第一团，挺进鲁西，随即挺进微山湖以西，随后改番号为第十团。1941年7月7日，鲁西军区与冀鲁豫军区合并，统称冀鲁豫军区。

因此，第十六军也被称为冀鲁豫的老部队。

## “杨苏纵队”扬威名

1945年10月9日，在河北省清丰县（今属河南省）柳格集，晋冀鲁豫军区所属军区机关和一部主力，合编组成晋冀鲁豫军区第一纵队，司令员杨得志、政治委员苏振华走马上任。他们麾下有第一、第二、第三旅，共1.5万余人。从此，就有了“杨苏纵队驰骋中原”的说法。

纵队刚组建，邯郸战役（也称平汉战役）打响了。这是“杨苏纵队”在解放战争时期参加的第一场大战。当时，装备不全的第一纵队需要抗击总兵力超过自己三倍的进犯之敌。战斗在距邯郸只有十几里地的崔曲一线展开，进行得异常残酷和激烈，打到白热化时，在逐屋逐巷地进行着争夺，彼此的伤亡都很大。崔曲县城两度易手。10月25日，一纵一旅被国民党军第一〇六师围攻。一纵召开紧急会议，商量对策。二旅旅长尹先炳说：“不要怕敌人在崔曲、小提间突了个口子，敌人主力还在我们最后抗击线以南，除一旅继续在正面作战外，集中二、三旅侧翼进攻三十军和四十军的结合部及他们的指挥部赵横城、南横城，断一〇六师的退路，一〇六师回缩之时，即是我们转守为攻之时！”

纵队司令员杨得志赞同尹先炳的意见，决定当天夜里以二旅进攻赵横城，三旅进攻张辛庄和南横城。

当天深夜，二旅、三旅按预先部署开始进攻，国民党军第一〇六师果然开始回撤。一旅趁机向南反击，最后歼灭了国民党军的精锐一〇六师，使一纵在平汉线以东、漳河以北、邯郸以南的宽大正面上，成功阻击了数倍于己的国民党军的进攻，完成了掩护晋冀鲁豫野战军西路军集结展开的任务。

其后，在兄弟部队的相互配合下，一纵消灭了企图南窜之敌，活捉敌十一战区长官部副司令兼第四十军军长马法五。邯郸战役的胜利，打破了蒋介石妄图打通平汉线的黄粱梦。毛泽东在电报中誉称这次大捷是“伟大的胜利”。

此后，一纵奉命进军热河（今分属辽宁、河北和内蒙古），归冀热辽边区建制，参加热河保卫战。

一天，刘伯承司令员到一纵二旅看望部队，刘伯承问旅长尹先炳：“你说一个班能不能同敌人的一个军打？”

尹先炳被问住了，不知怎样回答。刘伯承见他答不上来，就说：“能！问题是要看这个班长有没有斗志。我的这一个班，不是去打敌军前锋，更不是去打敌军的本队，但是可以专打掉队落伍的三三两两的零星敌人，也可以打敌人的尾部和辎重，打了就走，不去硬拼。这是完全可以做得到的。”从此“看你有没有斗志”这个说法就在一纵广为流传。

1946 年 3 月 18 日，一纵队参加了热东战役、绥东战役和张家口保卫战。12 月，回师冀鲁豫，仍归晋冀鲁豫军区建制。

1947 年 3 月 16 日，晋冀鲁豫野战军第一、第七纵队在山东省濮县（今属河南省范县）白衣阁地区合编为第一纵队。以原一纵队机关为基础，组成新的纵队机关。杨勇任司令员（1946 年年底，杨得志奉命由晋冀鲁豫野战军第一纵队调到第二纵队任司令员），苏振华任政治委员，所以人们还是称其为杨苏纵队，辖第一、第二、第十九、第二十旅，共 2.5 万余人。

6 月，晋冀鲁豫野战军主力奉命在鲁西南地区强渡黄河，挺进大别山，在进军鲁西南的战役中强攻郓城，全歼守敌一个师部和两个旅，共 1.3 万余人。此战，纵队及第一旅各记大功一次，刘、邓首长给第一纵队的嘉奖令指出：“……收复郓城，创造了一个纵队单独攻坚和歼敌两个旅的先例，夺取了大反攻中第一个光荣的胜利。”

7 月 12 日至 15 日，在六集地区又歼敌两个师部、三个半旅，共 1.3 万余人。半月内连打两仗，歼敌三个师部、五个半旅，共 2.6 万余人，加速了鲁西南战役全胜的进程。

8 月，跃进大别山。11 月，第十九旅及纵队四个补充团调归鄂豫军区。12 月，出大别山转兵北进，参加、配合宛西战役、睢杞战役，解放郑州。1948 年 5 月 9 日，晋冀鲁豫野战军改称中原野战军，第一纵队番号不变，同年 11 月至 12 月，第一纵队参加淮海战役，歼敌 1.6 万余人，俘敌第十二兵团中将副司令官吴绍周以下将官 9 名。

## “尹、王”履新过大江

1949 年 2 月，根据中共中央军委的命令，中原（刘邓）野战军改称第二野战军，第一纵队及豫皖苏军区部队一部合编组成第十六军，隶属第二野战军第五兵团。尹先炳任军长，王辉球任政治委员，戴润生、吴实任副政治委员，杨俊生任参谋长，吴实兼任政治部主任，尹痴生任后勤部部长。原第一旅改编为第四十六师，齐丁根任师长，范阳春任师政治委员；原第二旅改称第四十七师，李觉任师长，郭强任师政治委员；由原豫皖苏军区部队组成第四十八师，郑统一任师长，李一非任师政治委员。原纵队所属第二十旅调入第十八军，改称为第五十二师。

第十六军编成后，立即开到长江北岸的安庆地区，准备渡江作战。这对在北方成长发展起来的队伍是一个极大的挑战。冀鲁豫的子弟兵都是第一次见到长江，要渡江作战，部队必须征集船只，必须练习游泳。

据尹先炳后来回忆：“我们先后征用到 300 多条船。这些船只，要移到长江边隐蔽起来，又不能把它放进江里。这在当时是一个相当艰巨的任务。我们专门组织一三七团、一四〇团开挖出 20 个 30 米见方的既防空又防炮、隐蔽便利的船坞，在湖和江之间挖出两条 2500 米长的沟渠，再抽水进去，作为船路，然后就用人力把湖里大小舟船拉到江北岸头道堤与二道堤之间的船坞里。”

渡江前夕，有部队发现江心洲上有人活动。尹先炳立即派侦察班班长陈友带一个班趁天不亮泅水到江心洲进行侦察。这时，有一只船正朝这里驶来。船一接近江心洲滩涂，陈友就带着一班侦察员冲上去，俘获了船上的八名国民党军官兵，其中还有一位是国民党军的作战参谋。尹先炳连夜对俘虏进行了审问，把对岸国民党军火器配备、兵力部署等情况搞清楚。

他们拟订了兵力部署的配备和战斗计划——部队怎么使用、突破口怎么选择、派哪个部队搞突击等。突击队的成败至关重要，搞不好就会影响全局。

最后，尹先炳和王辉球决定，渡江突击队由四十六师的一三六团和四十七师的一三九团联合组成，统一由四十七师师长李觉指挥。尹先炳说："这两个团，一个师一个，谁也不会有意见。另外，历史上几次恶战，这两个团都是并肩作战，都打得很好。这次突击渡江，使用这两个团比较合适。"

4 月 20 日晚，渡江就要开始了，但在突破口选择上还是出现了不同的意见。经过争论，最后王辉球说："我军决心集中主要兵力、兵器于吉阳镇至阜康圩南端实行主要突击，在黄石矶、清节洲实行辅助突击，这个方案是军里几个领导研究定下来的，我看不要再改变了。"

4 月 21 日中午 12 时整，按作战计划，尹先炳向炮兵群下达了实施炮击的命令。这是虚晃一枪的"表演"，没有马上渡江。放"炮"计划也没有上报渡江总前委。听到炮声，刘伯承打来电话，开口就训尹先炳："叫花子敲锣打鼓——穷作乐啊你！"

尹先炳赶忙说："我先放两炮听听响。放心吧刘司令员，我十六军指哪儿打哪儿，打哪儿哪儿准！"

经过精心准备，十六军在尹先炳、王辉球指挥下，于 4 月 21 日下午 5 时正式发起渡江作战。30 分钟后，第一批突击队登陆南岸成功，击退国民党守军，占领滩头阵地。尹先炳乘坐第二批船到达南岸。由于在渡江前连续七天七夜没有休息，尹先炳过江不久就昏厥过去了。战士们只得用担架抬着军长前进，整整抬了一天，到了东流尹先炳才苏醒过来。

渡江以后，十六军向南追击国民党军，一路猛追猛打，所向披靡。5 月 6 日，主力部队攻打衢州，4 个小时就歼灭了国民党守军 2000 多人。四十六师政委范阳春率一八三团奔袭 30 公里攻击江山县城，创出政治干部率一个团打下一个县城的战绩，歼灭国民党军 5600 多人。

**渡江作战中，突击部队跃出船头迅猛登陆**

第十六军参加完衡宝战役后，出湖南，进贵州，一路西进，和兄弟部队一起完成毛泽东、中央军委赋予的对“西南诸敌采取大包围、大迂回动作”的任务，切断了国民党军南窜外逃的退路，实现了“大兜击”的战略意图。

尹先炳命令部队分三路：一路强渡鸭池河后，占领大定，活捉了国民党军第四十九军参谋长饶启尧少将，并解放羊场坝。另一路渡赤水河，围攻川南重镇叙永，歼灭国民党军第六编练司令部和第七十二军准备南逃的2500余官兵，活捉国民党军第六编练司令部副司令肖以觉中将。第三路在文昌宫地区歼灭国民党军第七十二军三十四师参谋长周白照以下1500余人，俘师长艾绍衍后，北渡长江，进至南溪地区，歼灭国民党军第三四六师2000余人；随后占领岷江东岸的任家坝、篦子街，歼灭国民党军第一〇五团大部；最后，强渡岷江，攻占乐山，歼灭国民党军第七十二军一三五师警卫辎重营、山炮连全部700多人，乘胜抢占夹江、洪雅，俘国民党军第三军副军长沈开越。

他们于 11 月初，由湘西突破国民党军黔东防线，解放贵阳；随后，参加成都战役，在沙坪（今峨边）歼敌川湘鄂绥靖区 3000 多人，俘敌川湘鄂绥靖公署中将主任宋希濂。先后夺占东山、峨眉、夹江、洪雅等县城，彻底截断了胡宗南集团逃往西康、云南的退路。后在成都西南地区，协同友邻部队全歼了胡宗南集团。

## “不要五个指头按跳蚤”

1950 年初春，十六军奉命回师贵州，进驻遵义市，参加剿匪和新区政权建设。刘伯承司令员对尹先炳说：“你回贵州去，要以主要精力抓剿匪。有一点你要记住，剿匪也和打仗一样，要集中兵力，不要五个指头按跳蚤。五个指头按五个跳蚤，结果是一个跳蚤也按不到。”

刘伯承叮嘱说：“对贵州土匪，不能掉以轻心。国民党在贵州办了两期游击干部训练班。蒋介石很重视贵州，曾两次到贵州。贵州土匪是有组织的，对此你要有充分的估计，不要麻痹大意。”

尹先炳点点头。刘伯承又语重心长地说：“贵州地方穷，少数民族多，土匪会利用这些特点。你们要把政治攻势和军事进剿很好地结合起来，尽可能地多争取群众，把那些土匪头子孤立起来，进行重点打击。”

刘伯承之所以这么说，是因为当时部队接连取得渡江作战和成都战役等一系列胜利后，不少人认为“几百万蒋介石的正规军都被消灭了，贵州几个毛匪，有什么了不起”，“几个跳蚤，顶不起一床被窝”。这种“轻匪”的想法让部队吃了苦头。杨勇司令和潘焱参谋长在遵义南面的刀靶水就遭到当地股匪的突然袭击。幸好杨勇身边直属部队把土匪打退，才没有造成严重后果。

当时，贵州 80 多个县，县县有驻军，兵力过于分散，形不成拳头，不免有五个指头按跳蚤之状。尹先炳大胆调整部署，放弃了一些边远城镇。1950 年 6 月，发起“瓮安、余庆、湄潭铁壁合围战役”。部队兵分多路，对盘踞在瓮、余、湄三角地区大大小小的股匪进行层层包围。整个受剿地域，村村有兵，山山有人，垭口设岗，渡口布哨。经过 22 天的连续战斗，歼灭了大匪首王福堂以下 3172 人，净化了瓮、余、湄三角地区。

紧接着，又先后发起了“金沙合围”“石（阡）岑（巩）合围”“长（顺）紫（云）惠（水）合围”等一系列合围战役。每次合围，都消灭一批土匪，梳篦、净化一个地区。

在剿匪过程中，尹先炳亲临前线，直接指挥剿匪作战。一次，有一股土匪钻进清镇一个山洞里，山洞在 100 多米高的陡崖上，有一狭长的云梯直通洞口，但梯子被土匪控制，剿匪部队无法接近。写信喊话不管用，连攻几次也未能成功。尹先炳便带了一门九二步兵炮和几百斤炸药赶到现场。炮兵开了几炮，效果也不明显。尹先炳叫人找来几根长绳子，把炸药捆成 200 斤一包的炸药包，从山背后运到山顶，再顺着陡崖吊下去，吊到洞口就拉导火索。只听一声巨响，洞口垮了一大截，两个土匪当场飞上天，一个随着倒塌的洞口摔下了石崖，半死不活，被战士们抓住。洞内土匪有的被震昏了头，有的震聋了耳，最后全都跑出来缴械投降。

长期征战中，尹先炳深知“不要五个指头按跳蚤”就是毛泽东“集中优势兵力打歼灭战”思想的形象说法。抗美援朝战争中，他把这一思想运用得炉火纯青。

1953 年 7 月 17 日，尹先炳指挥十六军部队对美军步兵第二师三十八团据守的 527.7 高地、488.8 高地、西方山、斗流峰等进行“有序攻击”。晚上 10 时半，尹先炳调集了八二迫击炮以上的火炮 83 门，进行五分钟的火力突袭，把敌方表面阵地上的火力点悉数摧毁。十分钟后，部队如猛虎般一个冲锋打上去，一口吃掉了美军步兵第三十八团三营一个连。

美军又调一个连来反扑，被十六军打了下去。别人问，尹军长怎么用了那么多的炮？尹先炳说：“我是合成军军长，使用炮火当然要阔气点儿！”

尹先炳这还不过瘾，接下来策划了一次更大规模的步、炮、坦克协同大动作，准备将战线向前推进 20 公里，直捣铁原飞机场，攻下“联合国军”前沿指挥所。

然而，正当他们准备大干一场的时候，上级发来电报：《朝鲜停战协定》签字了！正在审阅作战图的尹先炳，把手中的红铅笔狠狠地往桌子上一摔，破口骂道：“美国佬，你怎么老是跟老子过不去啊？”

# 英雄部队典型多

第十六集团军是一支英雄辈出的部队。

战争年代的董存瑞是新中国家喻户晓的英雄。董存瑞生前所在部队，参加了华北军事演习和 1991 年 9 月的“北京军事训练成果汇报表演”等重大军事活动。转隶到十六集团军后，出现在国庆 50 周年阅兵式上，他们的轮式一二二自行火箭炮方队接受了党和人民的检阅。

经中央军委批准，现在全军每一座营房都统一悬挂的八位英模画像中，除董存瑞外，还有十六集团军“献身国防现代化建设的模范干部”苏宁。这是 20 世纪 80 年代末 90 年代初青年学习的楷模。

“人民的好儿子”刘英俊、“大胡子师长”吴长富、“无私奉献的模范指导员”柴金良、“模范指挥员”关喜志、“新一代模范士兵”向南林、优秀女大学生干部白雪、花甲之年为兵维权的法律顾问处主任张义军和一家三代精忠报国的藏族战士降巴克珠等一大批在全国、全军都有影响的人物，都从十六集团军走出……

说到十六集团军的典型，还必须说到鲜红的“群体旗帜”——用党的创新理论建连育人的红军团；新时期党支部建设的一面旗帜——某团“红一连”等。

名声特别大的“红九连”，更是一个根正苗红的连队——先后参加过南昌起义、湘南暴动、井冈山斗争、五次反“围剿”斗争、二万五千里长征、抗日战争、解放战争；新中国成立后，参加了西南剿匪和抗美援朝，走遍大半个中国；在 3000 多次主要战役、战斗中屡建奇功，曾获得“模范红军连”“平型关大战突击连”“平汉战役主攻连”“渡江英雄连”等光荣称号。和平建设时期，连队先后参加唐山抗震救灾、大兴安岭扑火和 1998 年嫩江抗洪等，完成了 20 余项急难险重任务。1964 年 7 月 24 日，连队被国防部命名为“学习毛主席著作的模范红九连”。1991 年 1 月 12 日，江泽民同志视察连队并亲笔题词:“发扬红军传统，珍惜历史荣誉，学好革命理论，建设过硬连队。”连队先后荣立集体一等功 5 次、二等功 6 次、三等功 14 次。2007 年 1 月 28 日，时任中共中央总书记、国家主席、中央军委主席的胡锦涛，专程来到红九连看望全体官兵，代表党中央、中央军委向基层官兵表示亲切慰问。

近年来，“红九连”自觉学习习近平主席关于强军目标的重要论述，铸就“党在心，枪在手，军旗跟着党旗走”的连魂，连队建设实现又好又快的发展。

LUZHANZHIHUN
ZHONGGUO WANGPAI
JITUANJUN

# 陈粟大军中的利剑

## 中国人民解放军第二十集团军

2014 年是叶飞将军一百周年诞辰，4 月 7 日，在人民大会堂召开的纪念座谈会上，中央和军委领导同志对叶飞的不朽功勋给予了很高评价。而说到叶飞，就必然说到他的老部队——华东野战军第一纵队，也就是今天的中国人民解放军第二十集团军。

## “叶王陶”中的那个“叶”

当年在华东野战军，“叶王陶”大名鼎鼎。他们分别是华东野战军第一、第四、第七纵队司令员叶飞、王必成和陶勇。叶飞和他的一纵更是华东野战军之首。有人说，一纵是叶飞起家的队伍。其实，他和这支部队的渊源要从红军时期说起。

1934 年 10 月，红军主力长征后，留在闽浙地区坚持进行游击战争的红军部队合编为“闽东独立师”，师长冯品泰，政委叶飞。这就是后来二十军最为著名的五十八师的前身。抗日战争爆发后，闽东红军编为新四军第三支队六团，这就是人们常说的“老六团”。

1939 年，根据中央“向南巩固，向东作战，向北发展”的战略，叶飞率领老六团加入东进纵队，从茅山根据地向沪宁线东路地区进发，以“江南抗日义勇军”（简称“江抗”）的名义行动，一路东进。后又转战到江北，与挺进纵队合编为苏北指挥部第一纵队，管文蔚任司令员，叶飞任副司令员。

而在江北，叶飞打了一场“将在外，君命有所不受”的郭村保卫战。

苏北的国民党军苏鲁皖边游击军总指挥李明扬、副总指挥李长江（时称“二李”）在韩德勤的唆使下，调动 13 个团的兵力向叶飞部驻地郭村进逼，企图把新四军挺进纵队赶走、歼灭。

这时，叶飞掌握的部队只有一个多团，尚不足“二李”兵力的十分之一。获悉李长江进攻郭村的情报后，陈毅连发三次急电，明令：要从长计议，“切不可在郭村孤军御敌”。叶飞连夜召开挺进纵队领导和苏北特委联席会议，会上大家一致同意保卫郭村。而指挥部三次电示不同意坚守，怎么办？万一打不好，部队大受损失，责任重大！叶飞经过冷静思考说：“既然大家都认为在这里打有把握，那好，就下决心在这里打。对陈司令员，我负责好了。陈司令员说过：‘将在外，君命有所不受。’现在他不在这里，而且他只到过吴家桥，没有到过郭村，不了解这里的地形、群众条件、敌情。我们前线指挥员了解情况，要敢于实事求是，独立负责，这才是真正的对陈司令负责！对党负责！”于是，叶飞一面复电陈毅，申明仍然坚守郭村，一面排兵布阵，进行战斗准备。

“二李”率部杀气腾腾扑向郭村。当战斗打响时，陈毅已抵达新老洲，说叶飞是“冒失鬼，初生之犊不畏虎。这下好啦，就等我来收容你叶飞吧”。

当天，叶飞却巧妙地指挥部队给“二李”有力的反击，歼灭其两个大队。随后，经过三昼夜的奋战，打退了“二李”的一次次进攻。

7 月 1 日，为打破固守待援的被动局面，叶飞命令一团团长乔信明率部向扬泰线出击，插入“二李”部后方。与此同时，“二李”部支队长陈玉生、大队长王澄分别率部起义，陈毅急电调来增援的苏皖支队也已赶到郭村。2 日，李长江指挥部队再度猛攻郭村，叶飞指挥各部全力反击。当日，郭村保卫战胜利结束。李长江三次总攻，被歼三个团，仓皇而退。7 月 3 日，陈毅赶到郭村，战斗已经结束。他见到叶飞后说：“本来我是来骂你们的，但你们打了胜仗，我还有什么好讲的！”

郭村战斗的胜利，为新四军东进开辟苏北抗日根据地创造了条件。新中国成立后，郭村保卫战被拍成电影，即《东进序曲》。

解放战争开始后，山东野战军第一纵队改编为华东野战军第一纵队。叶飞任司令员兼政治委员。作为华东野战军主力，第一纵队愈战愈勇，立下赫赫战功，成为名副其实的“第一”纵队。在宿北战役中，第一纵队协同兄弟部队歼灭国民党军第六十九师；在鲁南战役中，全歼国民党军整编第二十六、第五十一师和第一快速纵队，开创解放战争以后我军一次作战歼敌最多的纪录。

孟良崮战役更是打出了铁军的风范。他们的对手是国民党军整编第七十四师，是全部美械装备的蒋介石的五大主力之一。拿下整编第七十四师，具有重大战略意义。

1947 年 5 月 13 日黄昏，孟良崮战役打响。当夜，叶飞率华东野战军第一纵队和华东野战军独立师，借着浓重的暮霭抵达指定地点，打退了整编第二十五、第六十五师的阻击，切断了整编第七十四师与整编第二十五师的联系。战至 15 日拂晓，第一、第四、第六、第八、第九纵队等先后逼近孟良崮，完成了对整编第七十四师的合围。

蒋介石的判断是，整编第七十四师左右援军靠得很近，不仅没有被歼的危险，而且是同华东野战军决战的好机会。因此，他一面令张灵甫坚守阵地，吸引住华东野战军主力；一面急调新泰、蒙阴、桃墟等邻近孟良崮的部队，火速向整编第七十四师靠拢，妄图以十个整编师（军）夹击华东野战军部队。

陈毅把电话打到第一纵队指挥所，命令叶飞："党中央和毛主席又来了指示，说不要贪多，要集中力量歼灭敌整编第七十四师。当前你们的主要任务是协同兄弟纵队迅速把敌整编七十四师这个轴心敲掉。这样，敌人就没有指望了。现在敌人的十个整编师围在我军周围，如果拖延下去，情况的逆转是随时可能的。"叶飞在电话中说："一面挡住'百万大军'，一面取'上将首级'，从阻击部队中抽人，集中力量向孟良崮攻击！"

15 日全天，战斗达到白热化，双方阵地不时易手。国民党军遗尸遍地，华东野战军部队伤亡也很大。叶飞手中的预备队都用上了，国民党军仍不时反攻，同时，国民党援军大部队正步步逼近。紧急关头，陈毅果断地授权叶飞统一指挥第一、第四、第六、第八、第九共五个纵队，合力向孟良崮发动总攻。接着，粟裕率华东野战军前指进到山区，亲自指挥。在粟裕的直接指挥下，各纵配合默契，战至 16 日下午，整编第七十四师及整编第八十三师第五十七团全部被歼，师长张灵甫被击毙。此役共歼国民党军 3.2 万人，粉碎了蒋介石"鲁中决战"计划，对华东战局的转变起了重要作用。

## "沙家浜连"与第二十军首任军长刘飞

"文化大革命"期间，作为"样板戏"之一的现代京剧《沙家浜》风靡全国，"沙家浜"和"阿庆嫂"的名字可以说是家喻户晓。其实，现代京剧《沙家浜》中"十八棵青松"的原型就出自第二十集团军的"沙家浜连"。

"沙家浜，天下传，鱼水情，好榜样。"这是原国务委员、中央军委副主席迟浩田为沙家浜所作的题词。第二十集团军也把“沙家浜精神”作为传统教育的重要教材，培养出了一批有血性、能打仗、打胜仗的优秀士兵。

说起“沙家浜精神”，每一位“沙家浜连”的官兵都能如数家珍地讲起自己连队的成长历程。

1939 年 9 月，“江抗”的主力部队奉命西撤，在江阴顾山地区遭遇“忠义救国军”第五、第十支队的进攻。时任政治部主任的刘飞率领“江抗”第二路一部自东向西沿山北面反击，突入“忠义救国军”前沿阵地。当冲锋到半山腰时，一颗子弹飞来，击中刘飞的胸部。顿时，他的胸前血流如注。警卫员何彭福跑过来包扎，刘飞却问他：“我的背后有没有血？”

何彭福看了看，说：“没有！”

刘飞用手摸了摸，果然没有血。他把枪一挥说：“没有血就说明没打穿！没打穿就没事，接着冲！”

他站起身来就往上冲，然而没冲几步便倒在了地上。部队击退了“忠义救国军”后，身负重伤的刘飞被送往阳澄湖畔的新四军后方医院救治。这个后方医院，就是流动在阳澄湖上的一些小木船，病床、手术台都在船舱里的门板上。刘飞被送到这里以后，伤势依然十分严重，弹头进入了胸腔，只要稍一咳嗽就会吐血。首长和战友们都认为他不行了，甚至准备后事了。然而，刘飞的生命力极强，硬是只用少量药棉、纱布和碘酒、红汞等药品进行治疗，一周之后伤口便不再出血，且未发生恶性炎症——他奇迹般地在后方医院里活了下来。

在芦苇荡养伤的日子里，在“沙奶奶”“阿庆嫂”等老百姓的帮助下，后方医院的伤病员以“十八棵青松”的精神，边养伤边和日、伪军周旋。由于当时伤病员中刘飞的职务是最高的，因此他义不容辞地担起领导的重任，经常在病床上鼓励大家战胜伤病，同时主动与地方武装联系，为重建“江抗”队伍做准备。

正如京剧中所唱的：“身强力壮跨战马，驰骋江南把敌杀。”新“江抗”的旗帜树起来以后，短短几个月就发展成了一支 5000 多人的队伍。

这 36 个伤病员就是“沙家浜连”最早的骨干。他们身上所表现出来的那种顽强的革命精神，也被誉为“沙家浜精神”。

说起《沙家浜》这部京剧，它的创作还有一段曲折的过程。早在淮海战场上，随军记者崔左夫采访刘飞时，刘飞就对他说："我建议你好好写写二师，这个师是由36个伤病员发展起来的！"崔左夫听了刘飞的讲述，很是激动。他表示，一定要把"江抗"36个伤病员的故事写出来！

1957年，上海沪剧团将崔左夫的文章《血染着的姓名》改编成沪剧《碧水红旗》。编剧找到刘飞征求意见。刘飞抱病和他们座谈，并为他们提供了自己的回忆录《火种》。此后，剧本更名为"芦荡火种"，再后来改编成了现代京剧《沙家浜》。

1965年初夏，刘飞接到通知，说是毛主席的夫人江青要见他。刘飞如约赶到江青在上海下榻的饭店。

一见面江青就问："你是领导过36个伤病员的刘飞？"

刘飞回答："是的。"

江青说："就说说你们养伤的故事吧！"

刘飞刚把伤病员在芦苇荡养伤的情况讲了讲，江青便说："你的嗓门怎么这么大？"

刘飞的耳朵在孟良崮战役中被炮声震出过血，听力下降，因而讲话时声音特别大。刘飞只能回答说："我平时就是这样说话的……"

《沙家浜》越唱越红，一些知情者认为刘飞是剧中的主要人物，因而提出要采访他。刘飞总是闭门谢客，曾经对要求给他写回忆录的人说："一将功成万骨枯，我刘飞个人算不了什么。"

刘飞在"江抗"负伤时，子弹头一直没有取出，1984年10月24日当他在南京病逝后，他的夫人提出了唯一的要求，就是取出刘飞胸腔里的弹头，留作纪念，以激励后人。这颗埋藏在刘飞胸腔45年、已呈暗黑色的子弹头，如今由苏州革命博物馆收藏。

## 血战长津湖与特级英雄杨根思

朝鲜战争爆发后，第二十军军长兼政委张翼翔率部入朝参战，他们参加了抗美援朝中最惨烈的一次战役——长津湖之战。

1950年11月27日，第二十军在志愿军第九兵团的编成内隐蔽抵达长津湖地区。第九兵团司令员宋时轮决定，当天黄昏即向东线美军陆战第一师发起攻击。

陆战第一师是美军历史最为悠久的一支部队。其中，第五陆战团在第一次世界大战中因战功显赫获得法国政府嘉奖。该师在第二次世界大战的太平洋战场上表现得尤为出色，1942 年瓜达尔卡纳尔岛战役中，他们在美军中第一个获得以总统名义颁发的“优异部队”奖。随后又参加格洛斯特岬战役和贝里琉岛、冲绳岛登陆作战，成为美军在太平洋战场上的王牌之师。

在嘹亮的冲锋号中，张翼翔指挥下的二十军官兵从雪地里一跃而起，向陆战一师发起了勇猛的冲击。第二十军行动迅速，第八十九师从柳潭里西北方，利用夜晚黑暗做掩护，沿着山路接近美军阵地；第五十九师向柳潭里南面的南山和德洞山口实施迂回，准备切断可能从柳潭里溃逃的敌军退路；第六十师从西侧实施进攻，占领了富盛里、小民泰里一线，切断了下碣隅里敌人的南逃退路；第五十八师进至上坪里地区，从东、南、西三个方向包围了下碣隅里之敌，在攻击的第一个夜晚便取得了成功。

11 月 28 日，美陆战第一师在强大的地面火力及空中掩护下，迅速修筑防御工事，巩固了阵地。志愿军第五十八师试图歼灭对方一个连和消灭小股部队的作战计划也没能实现。

11 月 29 日拂晓，美陆战第一师企图突围，向下碣隅里东南角 1071.1 高地发起猛烈的攻击。1071.1 高地处在新兴里、柳潭里和下碣隅里间“Y”字形三岔交点上，其重要性不言而喻。据守高地的是第二十军五十八师一七二团三连三排，指挥员是著名战斗英雄杨根思。他是新四军出身的老兵，曾参加过淮海战役等数十次战役，多次荣立战功，长津湖战

**志愿军在敌人炮火下运动接敌**

役前他已经是著名的战斗模范和爆破英雄。

杨根思带领三排打退敌人多次冲锋，从拂晓一直战斗到黄昏，直到阵地上只剩五六个人。

这时，八班战士姜子义运手榴弹上来，并带来了副营长的字条，上写："亲爱的三连同志，你们是钢铁的连队，要守住这阵地，我相信你们一定能守住！"

杨根思望着战友们被炮火熏黑的脸庞，大声说道："这个阵地不能丢。敌人凶，我们要凶过它！子弹拼光了拼枪托，拼断了枪托再拼铁锹，阵地决不能丢。丢了阵地就是丢脸，丢祖国的脸。在美国兵面前丢脸，是最可耻的事！"他把手中的冲锋枪一挥："就是剩下一个人也要消灭敌人，守住阵地！"

炮声又响了，敌人把成百上千的炮弹、炸弹抛在小高岭上。随后，又蜂拥而上。烟雾中，重机枪排长爬向杨根思报告说："重机枪子弹打光了。"

部队首长向杨根思连授旗

“人呢?”

“除了我，只有一个负伤的射手了。”

杨根思命令道:“你们撤下去!”

重机枪排长问:“那你呢?”

杨根思说:“有我在，阵地可以守住! 武器是革命的财产，不能损失。赶快撤下去!”

重机枪排长还要说什么，杨根思严厉地说:“这是命令!”

重机枪排长含着眼泪撤下去了。

这时，更猛烈的炮击开始了，阵地又笼罩在烟雾中。美陆战第一师终于攻上高地。在这危急关头，杨根思毅然抱起仅有的一包炸药，拉燃导火索，冲向敌群。美军士兵被他的举动惊呆了，随着一声巨响，杨根思和40多个敌人同归于尽……

杨根思的壮举感动了千千万万的中国人，也让对手美国兵感到震惊。他成为二十军历史上最著名的英雄。志愿军总部给他追记特等功，同时授予他“特级战斗英雄”称号，他还荣获“朝鲜民主主义人民共和国英雄”称号及金星奖章和一级国旗勋章。

长津湖之战不仅仅是血与火的战争，对二十军的将士来说，他们还要战胜另一个敌人，那就是来自西伯利亚的寒流。他们身着单薄的衣衫，在零下30摄氏度的冰天雪地里战斗，严重的冻伤使得部队战斗力大大削弱。成连成排的第二十军的战士保持着冲锋的姿势，永远地屹立在朝鲜的雪原上。据说当兵团司令宋时轮将军到前沿看到这些不朽的雕像时，不禁老泪纵横。他们的意志和精神令对手十分钦佩，美步兵第七师师属第五十七炮兵营营长卡罗曾顿斯中校也曾评价志愿军:“冒着严寒和陆战队的炮火源源而来，其视死如归的精神令陆战队员们肃然起敬!”

## 英雄精神有传人

朝鲜战争结束后，中国人民解放军第二十军有幸参加了1955年我国陆、海、空三军的首次协同作战——解放一江山岛的战斗。在民族解放和抵御外敌的作战中，第二十军涌现出了一批英模单位和个人，被授予荣誉称号的单位有“杨根思连”“沙家浜连”“抗洪抢险英雄连”“政纪模范连”等。

在和平时期，这些英模单位不断创造新的辉煌。1998 年，“沙家浜连”赴湖北荆江抗洪抢险，他们担负着调关矶长江大堤的防守任务。战士们到达的第一天，东升湖口就告急，在营长张建民的带领下，全体官兵跑步前进，一刻钟急行军 3 公里，到达险情发生地点。经过一晚的抢险工作，直至翌日凌晨 3 时，才控制住了险情。

8 月 7 日晚上 11 时，八一大堤发生 100 多米长的滑坡。如果崩堤，湖南、湖北 200 万人的生命财产安全将受到严重威胁。危急关头，战士们冒着生命危险跳入 3 米多深的江水，打桩护坡，加固子堤。经过苦战，排除了险情，保住了大堤。老百姓含着热泪说：你们还是和当年一样的英雄部队！

朱镕基总理在调关矶视察时，看到巍然子堤阻挡着波涌涛翻的江水，称赞“这才叫严防死守”，并赞扬“沙家浜连”具有“特别能战斗，特别能吃苦，对老百姓特别有感情”的战斗精神。“沙家浜连”被中央军委授予“抗洪抢险英雄连”荣誉称号，成为两次被授予荣誉称号的连队。

2008 年，四川汶川发生特大地震，“沙家浜连”官兵经过千余公里 30 多个小时的长途机动，抵达四川彭州市白鹿镇灾区。一下车，他们就奔赴海拔最高的龙门山深处，官兵们艰难跋涉 4 小时，翻越 6 座大山，蹚过 3 道急流，经过十余小时的艰苦接力，终于将 16 名受困老人安全送到山下。

在灾区，“沙家浜连”还搭起了“人桥”，这个故事也广为流传。当时，寿荣铁索桥上 20 多米长的一段木桥板滑到河里被水冲走，16 名放学回家的小学生被挡在河边，为了让孩子过河，连长亓春第一个趴在了铁索上。没有动员，没有口令，所有的党员、战士都跟着趴下去。他们双手紧紧抓住满是黄油的铁索，双脚扣紧另一边的铁索，铺设起一段“人桥”。半小时后，孩子们踩着官兵们的脊背安全通过。他们向官兵们高高举起右手，行了一个庄严的少先队礼。

现在，“沙家浜连”遵照习近平主席“能打仗、打胜仗”的要求，狠抓部队作风建设，一切围绕实战转训风、严考风，努力提高部队战斗力。大家始终绷紧实战这根弦，确保部队随时能够执行各种任务，已成为“沙家浜连”的常态，也是第二十集团军的常态。

LUZHANZHIHUN
ZHONGGUO WANGPAI
JITUANJUN

# 西北望，射天狼

## 中国人民解放军第二十一集团军

## 大别山红旗不倒，高敬亭演绎战将传奇

说起驻守西北要地宝鸡的第二十一集团军，就要说到著名的黄麻起义。黄麻起义打响了鄂豫皖地区武装反抗国民党右派的第一枪。起义后的队伍坚持在鄂豫皖，粉碎了敌人四次疯狂“围剿”。1934 年 11 月，程子华、徐海东、吴焕先等领导的红二十五军和鄂豫皖省委开始战略转移，红八十二师师长、鄂豫皖省委常委高敬亭临危受命，重新组建红二十八军和鄂豫皖省委。

1935 年 2 月 3 日，在安徽太湖凉亭坳，红二十八军重新组建，下辖八十二师和手枪团，约 1400 人。当时未设军长，高敬亭任政治委员，实际上是军政一把抓。这支部队就是第二十一军六十一师的前身。

重新组建红二十八军后，高敬亭以超人的胆略，领导和坚持了三年的游击战争，奇迹般地战胜了 10 多万国民党军队的“围剿”，确保了大别山红旗不倒。

抗日战争爆发后，红二十八军改编为新四军第四支队，高敬亭任司令员兼政治委员。第四支队是当时新四军四个支队中兵力最多的一支，也是唯一一支战斗在江北的支队。1938 年 3 月，高敬亭率部奔赴皖中和皖东，成为新四军进军敌后最早的部队。1938 年 5 月 16 日，他们在巢县蒋家河口战斗中击毙日军第六师团巢县守备队 20 多人，而自己无一伤亡，揭开了华中敌后游击战的序幕。这也是新四军挺进敌后的第一仗，比苏南韦岗战斗早一个月。当日，蒋介石亲自致电叶挺、项英，称:“贵军四支队蒋家河口出奇挫敌，殊堪嘉慰。”五六月间，高敬亭又先后发动大小战斗数十次，毙、伤日伪军 800 多人，击毁汽车 100 多辆。

1938 年 9 月 2 日，高敬亭又成功地组织了棋盘岭伏击战，以阵亡 2 人、伤 7 人的代价，击毙敌人 70 余人，击毁军车 50 余辆，缴获大量枪弹和军用物资。据不完全统计，高敬亭从东进下山至 1939 年 6 月罹难的一年零四个月里，指挥所部先后同日伪军战斗 90 余次，其中同敌千人以上集团作战 4 次，阻击 80 ～ 500 辆汽车的车队 6 次，毙、伤敌 2300 余人（包括日军 1700 余人），俘敌 400 余人（包括日军 9 人），消灭反动武

装和土匪3700余人，缴获长短枪1400余支、轻机枪17挺、军马20匹，击毁汽车156辆、汽艇2艘，给日伪军以沉重打击。四支队很快发展到8000多人，成为新四军的主力部队。

也就在这个时期，高敬亭被加以“破坏统一战线”“不服从命令”等诸多“罪名”秘密逮捕。新四军将此消息报告蒋介石后，蒋介石批准将高敬亭处死。可悲的是，1939年6月24日，高敬亭倒在了自己人的枪口之下，年仅32岁。直至1975年，毛泽东亲自批示为高敬亭平反，并追认其为革命烈士。

## 张云逸、罗炳辉手中的“铁锤子”

1941年1月皖南事变后，新四军第四支队整编为新四军二师，首任师长是后来成为共和国开国十大将之一的张云逸，副师长是罗炳辉。这两位都是大名鼎鼎的共和国军事家。他们共同指挥新四军二师同日、伪、顽进行了坚决斗争，其中“铁锤子敲碎乌龟壳”成为经典一战。

1941年10月，顽军（桂系）一七一师附第八、十游击纵队向我淮南路西发动进攻，新四军二师四旅遂奉命率第十一、十二团赶赴路西参战。

新四军二师首长商讨如何打好这一仗。张云逸师长与罗炳辉副师长碰头后，拿出了作战方案。他说：“大桥是我路西根据地的心脏，也是桂顽的主要阵地，守敌一七一师五一一团一营的官兵善战，号称‘乌龟壳’，特别是这个营的营长韦刚是个残忍成性、诡计多端的家伙。这里还驻有土顽兰荣甫和定远县警卫中队、常备大队，总兵力1100余人。我们只要先砸掉这个‘乌龟壳’，路西战情就会大为改观。”会议决定让吴华夺、蔡炳臣率领的十一团攻坚，十六团在新张家一带阻击桂顽增援，十二团、十三团配置在安子集、徐小集地区，随时准备参战，十七团和定远独立团于大桥以北监视定远城等地日伪军，十八团做好保障工作。

罗炳辉最后明确提出：“哪个团攻下大桥，就授予‘铁锤子’光荣称号！看我们的‘铁锤子’能不能砸掉这个‘乌龟壳’？”

十一团团长吴华夺在长征途中担任过红二十五军手枪团一分队队长，曾被徐海东将军救了一命。徐海东当时号称“徐老虎”，吴华夺打仗也非常英勇顽强，人们都说“徐老虎”养了只“吴老虎”。

十一团经过200里的行军，抵达大桥镇东北20里的永宁集、泗州庙一带集结。

第二天深夜，吴华夺率十一团隐蔽完成了对敌军的包围。突击队120名队员沿小河堤摸到小街西南角。突击队队长程照明率领第一组迅速摸到兰荣甫大队的后门，越过土围子冲进小街，以手榴弹开路，很快歼灭了小街西南之敌。当他们杀进兰荣甫队部时，敌人被突如其来的攻击吓傻了，纷纷缴械投降。突击队队员四处搜寻，就是不见兰荣甫的踪影。队员们手持刺刀在柴草堆里乱戳，突然柴草堆里大叫一声，一个人捂着屁股爬了出来，连连叩头，直喊饶命。程照明喝道：“站起来！我们优待俘虏。”听到这话，那个人从地上爬起来，转身就要跑。但程照明的枪已经顶住他的背部：“站住，你是什么人？”他跪在地上说：“别开枪，我是卫兵！”“你们队长跑哪儿去了？”“我……不……不知道。”话音刚落，另一个俘虏便指着他说：“他就是兰荣甫！”

这边抓住了兰荣甫，那边二营也扫除了大街北侧几个据点，消灭了韦刚营几十个人。对方毕竟是正规部队，很快组织起力量进行反击。凭借火力掩护，敌方一边顶住二营的进攻，一边派出几股分队向一营所在的小街发起冲击。吴华夺命令一营突击队：“你们要依托小街北城，全力抗击，粉碎敌人反扑。”

一营依托小街北城与敌展开反复厮杀，打退敌人20余次反扑，阵地上硝烟弥漫、杀声震天，打得难解难分。三连连长黄道钧连续刺倒七八个敌人，但仍被十多名敌人团团围住。他拉响身上仅有的三颗手榴弹，当场与敌人同归于尽。

下午2时许，突然刮起了西南风，吴华夺一看风向，连说“天助我也”。他命令三营迅速点燃稻草，进行火攻。霎时间，敌军盘踞的院落火光冲天，烟雾弥漫，敌军龟缩到营部大院不能动弹。韦刚下令用机枪开路，带200余人向北突围，刚刚突出院子，就被三营七连切断围歼。

经过一天一夜的激战，韦刚的“乌龟壳”被十一团的“铁锤子”彻底砸烂了。一七一师遭此打击，全线收缩，驻扎在附近的日伪军也都躲进了定远县城。

二师副师长罗炳辉赶到路西，主持召开“大桥战役祝捷大会”，他代

表二师，将一面绣着“铁锤子”三个字的锦旗授予十一团。他说：“十一团不愧是我们的铁锤子，从今天开始，你们就是光荣的‘铁锤子’团！”

这是二十一军历史上第一个被授予荣誉称号的团队。陈毅代军长也发来电报祝贺，勉励他们继续努力。

## 彭雪枫有“三件宝”——骑兵团、拂晓剧团、《拂晓报》

1938 年 9 月，彭雪枫率部前往豫东，与豫东抗日游击支队第三支队和先期到达敌后的肖望东大队会合，组建了新四军游击支队，彭雪枫任司令员兼政委，下辖三个大队。这就是二十一军六十二师的前身。

当年，河南确山县竹沟镇被称为“小延安”，而彭雪枫与竹沟镇一样声名在外。当地民谣中就有这样的唱词：“孤山冲，山重重；穷人穷，骨头硬。冲里来了个彭雪枫，要跟雪枫闹革命。”新组建的新四军游击支队的二大队就是彭雪枫从竹沟带出来的部队。滕海清被任命为二大队大队长兼政委。彭雪枫对滕海清说：“你要带好这支部队，这可是我们东进豫皖苏干革命的血本！”

彭雪枫

滕海清后来回忆说："这是彭司令员对我的信任，也是一种缘分，革命者之间的缘分。我暗下决心，要使第二大队更有威名。"

有一首歌谣是这样唱的："彭师长有'三件宝'，拂晓剧团、骑兵团，还有一张《拂晓报》。"这"三件宝"也是二十一军历史上宝贵的精神财富，被后人归纳为"赤胆忠诚、崇文尚武、英勇顽强、务实创新"的拂晓精神。

1938年10月27日，彭雪枫率新四军游击支队首次与日军作战，旗开得胜。三个大队相互配合，击毙日军骑兵12人，其中有日军少尉林津，其余溃逃。

战后，彭雪枫问滕海清："你看这一仗打得怎么样？"滕海清说："坚决得很，一点儿也没犹豫，如果有一点儿犹豫，也打不了这么好。"

彭雪枫说："这一仗也有遗憾，那个日本小队长的尸体被抢回去了，没能让老乡们亲眼看看侵略者的尊容。"

滕海清说："人家是骑兵嘛！六条腿，溜得快。"

彭雪枫说："总有一天，我们会有自己的六条腿部队！"

也正是这一仗，让彭雪枫有了一个挥之不去的想法——建立自己的骑兵团。

1941年8月1日，彭雪枫"三件宝"之一的骑兵团正式在洪泽县成立了，彭雪枫的坐骑——"白青马"，成了骑兵团的第一匹战马。精通马术的周纯麟被任命为骑兵团团长。一年后，骑兵团已成为"马踏日寇"的铁骑部队，在多次战斗中快速迂回穿插，前后夹击，杀得敌人望风而逃。彭雪枫的这件"宝"，在抗日战场和后来的解放战争中都立下了卓越功勋。

1938年9月下旬，彭雪枫在河南省确山县竹沟镇召开游击支队东征干部会时，提出创办一张支队机关报。在讨论报纸的名称时，有人提议叫"战斗"，有人主张叫"曙光"，有人叫"光明"，有人称"胜利"。彭雪枫说："5月间我们办了个'拂晓剧团'，'拂晓'代表了光明就要来临的意思，就叫'拂晓'吧！"他在《拂晓报》的发刊词中写道："为什么要取名为《拂晓报》呢？因为拂晓代表朝气、希望、革命、勇进、有为。军人们要在拂晓出发，拂晓催我们斗争，拂晓引来了光明。"《拂晓报》从创刊到抗战胜利，与新四军一起经历了血的洗礼。毛泽东在给新四军军部的信中说："《拂晓报》我看了几期，报纸办得好。祝同志们继续努力，做出更好的成绩。”

彭雪枫的第三件“宝”——拂晓剧团，也是当年淮北抗日前线的一枝花，它名扬新四军内外。1939 年刘少奇和徐海东来淮北，拂晓剧团突击排演了一出“徐大将军粉碎日寇扫荡”的京剧。扮演徐海东的小演员一身八路军打扮，高扬童声，字正腔圆，有板有眼，念白道：“我乃徐海东是也，湖北人氏，窑工出身……”台下笑声一片，徐海东自己也笑得前俯后仰，连连点头称赞：“演得好！‘彭家班’真是名不虚传啊！”从此，“彭家班”成了拂晓剧团的别称。

1940 年 7 月，根据中央军委命令，彭雪枫和黄克诚两部合编，番号为八路军第四纵队，下辖四个旅。彭雪枫任司令员，黄克诚任政委。1941 年 3 月第四纵队改为新四军四师，彭雪枫的“三件宝”也就成了四师的“三件宝”。

## 埋了戴之奇，抓了郝鹏举，二纵善于打阻击

1945 年 10 月，新四军第二师和第四师的主力编为新四军第二纵队，下辖第四、第五和第九旅，共 2.4 万余人，罗炳辉任司令员兼政治委员。纵队成立后，归津浦前线指挥部领导，开赴津浦前线作战，参加界河、临城、枣庄等战斗，歼敌 2 万余人。

1946 年 1 月，新四军第二纵队改称为山东野战军第二纵队，韦国清接任二纵司令员。在朝阳集战役中，韦国清率第二纵队主攻，第九纵队阻援，全歼国民党军第九十二旅。8 月，第二、第九纵队参加泗县战役，给国民党军第一七二师以重创；10 月至 11 月，参加淮阴、涟水保卫战。

1946 年 12 月，二纵奉命参加宿北战役。当时敌整编六十九师相继进占人和圩、安仁集、邵店子、嶂集、峰山、晓店子地区后，由于没有遇到多大障碍，一向狂妄的敌六十九师师长戴之奇坐在车里督战，不时向他的队伍喊：“弟兄们，加快速度，谁第一个踏上峰山，官升三级，赏金 5 万！”

敌六十九师和预三旅不可一世地从五花顶进犯我前沿阵地。敌预三旅进攻五花顶时没有受到阻击，戴之奇以为我军被他吓退了，继续命令其

六十旅进攻罗庄、傅家湖，六十二旅二六七团进攻人和圩。与此同时，胡琏的第十一师一一八旅也向小牌坊、来龙庵阵地进犯。

敌人如此冒进，正好有利于我军割裂其队形，实施各个歼灭。当戴之奇部队全部进入我军部署的位置时，陈毅司令员果断地向各部发出命令："全歼戴之奇的时机已到！第八师围歼晓店子守敌预三旅，一纵全力反攻，割断戴之奇与胡琏的联系，二纵向高圩、李圩出击！"

二纵接到野战军指挥部关于"切断与包围高圩、李圩及待家岭以南地区敌人之任务，同一纵会师曹家集西北地区"的命令后，韦国清司令员随即部署：四旅沿韩集至曹家集公路，以孙家墩为第一目标，力求控制该地，打开缺口向西北发展与一纵会师。九旅经来龙庵及其以南，以高圩为主要作战目标，控制该地后，再向西和西北发展。四旅十团发扬猛打猛冲、敢打硬仗的"金刚钻"战斗作风，给敌以沉重打击。天将拂晓，李圩之敌前来增援，韦国清遂命令撤出战斗。

李圩之战，我虽伤亡较大，但给企图与戴之奇六十九师会合的敌王牌十一师以迎头痛击，毙、伤、俘敌 600 余人。十一师遭打击后，向南撤退，使得戴之奇望眼欲穿而又无可奈何。

一纵在叶飞带领下果断勇猛地插入敌纵深，并与二纵在曹家集以东地区胜利会师，使敌整编六十九师师部所在地人和圩陷入了我军四面包围之中。

陈毅于 17 日下午 2 时给韦国清发电："戴之奇已被我完全包围，机不可失，从现在起九纵统归二纵指挥，应于今天之内集中全力解决人和圩之敌。"韦国清非常清楚，战机难得，立即部署攻击任务："九旅进至人和圩南占领进攻出发位置，从南向北实施主要攻击；九纵一部在人和圩北积极配合九旅攻击；四旅由来龙庵向西南插至高圩、卓庄、刘庄一线，坚决阻击整编十一师北援；纵队指挥所位于来龙庵。"

敌整编六十九师师部及直属部队、野炮团、军士团、步兵二七六团占领人和圩后，拼命抢修工事，形成较坚固的野战阵地，负隅顽抗。一连几天，敌我相互处于胶着状态，再拖延下去，战机有可能稍纵即逝。

18 日零时，陈毅下了一道死命令："九旅配合九纵，务限 18 日拂晓前坚决攻下人和圩，旅、团、营长不执行命令，就地枪决！"

军令如山，韦国清司令员组织部队向人和圩之敌发起总攻。两翼部队九纵和九旅同时开始炮击，经过两小时激战，攻击再次受阻，与敌形成对峙。

攻击受阻的重要原因之一是我军火炮数量有限。下午4时，韦国清命令所有部队的炮兵统一使用，命令发出，炮群各种火炮猛烈向敌射击。九旅以三发炮弹将南圩墙上的两个碉堡摧毁，又以三发炮弹将敌指挥所电台线杆炸断，切断了戴之奇与外界的联系。下午6时，戴之奇见外援无望，内部恐慌动摇，开始组织突围。敌先头的特务营向西突围，即遭到我二十五团一营和二十七团的迅猛阻击，敌大部被歼灭，余部又回缩固守。晚10时30分，韦国清再次向二纵、九纵下达了总攻命令，四支突击部队像四把钢刀，直插戴之奇“牢笼”而去。

战至凌晨2时，全歼人和圩守敌六十九师师部及二七六团和军士团。敌六十九师中将师长戴之奇自杀，中将副师长饶少伟、少将参谋长张东彝以下3000余人被俘，缴获了大批武器装备。宿北战役胜利结束。

宿北战役是我军战略防御阶段的一次规模较大的围歼战，开创了歼敌一个整编师的先例，也是山东野战军和华中野战军会师后的第一次大胜利，对扭转宿北战局，打击敌人的嚣张气焰，鼓舞我军斗志，具有重大意义。战后，陈毅司令员写下了《宿北大捷》的诗篇：“敌到运河曲，聚歼夫何疑？试看峰山下，埋了戴之奇。”

1947年2月，第二纵队主力和第九纵队一部在山东省郯城合编为华东野战军第二纵队，韦国清任司令员兼政治委员，张震任副司令员。全军共2.9万余人。不久，第二纵队就唱了一台好戏，抓住了人狗不分的郝鹏举。

郝鹏举是个“名人”，他原在西北军，深受冯玉祥赏识，到苏联留过学，回来后背叛西北军，投靠了蒋介石。日本人占领南京后，他又背叛蒋介石，投靠汪精卫。抗战胜利后，他摇身一变，成了国民党军新编第六路军司令。1946年1月，他在台儿庄突然宣布“起义”，向我华东野战军投诚。不久，蒋介石用第四十二集团军司令的官位引诱他，他就再一次投向了蒋介石的怀抱。这个家伙居然将我方华东野战军派去工作的高级将领朱克靖押解到南京邀赏。对这个反复叛变的变色龙，陈毅说一定要抓住他，命令第二纵队从山东郯城南下，在白塔埠将郝鹏举部包围。1947年2月6日，不过一天工夫，第二纵队就把国民党军第四十二集团军两个师两万余人收拾得干干净净，郝鹏举成了二纵的俘虏。陈毅曾就此事写下著名的诗句：“教尔作人不作人，教尔不苟竟狗苟。而今俯首尔就擒，仍自教尔分人狗。”

在解放战争中，二纵在一些大的战役中多是担任“吃大苦、耐大劳”的打援任务，和经常打主攻的部队相比，他们往往没有“吃肥肉”的机会，但这支部队服从命令、听指挥，善于打援、勇于打阻击，打出了名堂，打出了气势，打成了一支英雄部队。

他们在鲁南战役阻援，在莱芜战役阻援，在孟良崮打蒋介石的王牌整编第七十四师还是阻援。孟良崮战役打响后，二纵协同七纵，钳制敌四十八师及第七军增援七十四师，与八纵一起击溃敌八十三师，切断八十三师和七十四师的联系。在全歼七十四师作战中，二纵在孟良崮以东鼻子山、高柱山、磊石山一线出色地完成了钳制阻援任务，为整个战役的胜利做出了突出贡献。

战后，各纵队汇报战况时，担负主攻的八纵司令员称赞二、七纵队阻击打得好，服从命令，听从指挥，打援不讲条件，识大体、顾大局。陈毅司令员、粟裕副司令员也讲，没有钳制是不能达成战役胜利的。

1948 年 2 月，第二纵队奉命南下苏北，与第十一、十二纵队组成苏北兵团，开辟威胁敌宁沪心脏地区的苏北战场，策应豫东战役，对陇海路东段新安镇、海州发起攻击，解放新安镇、海州、沭阳、灌云等地，对改变苏北战局起了重要作用。参加济南战役，他们担任打援任务。参加淮海战役，也是打援，在围歼黄百韬兵团、固镇阻击战和总攻杜聿明集团的作战中，共歼灭国民党军 3.6 万余人。

## 百战出将星，战火铸辉煌

1949 年 2 月，华东野战军第二纵队改称中国人民解放军第二十一军，属第三野战军第七兵团建制。首任第二十一军军长滕海清，政治委员康志强，高志荣任副军长，吴咏湘任参谋长，邓逸凡任政治部主任。全军共 3.1 万余人。随后，第二十一军参加渡江战役。解放杭州后，进军温州、宁波、象山等地，参加临海剿匪。在温州湾战役中，攻占洞头、大崇山等岛屿。新中国成立后，二十一军参加舟山战役，而后负担浙东、浙南和闽北地区的海防任务。

朝鲜战争爆发后，二十一军入朝作战，在金城反击战中大显身手，涌现出王云阁、马天明、曹光景、葛英东等战斗英雄和战斗集体。朝鲜停战后，他们长期留守朝鲜，支援朝鲜人民重建家园，直至1958年8月才回国，驻山西大同。“文化大革命”期间，移防到宝鸡。1985年，陆军第二十一军改编为陆军第二十一集团军。

进入新的历史时期，第二十一集团军坚持从严从难从实战需要练兵，不断提高部队打赢能力，先后组织和参加了“西部—88”“西部—93”“西部—02”演习、“拂晓”系列演习、跨区演习等重大活动，从严从难摔打部队，战斗力水平不断得到加强。1999年至2007年，集团军先后五次采取轮训的办法，组织部队千里挺进昆仑山、唐古拉山，在海拔3500～5470米的雪域高原组织实兵实弹战术演习，提高了部队在高原高寒条件下的实战能力。

百战出将星。在80多年战斗历程中，这支部队先后走出了400多位将军。在中央军委确定的36位军事家中，有5位曾在这里担任过领导职务。他们是徐海东大将、黄克诚大将、张云逸大将以及彭雪枫、罗炳辉等。曾任国防部部长的张爱萍上将、中央军委副主席张震上将、总政治部主任韦国清上将，以及后来的中央军委委员王克、常万全上将，现任中国人民解放军总参谋长房峰辉上将，都曾在这支部队任过职。

至于早就到地方工作的领导人邓子恢、张文彬、汪道涵、张劲夫等，也都是从这支部队走出来的。说起这些，二十一集团军的领导还会提醒：“我们还有许许多多的名人名家，知道《三杯美酒敬亲人》这首歌吧？那就是我们政治部的作曲家晓河创作的……”当然他们也不会忘了介绍在本职岗位上坚持不懈学雷锋、被评为首届“十大杰出青年”的某师军械修理所志愿兵李润虎，现在已经是集团军装备部副部长啦！

在二十一集团军的军史馆，我们还会看到一些称谓很特别的英雄群体——“铁锤子团”“金刚钻团”“钢铁团”等，这些形象的称号，无不记录着当年的战火征尘。后来者“英雄八连”“攻坚英雄连”等单位，也踏着前辈的足迹，出现在令后人敬仰的英雄墙上。

# 沂蒙雄师

## 中国人民解放军第二十六集团军

## 火种来自徂徕山

现驻防山东潍坊的中国人民解放军第二十六集团军，是一支从山东徂徕山走出的英雄部队。

1938年1月1日，中共山东省委领导了徂徕山起义，成立了八路军山东人民抗日游击队第四支队。第二十六集团军就是由这支队伍发展起来的。

1938年10月，第四支队向太河流域发展，开辟新的游击区。在这里他们创造了一个奇迹——四支队特务大队用步枪打下了一架日军的重型轰炸机，活捉了轰炸机的机械师。此人被送到延安后，参加了反战同盟，成了“八路军中的日本兵”。

1938年12月，该支队改编为山东纵队第四支队。与此同时，第七、第八支队和第五支队一部分由清河地区和胶东地区进入鲁中地区。中共山东分局和山东纵队领导机关也由泰山地区进入沂蒙山区。从此，鲁中成为山东抗战的中心地区。

1940年9月，鲁中地区部队统一整编为山东纵队第一、第四旅。1942年8月，八路军山东军区成立鲁中军区，辖第一、第二、第三、第四军分区。1944年春，鲁中军区部队会同兄弟部队打破国民党军自徐州沿津浦路北进华北、东北的计划，继而攻占了鲁中要地淄川、博山，并一举解放胶济线西段重要据点张店、周村，使鲁中、渤海两区连成一片。

1945年8月，山东纵队整编，第一、第四旅编为第三、第四师。1946年6月，内战全面爆发，国民党军从济南、潍县沿胶济线两路对进，向淄博解放区进犯，鲁中军区部队参加胶济路西段地区阻击战等战斗。1946年12月，鲁中军区部队参加鲁南战役，与兄弟部队密切配合，全歼国民党军第一快速纵队等部，取得了鲁南战役的胜利。

1947年2月，山东野战军与华中野战军统一整编为华东野战军。鲁中军区主力部队整编为华东野战军第八纵队，司令员王建安，政委向明，参谋长张仁初。此时的八纵兵强马壮，共有三个师和一个炮兵团，全纵队3.3万多人。这就是第二十六集团军的前身。

第八纵队组建后，就赶上了著名的莱芜战役，他们全歼国民党军第七十三军七十七师，协同兄弟部队歼灭国民党军第二绥靖区李仙洲集团，并生俘李仙洲。而后参加泰（安）蒙（阴）战役，负责在费县蒙山地区阻援。

在孟良崮战役中，八纵由左侧迂回，攻占桃花山、磊石山要点，切断了国民党军整编第七十四师与八十三师的联系，为全歼国民党军“主力中的主力”做出了贡献。在随后的沂源阻击战中，歼灭国民党军 3000 余人。

1947 年 7 月，第八纵队由内线转入外线作战，西出津浦线，转战鲁西南地区。1947 年 12 月至 1948 年 2 月，为配合兄弟部队进行平汉路破击战，于睢县阻击国民党王牌军整编第五军多次西援，歼敌 2300 余人。

1948 年 3 月，八纵参加洛阳战役，在洛阳以东芝田镇、山神庙、堤东一线阻击郑州国民党军东援，保障了洛阳战役的顺利进行。5 月，配合中原野战军进行宛西战役，先在方城、泌阳地区阻援，后奔袭许昌，全歼河南省保安独立第二十一旅，俘其旅长以下官兵 1700 余人。

## “排炮打不动，一定是八纵”

在解放战争中，有一个说法:“排炮打不动，一定是八纵!”这句话较好地概括了八纵的作战特点。在莱芜战役、孟良崮战役中，八纵都胜利完成了阻击任务，但豫东战役发起后，这支排炮打不动的部队被粟裕用来攻坚克城。在攻克开封时，八纵一样威名远扬。

豫东战役首战开封，这是一场硬仗。开封是国民党长期经营的省会城市，有六门四关，即南大门、新南门、宋门、曹门、西门、北门和城外的南关、西关、宋关、曹关。城防有着完备的防御工事，形成了半永久性防御体系。各阵地构筑有大量火力点、堑壕和交通壕。守城的敌人是整编第六十六师师部率第十三旅和新调来的整编第六十八师一一九旅一个团，总指挥是国民党河南省政府主席刘茂恩，实际上由整编第六十六师师长李仲辛指挥。

1948 年 6 月 17 日清晨，第三、第八纵队突然兵临城下，向四关守敌发起猛烈攻击。守城敌军仓促应战，凭关据守，从早晨打到黄昏，守关之敌一部被歼。直至 18 日傍晚，守关之敌在飞机大炮的掩护下，放火烧关后退入城内。四关均被三纵和八纵占领。

攻城部队在占领城关后，不给敌人喘息的机会。当天夜里 10 时，八纵在对敌防御设施进行连续爆破后，开始从南关攻城。先头营突破新南门，向前推进，不料突破口被城门两侧敌地堡群火力封锁，我后续部队无法跟进。先头营迅速抢占城楼及其附近有利地形，与疯狂反扑的敌人展开激战，从凌晨打到太阳一竿子高，死死守住了已占有的阵地，将敌人反击部队击溃，并击毙敌团长。八纵又从其他方向突破了南大门和西门，与敌展开激烈的巷战。

与此同时，第三纵队的爆破英雄们在宋关连续实施爆破，炸毁了城门，并迅速突入宋门，打退敌人多次反冲击，后续部队随后攻入城内。至此，敌城垣主阵地全部被突破。

城内战斗也异常激烈，蒋介石调来的部队多路增援，空军不分昼夜地对城区进行狂轰滥炸，再加上地面部队四处纵火，开封成了一片火海。八纵冒着熊熊烈火，昼夜攻击，连续奋战，歼灭了大量敌人。至 20 日晚 11 时，除敌核心阵地龙亭和华北运动场外，市区均被我军攻占。

第二天，攻击部队冒着激烈的炮火，奋勇登上大土墩和龙亭，激战五小时，攻克龙亭，全歼守敌。随后对华北运动场守敌发起猛烈攻击，敌一部投降，另一部在突围时被歼灭。至此，豫东战役第一阶段——开封战役胜利结束。此役，八纵与三纵协同作战，歼灭敌军 3 万余人，创造了华东野战军攻克国民党省会城市的先例。

我军打下开封，蒋介石极为震惊，急令邱清泉兵团、刘汝明兵团向开封进击，同时命令新建的区寿年第七兵团向开封迂回。敌变我变，华野命八纵撤出开封，向通许方向转移。邱清泉部随后进占开封。此时区寿年兵团进抵睢县西北。华野西线兵团抓住战机，决定由八纵阻击强敌邱清泉兵团，兄弟部队围歼区寿年兵团。

6 月 27 日，华野在睢（县）杞（县）地区向区寿年兵团发起进攻，邱清泉率部东援。华野首长令八纵坚决阻击敌人，确保围歼区寿年。邱清泉兵团在大炮和飞机的掩护下，连续发动三次猛烈进攻。八纵拿出看家本领，死死顶住，激战四昼夜。邱清泉兵团只前进了 5 公里，眼睁睁地看着相距仅 10 公里的区寿年兵团被华野歼灭。

# 首任军长“张疯子”

曾任军委副主席的张万年上将说过：“抗日战争时期山东有著名的三员战将，他们是‘梁大牙’梁兴初、‘张疯子’张仁初、‘毛猴子’贺东生。”作为中国人民解放军第二十六军首任军长的张仁初，为何有“张疯子”的绰号呢？笔者考证，“张疯子”的由来有几种不同的说法。

最早的说法来自红军长征攻取腊子口的战斗，时任红四团副团长兼二营营长的张仁初，主动请战，在突击连六连坐镇。在最后一次强攻中，他光着膀子，一手拿枪，一手挥着大刀片，同六连突击队一起冲上敌军阵地。在接下来的直罗镇战役中，红四团代理团长张仁初再一次赤膊上阵，亲率突击队直捣敌阵。从此，就有人称张仁初是打仗敢拼命的“张疯子”。

在抗日战场上，张仁初的名声越来越大，平型关战役时他是主攻团的三营营长，带队和日军拼杀。转战正太路时，一颗子弹击中了他的头部，在头骨上划了一道沟又飞走了。惊险过后，他扳着手指算：“这大概是第九次负伤喽，马克思还是不想让我去，要我多消灭几个鬼子哟！”

真正叫响“张疯子”名号的是在一一五师师部率六八六团挺进泰西地区之后的“陆房突围”一战。

那是 1939 年 5 月 11 日，一一五师师部、六八六团、中共鲁西区委、泰西特委及津浦支队 3000 余人（战斗部队只有 2000 多人），被日军包围在肥城东南的陆房一带。这里三面环山，一面是丘陵，陆房在小盆地的中央，距日军尾高龟藏的指挥部演马庄仅 10 公里，形势十分危急。五师代师长陈光把六八六团团长张仁初找来，命令道：“张仁初，你不是能打吗？部队交给你，一定要守到天黑！”

张仁初和政委刘西元立即对六八六团做了紧急动员。张仁初对战士们说：“我们是久经考验的部队，二万五千里长征都走过来了，我们一定要守住阵地，坚持到天黑，打到一人一枪，也要保卫师部，保卫地方领导的安全！”刘西元说：“我们六八六团是主力部队，不是第一次和鬼子打交道了，平型关咱们打过歼灭战；义阳镇阻击，我们一个连掩护过友军撤退！同志们，共产党员们！挺起胸膛来，打垮敌人的包围。”

这次包围陆房的日伪军部队有 8000 多人，其中 5000 多名日军还配有重炮等武器。战斗一打响，陆房就硝烟弥漫，炮声隆隆。

陆房战斗是一场遭遇战，来不及构筑工事。张仁初带领六八六团的一营、二营在东南面的肥猪山和岈山、磨盘岭一线全力阻击正面进攻的敌人。他亲自到一营坚守的肥猪山主阵地掌握预备队，将冲上来的鬼子用反冲锋压下去。最激烈时，张仁初挥着大刀片，同战士一起砍杀冲上来的鬼子兵。从早晨打到了下午，日军再次调集重兵，全力进攻制高点肥猪山。张仁初带领六八六团硬是将鬼子死死挡在了山下。全天打退了敌人 9 次冲锋，击毙、打伤 1000 多敌人，终于坚持到了夜幕降临。按照上级命令，张仁初率六八六团在晚 11 时掩护师部和地方党政机关悄悄跳出了日军的包围圈。

第二天清晨，日军开始向肥猪山和陆房村猛烈炮击，当他们冲进村里时，发现那里已经空无一人。他们哪里知道，一一五师师部已在距这儿六七十里路的无盐村宿营了。

陆房突围的胜利，保卫了一一五师领导机关和地方党委的安全，并使国民党实际上承认了一一五师入鲁的合法地位，对我党领导的独立自主的山东抗日根据地的发展具有重要意义。陆房突围，六八六团声名大振！蒋介石给朱总司令发贺电称:“殊堪嘉慰！”这一仗，张仁初也打出了名，“张疯子”的绰号在齐鲁大地不胫而走。

## 钢铁战士朱彦夫

2014 年春天，钢铁战士朱彦夫的名字在神州大地广为传诵，在北京举行的“朱彦夫英雄事迹报告会”上，老英雄的事迹打动了所有的人。人们可能不知道，这位英雄来自英雄部队——二十六军七十七师二三〇团。

他先后参加大小战役、战斗近百次，包括孟良崮战役和淮海战役，多次负伤，3 次立功。1950 年 12 月，在朝鲜长津湖争夺 250 高地的战斗中，朱彦夫所在的连队冒着零下 30 多摄氏度的严寒，与装备精良的两个营的敌人进行了殊死搏斗。美军每天在阵地上抛下数百颗炸弹，山头被削去几十厘米，捧一把地上的土就有十几块弹片。反反复复的阵地争夺后，

**在零下 30 摄氏度的战场上，战士们不畏严寒，狠狠打击敌人**

全连的战友相继牺牲，250 高地上只剩下遍体鳞伤的朱彦夫一人。面对敌人的再次冲锋，朱彦夫把三挺机枪压满子弹，不停地换位射击，死守阵地。而就在朱彦夫再一次给枪上子弹时，眼前突然飞来三颗手榴弹。他迅速抓起一颗扔向敌人，又抓起一颗刚扔出几米，紧接着，就听到“轰隆”一声巨响，眼前一道火光，随后就什么都不知道了。

不知过了多久，钻心的疼痛将朱彦夫从昏迷中唤醒，此刻他的身体已被飘落的雪花掩埋。他想放声喊，但没喊出声；想伸开手，手指早已被冻坏。他一次次用冰冷的拳头猛搓双眼，想把挂在脸上的东西拨掉。饥渴之下，他索性将这个冰凉的异物吞下，后来他才知道，那是被弹片炸出的左眼球。出于对生命的渴望，朱彦夫咬紧牙关，开始在冰冷的雪地上挪动躯体向前爬行。不知爬了多久，又昏迷了多少次，身负重伤加冻伤的朱彦夫被两名志愿军战友发现救起，几经周折，搭上了回国的汽车。

在长春第三军医大学附属医院，朱彦夫先后接受了 47 次手术，昏迷了 93 天。流出体外的肠子被塞了回去，国内多家医院的医生把他从鬼门关拉了回来。

朱彦夫醒来后，发现自己的双手和双腿都没有了，心痛至极，他不想再活下去。想饿死，但护理人员按时往他嘴里灌食物。想跳楼，但没有手脚，不高的窗台他怎么能爬得上去？想吃安眠药睡过去，好不容易攒起的 8 片安眠药也没能把自己“解决”掉。朱彦夫自杀了 3 次，都没有成功。最后，还是医生的一句话将朱彦夫点醒：“你的命是我们用几个月的时间，硬从死神那里夺回来的，你有什么资格去断送？自杀就是叛党叛国。”朱彦夫打消了自杀的念头，但是严酷的现实是，他的双腿膝盖下被截去，双臂手腕以下被锯掉，左眼成了空洞，右眼的视力也下降到 0.3。一个没有四肢、没有左眼的特等伤残军人，怎样才能生存下去啊？

“无手无脚仍是军人！”朱彦夫不甘于自此成为一个躺在床上衣来伸手、饭来张口的废人。1956 年，他放弃了条件优越的荣军医院休养康复、安度终生的安排，毅然回到了故乡沂源县西里镇张家泉村。

回到家后，他开始练习自己吃饭、喝水、大小便。经过长时间的艰苦训练，他实现了生活基本自理，还遇到了陪伴自己一生的妻子陈希永。

为了实现教乡亲们学文化的目标，朱彦夫腾出自家的一间堂屋，用母亲做寿材的木板做书架，买了 200 多本书，建起了全村第一个图书室。随后，朱彦夫又张罗着办起了张家泉村第一所夜校，夜里常常要走 1 公里多的山路给村民上课。夜黑山路滑，健全人走起来都费劲，没手没脚的朱彦夫更不知跌倒了多少回。

1957 年，朱彦夫被全村 8 名党员推选为村党支部书记。他又开始带领张家泉村村民改天换地、砌石垒堰，在山坡上开出了 80 多亩“大寨田”，治理了 3 条大山沟，为村里新增 200 多亩良田。1960 年开始，朱彦夫带着乡亲们翻山越岭打了 9 口水井，并在村内开挖了 3 口用于灌溉的大眼井。他自己绘制图纸，带领大家修建起了 1500 米长的灌溉渠。同时，又成立了村林业队，建起了 40 亩的苹果园、10 万株的花椒园、2 万株的桑树园。如今的村民单靠果树每年就能收入几万元，生活得很富足。原来贫穷的小山村成了致富模范村。

1982 年，一场大病之后，与死神又一次擦肩而过的朱彦夫，自知年事已高，体力不支，主动辞去干了 25 年的村党支部书记职务。令所有人都没想到的是，英雄没有就此止步，而是开始了另一场战斗。他让儿女买来笔墨纸张、参考书。他说：“我是二十六军的战士，我要替连指导员完成他的遗愿，把战斗经历写下来，让后人都知道我们是怎样和敌人生死搏斗的。忘记过去就意味着背叛！”

可以想象，朱彦夫写书要遇到多大困难。首先，残疾的身体让他吃尽了苦头：他用嘴衔笔、双臂抱笔、单臂绑笔，三种方法交替使用。写不了几个字，眼睛就疼得难受。即使如此，他每天也只能写几百字。另一个拦路虎是文化水平太低。为了写成这本书，他舔烂了四本字典。由于日夜煎熬，他的视力持续下降，原来的伤口发炎，心脏病加重。可是不论医生怎么劝、家人怎么拦，他始终笔耕不辍。

熬过了严冬，熬过了酷暑，经过 7 年的努力，朱彦夫 33 万字的自传体小说《极限人生》出版发行。时任中央政治局委员、中央军委副主席、国防部部长的迟浩田亲笔题写书名并题词：“铁骨扬正气，热血书春秋。”人们说，朱彦夫是中国的保尔 · 柯察金，而迟浩田则说，朱彦夫就是活着的钢铁战士！

《极限人生》的出版，在社会上引起了极大的反响，全国各地纷纷邀请他去做报告。在淄博市的一场报告会上，朱彦夫一口气讲了两个多小时，当场晕倒在讲台上。经抢救治疗后，虽然保住了生命，右半身却瘫痪了，没了知觉。但英雄永远是英雄，他硬是撑着病体，又完成了一部自传体小说《男儿无悔》。

## 喋血“三八线”

朝鲜战争爆发后，二十六军在军长张仁初和政委李耀文的率领下，星夜兼程六昼夜，赶上了第二次战役，歼灭了所谓“联合国军”2000 余人，缴获了一批军用物资。

在第三、第四次战役中，二十六军先后与美军步兵第三、第二十五师，空降兵第一八七团，土耳其旅，菲律宾第四营及英军第二十七旅两个营等进行了殊死搏杀，特别是遭遇美第一八七空降团和直升机降步兵的攻击，这是我军历史上第一次与敌空降部队作战。最终，二十六军和兄弟部队一起，没让“联合国军”跨过“三八线”一步。

第四次战役后，二十六军奉命在“三八线”以北的种子山、釜谷里、君子山一带进行运动防御。敌人在飞机、坦克和炮火的掩护下发动猛攻，二十六军英勇阻击，坚守 14 天，胜利完成任务。彭德怀总司令在随后召开的记者招待会上说：“张仁初和李耀文指挥二十六军在扼守七峰山、海龙山的战斗中，与敌军反复争夺 11 次，代价小，杀伤 1000 多名敌人，还创造了一个班（雷宝森班）用手榴弹击毁美军 11 辆坦克的战例。”

在第五次战役中，二十六军与“联合国军”反复争夺鸡雄山，14次失而复得，鸡雄山被鲜血染红，直至奉命主动撤出阵地。

抗美援朝中，“张疯子”指挥二十六军取得辉煌战果，歼敌38300余人，击落、击伤敌机242架，击毁敌大批坦克和车辆。张仁初越战越勇，在战斗白热化阶段，他几次要冲到最前线亲自打冲锋，被政委李耀文和警卫员死死地拖住。一次行军路上，美军的飞机盯上了他的吉普车，随行参谋大叫：“敌机来了，军长快跳车！”他双目圆睁，不为所动，是两个警卫员硬架着他跳了车。军长的样子就是部队的作风，二十六军可说是个个英勇无畏，先后涌现出“鸡雄山阻击战斗英雄连”“祝灵山阻击英雄连”“反坦克英雄班”等英雄集体和“一级人民英雄”王兆才、秦建彬、王德明、雷宝森、刘庆亮、陈德忠、叶君、林范洪等英雄人物。

回国后，二十六军进驻山东莱阳，担负胶东半岛以及渤海长山列岛的守备任务。在军政训练、自卫作战、国防施工、营房建设、农副业生产、拥政爱民、建设社会主义精神文明、学习科学文化等方面均做出显著成绩，涌现出大批英模集体和个人，如“建设社会主义精神文明标兵连”“拥政爱民模范连”“攻坚英雄连”；“爱民模范”李文忠、盛习友，舍己救人的聂在汤，“模范共产党员”甘志周，“好司务长”孙乐义，“战斗英雄”童培友、宗建良等。

1985年，二十六军改编为陆军第二十六集团军。历经多次调整整编，二十六集团军最终发展成汇集原二十六军、四十六军、六十七军和济南军区直属队的现代化部队，并培养形成了“铁心向党听从指挥、忠于使命敢打硬仗、严守纪律雷厉风行、紧密团结顾全大局、艰苦奋斗求实创新”等优良传统作风。

# 威武之师

## 中国人民解放军第二十七集团军

## “胶东子弟”打成“主力”

20 世纪末，我有机会采访了一批二十七军的老首长，他们不少人操着一口胶东话说：“俺们介（这）个部队儿，是正经八百儿的‘胶东子弟兵’。”的确，这支部队的老底子是胶东地区的几支抗日武装。

1935 年“一一·四”暴动保留下来的昆嵛山红军游击队和 1937 年 12 月文登天福山起义的队伍组成了山东人民抗日救国军第三军，后又有掖县抗日游击第三支队等一批抗日武装相继成立。他们合编为八路军山东人民抗日游击第五支队。抗战期间，他们几经整编、转隶，不断发展壮大。到抗战胜利时，胶东军区部队已发展为两个师两个旅。

1946 年，胶东军区主力部队进军东北（后编为第四野战军第四十一军，现在的第四十一集团军）。1947 年 2 月，胶东军区留下来的部队经过扩编、合编，成为华东野战军第九纵队，司令员许世友，政治委员林浩，副司令员兼参谋长聂凤智，政治部主任刘浩天。

攻济部队指战员纷纷写请战书

第九纵队编成后，于1947年赴鲁中参加莱芜战役，以极小代价歼灭国民党军近万人。4月，该纵队第二十六师（附第七十四团）参加泰（安）蒙（阴）战役，在白马关、九女关地区打援。5月，在孟良崮战役中，他们由阻击转为主攻，与兄弟纵队一起全歼蒋介石的五大主力之一整编第七十四师。随后参加南麻、临朐战役和第二次胶东保卫战，以及参加胶（县）高（密）追击战和莱阳保卫战。

1948年春，第九纵队以“挖心战术”巧取胶济路中段敌重要据点周村，歼灭国民党军整编第三十二师1.2万余人。在潍县战役中，他们在城北担任主攻，第七十九团首先打开突破口，对攻克号称“固若金汤”的潍县、全歼国民党军整编第四十五师等部起了重要作用。为此，华东野战军授予该团“潍县团”的称号。

9月16日，济南战役打响，第九纵队担任东集团主攻，迅速攻占敌重要外围据点茂岭山、砚池山、燕翅山等据点。第七十三团在城东南突破城垣首先攻入市区，第一个冲入济南城，活捉了国民党陆军中将王耀武（济南战役中被我军俘虏的国民党军最高将领）。事后，中央军委授予其“济南第一团”的荣誉称号。毛主席亲笔写下“济南第一团”表彰该部队。九纵一战成名，从一支地方部队跃升为王牌主力。

淮海战役发起后，九纵担任在碾庄围歼黄百韬兵团的任务，后又在徐州以南阻援和围歼杜聿

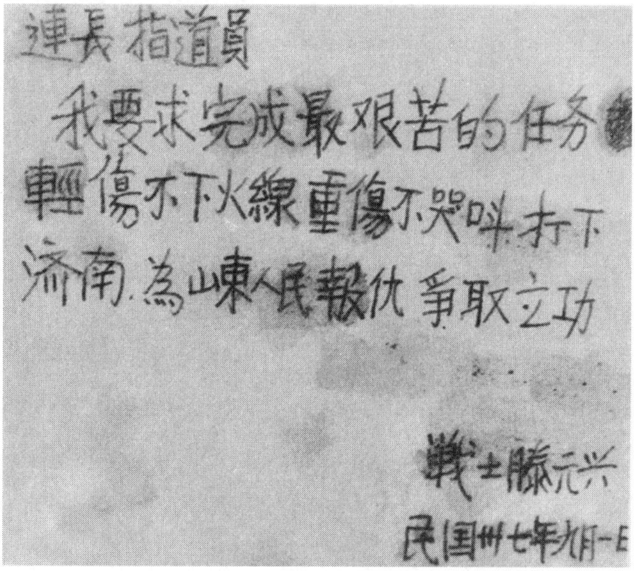
連長 指導員
我要求完成最艰苦的任务
輕傷不下火線 重傷不哭叫 打下
济南 為山東人民報仇 爭取立功
戰士滕元兴
民国卅七年九月一日

**济南战役登城第三名、一等功荣立者、华东野战军第九纵队二十五师七十三团三营七连（突击连）战士滕元兴战前写的决心书**

明集团。

1949 年 2 月，中央军委统一全军编制及部队番号，华东野战军第九纵队改称中国人民解放军第二十七军，聂凤智任军长，刘浩天任政治委员，贺敏学任副军长兼参谋长（后詹大南任副军长，李元任参谋长），仲曦东任政治部主任。

1949 年 4 月 20 日，渡江战役打响，第二十七军担负鲁港至荻港段主要突击任务，于当晚 9 时跨过长江，迅速抢占敌人滩头阵地。随后以日克一城的气概沿繁昌、南陵、宣城一线追击江南逃敌，与兄弟部队会师吴兴，共同将国民党军五个多军围歼于郎溪、广德山区。

在解放大上海的作战中，第二十七军沿嘉善、松江攻进，先后攻占高家湾机场，焚王渡车站、虹桥机场、徐家汇车站、龙华机场，控制苏州河以南。占领上海后，二十七军上自军长下至马夫全部露宿街头，受到上海市民的交口称赞，因而也被选定为上海市的警备部队。

1950 年 10 月，第二十七军入朝作战，在第二次战役中“血战长津湖”。在冰天雪地中，战士们在大量兵员冻伤的情况下猛冲猛打，一个不剩地全歼美军“北极熊团”——这是我军在朝鲜歼灭的最大的一个美军编制，同时歼灭土耳其旅大部。八十、八十一师也将美第七师三十一团、三十二团一个营以及一个炮兵营全歼于新兴里及以南地区，创造了抗美援朝战争中我军以劣势装备全歼美军一个加强步兵团的范例。七十九师在柳潭里地区与美陆战第一师近两个团激战数日，并在九十四师配合下将美王牌师击溃，且在追击中歼敌一部。

在第五次战役中，二十七军担任东线集团主要突击任务。二十七军迅速突破敌军防线，在敌人防御正面打开缺口，并按时完成穿插迂回任务。在极其困难的情况下，于昭阳以南富坪里、县里地区英勇抗击敌军多路进攻，有力地掩护了我军主力和伤员物资的转移。抗美援朝作战中，二十七军共歼敌 2.1 万余人，有 2.2 万余人立功，涌现出于春田、孙庆云、王元义、刘福海、于宪桂（女）、李耕耘等许多战斗英雄。

硝烟和战火把第二十七军锻造成了名副其实的威武之师。和平时期的一些重大活动中，也少不了这支队伍的身影：

1987 年南疆边境地区轮战，第二十七集团军表现不俗；

1998 年九江长江大堤决口，第二十七集团军 200 多名官兵飞抵九江，连续奋战三昼夜，搭起一座钢木组合结构坝，创下了封堵大江大河干堤决口的奇迹；

1999 年国庆阅兵中，第二十七集团军部队组成的徒步第六方队更是以威武之师的形象接受了检阅……

## 富有诗意的十二字电报

在第二十七军的战史上，有一封只有十二个字的电报——“我们已胜利踏上江南的土地。”这可算得二十七军历史上文字最短、措辞最为奇特的电文。

这个电报的来历，要从“百万雄师过大江”之前说起。

当时二十七军开到了长江北岸，进行紧张的渡江作战准备。这天，聂凤智军长穿着农民的衣衫，牵着一头牛，哼着小曲，俨然一个放牛郎。他来到长江边，对敌情和地形进行战前观察。抬眼望去，滔滔长江的那一边，是国民党军 115 个师、100 多艘舰船和 300 多架飞机相配合的立体防御体系。要跨过大江，绝非易事。经过几天的侦察，他还是觉得心中无底。

聂军长知道，他手下的官兵百分之八九十是北方来的旱鸭子，面对波涛汹涌的长江，简直是一筹莫展。部队正在隐蔽的河沟和临时挖出的“游泳池”里冒着刺骨的寒风，泡着冰冷的河水，练习游泳、泅渡、上船、下船……

晚饭前，他来到临江坝前沿指挥所，把破帽子一扔，说了句：“给点儿饭吃！”

这指挥所是他派作战科长来这儿开设的。这里的人他都很熟。打起仗来聂凤智挺凶、挺狠，不打仗的时候却都是有说有笑，和他们闹作一团。

“军长，知道你要来，今天我们要好好招待招待你！”

“说得好听，我要看你们有什么好吃的。”

饭菜上桌，一小碟韭菜炒鸡蛋，一小碟炒青菜，一碗豆腐汤。聂凤智想，这些小子，今天这是搞什么鬼？

“这是专门为军长一个人做的。”

“狗屁！这点儿破东西，够谁吃？”

不一会儿，又有菜送上来了，依然是韭菜炒鸡蛋和炒青菜，这一次却是满满的两大盘。

“军长，你看看这两大盘和那两小碟，哪个好吃？”大家就又七嘴八舌道。

“哪个好吃？你们炒得一个味儿！”

人们哈哈大笑。

“你们搞什么鬼？”

作战科长说出了原委：那一小碟韭菜和一小碟青菜，是侦察人员从江南的土地上带回来的“证据”。他们不仅去了江南，还带回了东西。

聂凤智高兴得直想骂他们。他把碗筷一推，连忙细问情况。

侦察科长汇报说，侦察兵先后十多次下江南，摸清了敌人的江防情况，还抓回几十个舌头，对江心的黑沙洲和长江南岸都有了比较准确的了解。

聂凤智当即决定，把侦察范围进一步扩大，派一个侦察分队下江南。他把想法报告给兵团，兵团报告给三野，三野报告给总前委，总前委报告给了中央军委。中央军委和总前委对他们这一大胆而胸怀全局的构想极为赞赏，责成聂凤智妥善实施。

于是，经过周密组织和安排，一个敌人连做梦都想不到的侦察分队，神不知鬼不觉地下了江南。——这就是后来风靡一时的《渡江侦察记》的原型。

有了详尽的敌情资料，聂凤智在军党委会上提出了一个非常大胆的设想——智取黑沙洲。

黑沙洲是一个江心洲，洲不大，是水上咽喉要地，敌人投入重兵把守，工事十分复杂、坚固，是江防中的第一道防线。它位于二十七军的进攻正面，要想过江必须先拿下它。

聂凤智的设想是，对黑沙洲不作强取，而直下江南。具体做法是，在面对黑沙洲一字儿排开的三个师中，用一个师看住黑沙洲，而让两个师从黑沙洲两侧偷偷绕过。设想一出，大家议论纷纷。“真是异想天开！”“这是绝对不可能的！”

聂凤智认为，军事上的“绝对”是没有的。正是由于谁都看到不取黑沙洲就无法过江，谁都认为一览无余的江面大部队无法偷渡，谁都觉得百万雄师的行动无法保密，才为“飞越”或“偷渡”提供了充分的可能。正是多数人认为“绝对不可能”，事情才有了可能。敌人面对的是百万雄师陈兵江畔的强大压力，一旦枪炮声响，必定全力以赴对付正面攻击，也一定会忽视非正面的突袭。

他说：“攻取黑沙洲，是毫无问题的。但是，必然要造成伤亡和耗费时间。我想了又想，觉得还是用一个师看住它。另外的部队隐蔽或相对隐蔽地接近南岸，其攻击效果自然大不一样……”

然而，任凭聂凤智说破嘴皮，意见还是无法统一。聂凤智没有办法了，只好拿出最后的“王牌”：“这样吧，军事问题军事主官有权决定，我决定了。错了，我负责，谁不执行，谁对党负责，撤职枪毙，到时候不要怪我。”

师团干部对他是信赖的。意见尽管提，争论尽管有，一旦决定，他们都能坚决执行，也相信他的决定能够执行。硬也好，软也好，真心领会也好，勉强接受也好，意见就这样“统一”了。

于是，聂凤智命令：八十一师看住黑沙洲。用一个团的兵力、火力对黑沙洲实行半圆形的三面佯攻，另两个团摆在后面不要动。七十九师和八十师则绕过黑沙洲，直取南岸。

总攻发起后，正如聂凤智所料，黑沙洲守敌果然全部被三个营的佯攻火力所吸引，竟对两侧扬帆而过的大部队毫无反应；南岸的敌人也因此在我军大部队快抵岸边时才发现，才手忙脚乱地开始放枪打炮。就这样，二十七军第一个突破了长江天险，渡过了长江。

聂凤智是随第二梯队过江的。在指定的会合地点，聂凤智碰到了二三七团的政委丁锐。他和聂凤智是分别从黑沙洲的两边过江的。一见到聂凤智，他就高兴地喊：“哎呀，军长，你先到了？！”

聂凤智问：“部队怎么样？”

“很好哇！”

“我问你伤亡情况！”

“一个也没有，真是奇迹。”

“真的？”

“真的，确实一个重伤都没有，擦破块皮就不算了。”

“你××的，研究的时候还哇啦哇啦跟在人家屁股后面叫不同意。”聂凤智骂着，也笑了。

“哎呀军长，你报复也不要这么快嘛。那个时候，我们哪儿想到这么好的结果啊！”

聂凤智过江后，黑沙洲成了地地道道的“孤岛”，也很快被八十一师拿下。二梯队的一只小小的运输木船，渡江时还缴获了敌人一艘不久前还耀武扬威的铁甲炮舰。聂凤智和各师通话后，口授了一道富有诗意的电文，命令电台用最快的速度拍发给毛主席和中央军委：“我们已胜利踏上江南的土地。”

## “不准打一炮”的特殊命令

渡江战役结束后，二十七军火速向上海挺进，参加解放大上海的战役。他们扫清外围，推进了市区，与敌人形成对峙局面。

聂凤智根据中央军委的精神和三野的有关指示，在军党委会上，提出了自己的意见：进攻市区的时候，为了确保上海的“完好”，只准用轻武器，不准用火炮和炸药。聂凤智说，上海的人口过于密集，一炮下去，搞得不好就会有几十或上百的伤亡；炸药就更厉害，一座楼房炸掉，说不定就是几百无辜平民的牺牲。

人们都不说话。谁都知道，战场上是生死搏斗，怎么能规定只准用什么武器呢？这不等于捆了自己的手脚让敌人打？

“我理解中央要求‘军政全胜’，就是要我们尽可能地保全上海，尽可能地保护好人民的生命财产……”

道理谁都懂。然而，战争和破坏几乎是画等号的，自古战争都避免不了破坏。参加会议的不少人坚持说，不用大炮，不用炸药包，是攻不下上海的。最后，聂凤智拍板，命令部队“不打一炮，不用一个炸药包”。

二十七军占领上海西郊的虹桥机场后，很快进攻到苏州河边。北岸敌人居高临下实施火力压制，部队伤亡增加，部队的不满情绪越来越强烈。

聂凤智赶到苏州河边。苏州河有30多米宽，在北岸，敌人利用岸边

**第三野战军某部由浦东抢渡黄浦江，向上海市区发起攻击**

的高楼大厦，部署了强大的交叉火力，桥头、路口筑有坚固的碉堡，坦克和装甲巡逻车不时开过，把河面、桥面、路面封锁得滴水不漏。南岸却是一条空旷的大马路，部队进攻通道暴露在敌人密集的火力下。我方由于“禁止”用炮，无法有效地摧毁敌人的火力点，无法有效地压制对方，进攻的部队几乎成了敌人的活靶子。特别是外白渡桥边，敌人的轻重机枪从对面高耸的百老汇大厦上疯狂地扫射，正在攻击的战士一批接一批地倒下……

聂凤智的心像被压上了一座大山，他简直要爆发了。

“军长，就让我们打几炮吧，保证一炮一个火力点，决不多放一炮；保证几炮就把对岸的敌人火力点全干掉！”

“军长，三包炸药一拉，保管把那幢大楼炸飞上天。”

“军长……”

看到大家情绪激动，聂凤智反倒冷静下来了。

聂凤智清楚，只要他一句话，苏州河北岸顿时将变成一片火海，工厂、楼房、仓库平了不说，那密密匝匝的房屋里的平民怎么办？炮可以瞄准，弹片却不长眼睛！一炮下去不知道要死伤多少！现在干部战士都打红了眼，“开炮”二字一出，对面就可能在我们的炮火中被夷为平地，无数平民百姓就不可避免地会在炮火中丧生……上海没有在国民党反动派的暴政下毁灭，却在人民解放军的炮火中遭受损坏。历史，又将怎样记下这一笔？

考虑再三，聂凤智含着眼泪做出决定：“禁令”仍然不能解除，炮弹仍然一发也不准打！

但是，部队早已被打得哇哇叫了，不但战士，许多干部也指名道姓地开始骂娘。有的干部还把山炮、野炮、榴弹炮、九二四步兵炮一股脑儿地搬到前面来，光是百老汇大厦，就有好几十门大炮的炮口齐刷刷地对着。有人同时扬言：“要让百老汇大厦和国民党反动派一起，在上海的地图上抹掉！”

聂凤智得报，再次严厉下令，绝对禁止打炮！谁敢擅放一炮，军法从事！

在这种情况下，党委临时会议上发生了争论。不少党委成员把矛头都指向军长，这个说：“请问聂凤智同志，我们现在是不是打仗？”那个说：“上级要求军政全胜，也没有说不准用炮！”还有人说：“下面干部战士在问，我们的军长到底是爱什么？是爱官僚资产阶级的楼房，还是爱我们的生命和鲜血！”

聂凤智压了压火，尽量用平和的口气说：“我爱兵不爱兵，跟我打过仗的人都知道，我早就说过，人只有一条命，将军的命并不比士兵的高贵。说我不爱战士的生命，我不能接受。上海的楼房现在可能是资产阶级的，解放后，楼房马上就要变成无产阶级的了。新中国正需要像上海这样的大城市。如果打烂了，花多少钱才能建一个新上海？这个钱，还不照样是人民群众的血汗？敌人就希望破坏，蒋介石就希望我们这样把上海打烂。如果开炮，不正合了他们的意？”

会议开了一夜，争论了一夜。最后聂军长把桌子一拍，再次严令：“我再说一次！为了上海人民，我们必须付出一些代价。已经有令在先，谁要打一炮，我就要这个人的脑袋；谁要用一包炸药，我就要这个人的脑袋！如果错了，我个人负全责！”

**第三野战军某部占领苏州河南市区后，向河北桥畔邮政总局的国民党军发起猛攻**

就这样，二十七军硬是没有用大炮，更没有用炸药，硬是采取正面佯攻、侧面包抄、利用暗夜掩护等办法，迅速渡过了苏州河。

## 虎穴擒敌的迟浩田

就在苏州河边，后来成为中央军委副主席、共和国国防部部长的迟浩田上将演绎了一场英雄传奇。当时他是二十七军二三五团七连的指导员。

迟浩田和连长萧锡谦带领的七连在苏州河南岸被国民党青年军第二〇四师的部队挡住了去路。四行仓库和中国银行大楼上的机枪不停地响着，七连往桥上一冲就有十几个人倒下。部队被拦堵在桥的南岸，双方对峙达十多个小时。迟浩田心急如焚。他焦躁地踱着步，无意中踩到了一个下水道井盖，以前从没有见过这东西。他问房东："这是干什么用的？"

房东告诉他："这是下水井。刷锅洗碗的水都从这里流下去，排到苏州河和黄浦江。"迟浩田眼睛一亮："能不能从这里钻到苏州河？"于是就有了《迟浩田传》中的一段传奇。

迟浩田说："告诉连长，让他掌握连队，我去探条路。"他揭开下水道井盖，找了个蚊帐杆一搅，顿时臭味冲鼻，苍蝇、蚊子乱飞。正当迟浩田要跳入下水井时，通信员张瑞林一把拽住了他："指导员，你不能先下去，我来。"说着就抢先跳了下去。张瑞林说："指导员，往北看有一个大洞，猫着腰可以过去，就是臭得受不了。"

迟浩田立即跳了下去。排长王其鹏紧跟着迟浩田钻进了下水道。王其鹏作战勇敢，济南战役时带两名战士攀上城墙，用手榴弹打退了国民党军一个排的反扑，子弹打光后，抄起一把菜刀活捉了三个国民党兵，被授予"济南英雄"称号。

这个下水道实际上是一条通往苏州河的排水沟，上面盖有石条，人可猫腰通过，里面一团漆黑，臭味熏得人简直要昏过去。张瑞林在前，迟浩田居中，王其鹏随后，三人弓着腰、托着枪往前摸。十几分钟后，前方出现一丝亮光，三人一阵惊喜。从排水道口钻出来一看，是苏州河。

苏州河水很脏，水已没过了胸脯，深的地方没过头顶。看到对岸国民党军哨兵的影子在晃动，迟浩田小声告诫王其鹏和张瑞林："不要弄出响声。"好在苏州河的流水声掩护了他们的行动，国民党军哨兵对水面上的动静看不大清楚，而他们从水面看岸上却十分清楚。三人偷渡到河对岸后，互相一瞅，身上脸上都是污泥，像个黑人，但哪还顾得上这些，只管猫腰顺斜坡而上，悄然向前摸去。到了大桥的左侧，见旁边有一排房子，后来才知道是四行仓库。

王其鹏仔细观察，发现桥头国民党军的碉堡在他们的右后方，建议先拔掉这颗钉子。迟浩田摆摆手，说："先不要打草惊蛇。一不做，二不休，我们三个人，一人干掉一个够本儿，干掉两个就赚一个。不入虎穴，焉得虎子，走，找敌人的指挥部去！"

三人向后边绕去。这时，天下起了小雨。看到一个国民党军哨兵缩着脖子在房外溜达，迟浩田决定逮一个舌头。他对张瑞林和王其鹏说：“你们看我的手势，他往那边溜的时候你们趴到这边，等到他回头，就把他按倒。”张瑞林和王其鹏配合默契，冷不防地就把这个哨兵撂倒了，然后把他推到一个门里边。三人全身都是黑乎乎的，只有牙齿是白的，这个哨兵还以为遇上了什么鬼怪，吓得浑身哆嗦。

迟浩田说：“我们是解放军，不杀俘虏。你不要喊叫，听我们的命令，快带我们到指挥部去。”

盘问后，他们塞住这个哨兵的嘴，由王其鹏和张瑞林扭着他的胳膊，迟浩田举着手枪走在前头，蹑手蹑脚地进了大楼。哨兵带着三人进了电梯，一按电钮，电梯启动往上走。迟浩田和王其鹏、张瑞林都是第一次坐电梯，电梯一动很紧张。张瑞林用枪抵着哨兵的脑袋说：“你这个坏蛋，想把我们弄到哪儿去？是不是想害我们？”

那哨兵吓得直摇头。迟浩田镇定地说：“不要慌，他不敢把我们怎么样。”哨兵面对三支枪，战战兢兢地把电梯开到了四楼。一出电梯，就有一个声音传来：“谁啊，干什么的？”迟浩田一看，是一个国民党兵，于是一个箭步扑上去，缴了他的枪。三人押着两个俘虏往右一拐，到了一个大房间的门口。

迟浩田往里一看，里面横七竖八地坐满了抽烟聊天的国民党兵。他不禁一愣：敌众我寡，如何是好？冲！他来不及多想，纵身跃入室内，举起驳壳枪，大声喝道：“不许动！谁动就打死谁！”

机智聪明的王、张二人也马上拔枪呼应，大壮声势。室内本来就灯光昏暗，加上“瘾君兵”们吞云吐雾，整个屋子弄得乌烟瘴气，国民党兵眼见门口三条黑汉似天兵天将骤然降临，吓得魂飞魄散，个个哆嗦得像筛糠，有的竟哭爹叫娘，乱作一团。

“闹什么，来了哪个？奶奶的熊！”突然间从里屋传出声音。话音未落，出来一个军官模样的人，喝得醉醺醺的，歪戴着帽子，大敞着怀，却硬摆出一副盛气凌人的架势。张瑞林眼疾手快，冲上前去，一把揪住他的衣领：“不许动，把手举起来！”这军官一时丈二和尚摸不着头脑，酒倒是吓醒了一半，连连打着嗝儿，颤抖着举起了双手。迟浩田看清了这是个国民党上校军官，当即缴了他的枪，并用枪抵住他的太阳穴，厉声喝道："我们是人民解放军。你现在快下命令，叫你的兄弟们放下武器，否则，我先毙了你！"接着，他大声地说："弟兄们，你们已经被包围了，解放军已经浩浩荡荡地开进了上海。这楼也被占领了，我们的部队正在上来，只有缴枪投降，才是你们的活路！"

王、张两人也大声喊道："放下武器，缴枪不杀！"

国民党兵的意志顷刻瓦解，不等那个上校下令，房间内已响起一片哗啦啦丢枪落地的声音。迟浩田心里的一块石头落了地。他朝张瑞林使了个眼色，大声说道："你快下去通知部队，说这里的弟兄们都已放下武器，不用上来啦。"

"是！"张瑞林马上会意，押着两个俘虏下楼去了。王其鹏也心领神会，上前扭住那个上校军官。满屋的国民党兵就像无头之蛇动弹不得。迟浩田转过身来，喝令上校："你愣在这里干什么？快下命令，让你的部队放下武器投降！把桥上的人也撤下来。"

王其鹏用枪狠狠地戳了戳那个上校的脑袋："再不讲，我要了你的狗命！"国民党上校军官无可奈何，只得拿起电话筒。在苏州河南岸，正在布置下一次冲锋的萧锡谦发现对面的国民党兵纷纷后撤，又不见了指导员和王其鹏、张瑞林，已经明白了大概，立即带连队越过苏州河，肃清了附近的国民党兵。

迟浩田令国民党军官把投降人员集中在楼下院子里，然后向俘虏宣传政策："解放军宽待俘虏。你们的私人东西我们不动，但不准你们抢老百姓的东西，谁抢了东西一律交出来，可不追究。若不交出来，查出来严惩！"那些抢老百姓东西的国民党官兵迫于压力，纷纷把搜刮的东西交了出来。

迟浩田、王其鹏、张瑞林凭着一身大智大勇，不费一枪一弹，抓获国民党青年军第二〇四师上校副师长，迫使其师部及三个营放下武器，谱写了一段虎穴擒敌的精彩传奇。

二十七军军长聂凤智闻知迟浩田等三人的壮举后，大为赞赏，对二三五团领导说："把这个迟浩田找来，我倒要看看他长什么样的三头六臂，竟能不放一枪，制伏 1000 多个敌人！”

在愚园路，聂军长握住迟浩田的手，端详良久，哈哈大笑：“噢，原来你没有三头六臂呀！头倒长得不小！”二十七军政治部主任仲曦东是山东黄县人，与迟浩田的老家招远县相邻，他拍着迟浩田的肩膀说：“小老乡，我看你可以改个名字，叫迟大胆吧！”

“好，就叫迟大胆！”聂凤智和其他首长都笑了起来。

浦江两岸的民众把这件事传得绘声绘色，上海《申报》等媒体记者纷纷上门要求采访，都被迟浩田一一谢绝。后来，《申报》通过其他途径采访报道了他们三人智闯虎穴的事迹，称赞道：“不可一世的青年军，在解放军面前乖乖放下武器。”这张报纸，迟浩田保存了一年多，到紧急入朝参战时，因部队要求清点物品才烧掉了。从国民党军副师长身上缴获的那把美式左轮手枪，却伴随着迟浩田度过了抗美援朝的峥嵘岁月。

**第三野战军某部在苏州河北围歼国民党军**

# “胆大包天”的聂军长

在人民解放军凌厉的攻势下，淞沪警备司令汤恩伯乘船逃跑了。留下淞沪警备副司令刘昌义指挥剩下的五十一军和青年军、交警总队等队伍顽抗。

青年军、交警总队是国民党军中的嫡系，刘昌义根本指挥不动。因而我方采取的策略是：集中力量打击蒋介石的嫡系“少壮派”，而对刘昌义进行争取。

不久，负责和上海地下党联系的八十一师政委向聂军长报告说，通过内部关系和刘昌义联系上了。并说，由于我军狠狠地打击了“少壮派”，刘昌义已感到危在旦夕，表示愿意考虑我方提出的条件。他已让刘昌义直接找聂凤智联系。

果然，敌方警备司令部转过电话来，聂凤智直接和刘昌义通了电话。聂凤智说：“刘军长，现在摆在你面前有两条路。一条是光明大道，就是放下武器。这样做，不但可以保证你部全体官兵和包括你太太、子女等人的安全，还可以取得人民对你的谅解，历史也可能因为你保全了上海，保护了上海六百万人民群众而记你一功。这是陈毅将军要我转告你的！另一条道嘛，我不说你也清楚。”

刘昌义当然知道陈毅是华东“共军”的最高统帅，一听说是“陈毅将军”的亲自关照，他连忙问：“啊，请问阁下是……？”

“我是中国人民解放军第三野战军第二十七军军长聂凤智。”

“哦，哦，久闻大名！”

“别‘久闻大名’了，还是谈正事吧。”聂凤智一口气也不让对方喘，紧追着说。

“请问，陈毅将军现在在什么地方？”刘昌义试探着问。

聂凤智毫不含糊地回答：“陈将军就在我们后面不远，给你的投降命令已经送来，马上就到！”

这一招极其有力有效。刘昌义沉思片刻后说：“我马上亲来面谈。”

聂凤智哪儿来的“投降命令”？在一边的副参谋长见他放下电话，就说：“这命令……”

“你马上起草一份。”

“我？”

“你代陈毅同志起草一份嘛！这是我的命令！”

聂凤智又对政治部主任说：“你找人去地里拔一个萝卜，刻一个‘陈毅’的‘关防’大印。”

一切准备就绪，刘昌义来到了设在虹桥一个小照相馆的二十七军指挥所。作战科长热情接待，而在楼上的聂凤智，却是“千呼万唤不露面”。

刘昌义是混惯官场的，深知架子的分量。这个聂军长就在楼上，一板之隔，却由于军务太忙，作战科长“一请”“稍等”，“再请”“稍候”，刘昌义马上就感觉出了其地位和作用之重要。待终于“请”下楼时，又见他尽管貌不惊人，却是一脸威严，立时便有几分敬畏。边上的人见聂凤智做得煞有介事，想笑又不敢笑。

“你叫刘昌义？”

“是的。”刘昌义毕恭毕敬地立正回答。

“那好，我现在就向你宣读我们陈毅将军的命令。”接着，他郑重其事地向刘昌义宣读了那份盖有萝卜印的“命令”。读了一遍，交给了刘昌义。

刘昌义匆匆浏览了一眼，就实实在在地点着头表示“谨领”。

这时，聂凤智才客气地让茶让座，并设身处地地和他谈起了当前的大势、上海的处境，以及我党我军的一贯政策。刘昌义当即表示：五十一军他完全可以负责，并同意当晚就撤出阵地，分别在江湾、大场集中，听候处理。可其他老蒋嫡系，他无能为力。聂凤智说，只要五十一军解决就行，其他的不为难他，并客客气气地把他送出门口。

五十一军的顺利解决，极大地动摇了敌人防线，七十九师抓紧时机，分头抢渡、迂回包抄，使正在因五十一军撤出而忙于调整部署的苏州河北岸之敌很快顾此失彼。

这时，陈毅来电话问：“聂凤智吗？前面情形怎么样了？”

聂凤智不无得意地说：“刘昌义投降了，现在苏州河也突过去了。”紧接着报告了之前的情况。

陈毅听了哈哈大笑：“好你个聂凤智，胆大包天，居然把我也‘全权’代表了。”

很快，大上海完完整整地回到了人民手中。

LUZHANZHIHUN
ZHONGGUO WANGPAI
JITUANJUN

# 威震海疆

## 中国人民解放军第三十一集团军

经常听胶东半岛上的老人说："我们胶东走出了中国人民解放军的四个军！军委副主席就出了俩！将军多得数不清！"那声调里充满了自豪。

是的，中国人民解放军第二十七、第三十一、第三十二、第四十一军都可说是胶东子弟兵。不过，这四个军组建的时间不同，大哥、二哥是第二十七军和第四十一军，小弟则是第三十一军、第三十二军。驻厦门的第三十一集团军，是在解放战争的炮火中组建起来的一支年轻部队，前身是华东野战军第十三纵队。

1947 年 2 月至 8 月，为了保卫胶东解放区，抗击国民党军的进攻，胶东军区地方部队先后组成了新编第五、第六和第七师。各师成立后，在胶东军区前线指挥部的指挥下，先后参加沙河追击战，胶济路东段、太保庄等战斗，积极配合华东野战军主力作战。

1947 年 8 月下旬，以胶东军区前线指挥部及所属部队为基础，组成华东野战军第十三纵队，各师分别改称第三十七、第三十八和第三十九师，共 2.3 万余人，司令员周志坚，政委廖海光，滕海清任副司令员，陈华堂任副政治委员兼政治部主任，黎有章任参谋长。

纵队司令员周志坚可不是一个等闲之辈。他不是胶东人，也不是从胶东地方部队成长起来的，他是从延安到山东的（用现在的话说是空降的）。红军时期和抗战期间，周志坚外号叫"周铁匠"。有人说是周志坚学过打铁，其实，周志坚从未当过铁匠。他的战友说，周志坚是因为"能打硬仗，善打恶仗"而得来这个名字的。当年在鄂豫皖，还有一个说法："李木匠山上吊线，周铁匠山下打铁。""李木匠"指李先念，"周铁匠"自然指周志坚。在著名的中原突围作战中，他带断后的团队拼到最后，突出重围时只剩下几个人……

就是这个周志坚，带着十三纵在齐鲁大地上纵横驰骋，东拼西杀，把一支年轻的队伍带成了华东的主力部队之一。

## 从"预备队"到主力部队

1947 年 12 月，许世友、谭震林指挥华东野战军第二纵队、第七纵队、第九纵队和第十三纵队发起了莱阳战役。他们要啃的是一块硬骨头——国民党军整编五十四师三十六旅一个加强团，还有其他杂牌队伍近万人共守的莱阳城。

12 月 4 日黄昏，莱阳城攻坚战打响。华野七纵首先向驻守莱阳城的国民党军发起攻击，当夜占领县城南关。二纵也攻下县城东关村北和吴格庄村北地堡，占领东关，威胁国民党守军指挥部所在地——城隍庙核心阵地。6 日夜，莱阳城外围地堡全部被扫清。9 日凌晨，七纵三个师发起总攻。10 日拂晓，十九师攻克县政府据点。七纵先后对城隍庙核心阵地发起了两次攻击，但因敌人工事复杂、火力凶猛，攻击未能奏效。城隍庙的核心阵地迟迟攻不下来。

12 日晚，许世友急调十三纵第三十七师加入战斗，因为三十七师师长高锐对这里的情况熟悉。三十七师进入攻击位置后，选择攻击突破点，先后发起三次大规模攻击，城隍庙被攻破。13 日晚上 11 时多，莱阳城攻坚战胜利结束，国民党军除小部分从城隍庙西北角潜逃外，其余全部被歼。

莱阳攻坚战结束后，国民党军的八个旅沿烟台—青岛公路北上，妄图重新占领莱阳城，华东野战军东线兵团迅速调整部署：七纵与南海独立团急速绕过大沽河，迂回到国民党增援部队背后，切断国民党增援部队的后方补给线；九纵进驻河头店一带阻击由水沟头经河头店迂回莱阳城的国民党军；十三纵在莱阳城西以将军顶为中心，南北展开，扼守烟青公路，从正面阻击由水沟头东犯、企图夺回莱阳城的国民党军。

此时中央军委来电明确指示：如无把握，应及早放弃。

许世友对他的部下说："吃到嘴里的肥肉还能吐出来？"他命令十三纵队司令周志坚带上一个炮连来到阵前。

周志坚把师团主官叫来，说："我就在前沿，你们都直接下营、下连去，这一仗就看我们的了！"

19 日上午 8 时，将军顶阻击战打响了，战斗打得非常惨烈，经过七昼夜的激战，进攻将军顶的国民党军败退青岛，整个莱阳战役遂告结束。历时五个月的胶东保卫战圆满地画上了句号。

第十三纵队这支"新军"，也从此让人刮目相看。

紧接下来的济南战役，更是让十三纵队从"预备队"变成了主力部队，和他的兄弟——老牌劲旅九纵并肩争雄。

按粟裕的作战计划，山东兵团的头号主力第九纵队担当“助攻”，十三纵自然是“预备队”。仗打起来后，九纵司令员聂凤智给各师长下命令：“我命令你们变助攻为主攻，拿下济南府，活捉王耀武！”还加了一句：“记住，是主攻，不是助攻！”

十三纵司令员周志坚也对部队说：“我们不能总当预备队吧？看情况变成‘啃硬骨头的’！”

9月23日下午，发起总攻前几个小时，十三纵一〇九团团长田世兴带着作战参谋摸到了护城河边做最后的战场勘察。敌人在距离不到30米的城墙上发现了他，一颗子弹飞来，从田世兴左脸射进，由右眼飞出，田世兴便失去了右眼……一〇九团吼叫着“为团长报仇”，按时发起了攻击。云梯搭成的桥被炸断，他们涉水过护城河；城墙炸开一个缺口，他们奋勇登上城墙。城头战况极其惨烈，这五个连队坚决顶住敌人反扑，大部壮烈牺牲。

一〇九团首先突破西南城垣后，三十七师师长高锐向周志坚报告：“三纵队八师要从我们的突破口进城。”

这是给主力部队让路。周志坚知道，第三纵队八师负责攻打侧翼的普利门，没有打开，师长王吉文牺牲了。他们急需进城，绕到敌人背后，接应正面部队打开普利门，使三纵主力进入内城。周志坚从大局考虑，对三十七师师长高锐说：“让他们快进！”

兄弟部队进去了，十三纵的后续团队进入内城的时间自然就迟了一阵儿。

三十七师全部进入内城后，高锐报告，师指挥所马上转移到内城里。就在此时，敌人的B29轰炸机丢下一枚重磅炸弹，炸倒了指挥所跟前的一座高楼，把师指挥所压在里边。副师长张宜爱报告了周志坚，周志坚吼道：“赶快扒！”但是此时三十七师政委徐海珊已经牺牲，师长高锐负伤，被抬了下去。

三十七师的军政主官一死一伤，周志坚要到三十七师指挥所去，纵队政委廖海光说：“你不能去！”周志坚往外冲：“我得去！城里需要指挥。”廖海光叫警卫员拉住他：“这次得我说了算。你不能去！三十八师师长徐体山统一指挥。”

三十八师师长徐体山统一指挥攻入济南内城的两个师战斗。部队勇猛前进。敌人很快土崩瓦解。下午4时，一一二团进至大明湖畔，二营副营长王保田率五连攻入国民党省政府内院，五连连长带队冲进王耀武的指挥所，活捉了第二绥靖区少将参谋长罗辛理以下300余人。十三纵虽然没有抓到王耀武，却缴到王耀武的手枪。这是一支“马牌”银把小手枪，王耀武在美国西点军校时一位美国将军送的。手枪送到周志坚手里，他掂量掂量说：“还挺沉！咱也用用这美国货。”新中国成立后，他把这支手枪交给了中国人民革命军事博物馆，成了济南战役的重要见证。

八天的济南战役，十三纵队毙、伤敌5000余人，俘敌10363人。山东兵团首长颁布嘉奖令：奉中央军委、华东军区暨华野总部电令，授予九纵二十五师七十三团“济南第一团”，十三纵三十七师一〇九团“济南第二团”的荣誉称号。

授旗时一〇九团团长田世兴还在医院养伤，出院后得知团队被授予“济南第二团”的荣誉称号，他吼道：“文无第一，武无第二。这叫什么？”

1948年春，十三纵转入休整，开展新式整军运动。随后转战胶济路中段，参加潍县战役，配合兄弟部队于潍县东、西两线顽强阻击济南、青岛国民党军增援，保证了攻城战斗的胜利。5月，挥师西进，参加津浦路中段战役，会同第七纵队攻克兖州。此役，七纵四个团并肩突击，从南门率先突破。十三纵在老西门登上城墙。两个纵队携手，歼守军1.6万余人。

至此，十三纵的强悍神勇在山东无人不晓，和七纵、九纵英雄比肩，无人再敢小觑这支“新军”。

## 淮海大战显身手

在淮海战役中，十三纵东拼西杀，大显身手，战果辉煌。有人总结过，在淮海大战中，粟裕代司令员曾经“六调十三纵”。

淮海战役第一阶段，华东野战军瞄准了国民党关内最大的野战兵团——黄百韬的第七兵团。济南战役时，黄百韬率部来救援王耀武，半路上获知济南已被我军攻下，他便率部撤回了江苏连云港。

随后，山东兵团南下，黄百韬又放弃连云港，向徐州撤退。华野代司令员粟裕急令周志坚率十三纵急渡运河，向宿羊山、曹八集攻击前进，将黄百韬的第七兵团截住。

曹八集是徐州以东50公里的一个镇子，是黄百韬兵团西撤的必经之路。因此，粟裕司令员要求十三纵迅速消灭曹八集守敌，攻占这个要点，他神情严肃地说：“周志坚，你要像一把钢刀一样，拦腰切断黄百韬、李弥兵团的联系。”

周志坚明白，粟裕司令员是要从中央突破，全歼黄百韬兵团。他率队疾奔一天一夜，抵近运河。滔滔河水挡住去路。先头赶到运河边的三十九师，在河边找到一只小破船，一次只能坐一个班。前卫连费了九牛二虎之力，又找到十几只船，部队开始渡河，可上万人马用十几只船怎么过呀？周志坚和廖政委说：“这还不得渡到明年去？”

恰在这时，传来敌第三绥靖区副司令何基沣、张克侠率部起义的消息。周志坚一拍大腿说：“老杨（十三纵联络部部长杨斯德）为我们十三纵立了一大奇功，也为我们进攻曹八集开了路。”

早在10月，陈毅命令杨斯德去国民党第三绥靖区冯治安的司令部，策动该部临战起义。

现在，何、张率部起义了，对于切断黄百韬兵团与徐州的联系、将黄百韬包围在运河周边意义重大，而黄百韬的军火和粮食等给养已用专列提前运往徐州。

华野六纵负责给起义军打开通道，十三纵三十八师抢占运河大铁桥。他们刚过运河，便迎面遇上向北开进的起义部队，两军对进。第十三纵队的三十八师、三十七师顺利地通过了贾汪地区，向曹八集疾进，当晚越过不老河，直插陇海路，随后三个师向曹八集守敌发起猛攻，全歼守敌3000余人，击毙敌四十四师师长刘声鹤。

黄百韬兵团西逃之路全部被截断，不得不收缩到陇海线的碾庄一带，成了瓮中之鳖。17日，华野四纵、六纵、八纵、九纵、十三纵打响围歼黄百韬兵团的战斗。就在围歼黄百韬之战打得难解难分时，战场情况发生了变化。

蒋介石命令云集在徐州一带的六个兵团，火速增援黄百韬。其中，黄维兵团由蒙城进至宿县，李延年兵团、刘汝明兵团沿津浦路北援，其他兵团也倾巢而出。

敌变我变。11 月 19 日，周志坚接到粟裕电令：十三纵撤出战斗，疾进灵璧，坚决阻击李延年、刘汝明两兵团的驰援。

这次，十三纵是飞兵赶往灵璧。部队几乎是小跑了一天一夜，当他们到达灵璧县禅堂集时，好消息传来了：敌第七兵团全军覆没，兵团司令官黄百韬拔枪自杀。随即，十三纵在江淮军区部队的配合下开始围歼灵璧城守敌。

灵璧城守敌为国民党军十二军二三八师和一个新兵团，共 5000 余人。他们早先在江淮部队包围下，被迫放弃部分外围据点，主要兵力收缩到城内，据守城池，阻滞解放军南下。周志坚做出部署：三十七师和三十九师一一五团、一一七团担任主攻，由西门左右两侧并肩突破；江淮军区则于东门、北门助攻；一一三团于城南钳制攻击，一一六团进至灵璧城西南的山阳集阻击可能来援之敌；一一二团、一一四团为预备队。

周志坚“开始攻城”的命令一下，一〇九团三连在火力掩护下，迅速扫清了攻击前进的障碍，并把浮桥架好。一连准备过护城河，但浮桥脱节，来不及重新架桥，战士们便冒着敌人密集的火力，不惧天寒水冷，涉水过河。连续爆破成功后，一连一班率先登上城头，他们一鼓作气，攻下突破口左右两侧的地堡，掩护全营相继突入城内。战斗至午夜，十三纵四个多团全部突入城内，将敌分割成数块，逐个进行围歼。第二日清晨，朝霞满天，战斗胜利结束，全歼守敌 5000 人，其中俘敌 4400 人。

就在十三纵打扫战场时，粟裕的命令又到了。

中原野战军已把黄维兵团包围于双堆集，李延年、刘汝明兵团开始回缩。粟裕命令周志坚立即出发，追击李、刘兵团。战场让兄弟部队打扫，早饭也只能边走边吃……追击途中，敌军飞机拼命扫射，阻滞十三纵前进。队伍时而隐蔽，时而跑步前进，不分昼夜追击了 300 多里，一直追到蚌埠城外。

情况又发生了大变，徐州的杜聿明奉蒋介石之命，率邱清泉、李弥、孙元良三个兵团放弃徐州，向永城方向西逃。

粟裕电报再次送到周志坚手上——命令十三纵迅速向蒙城以西、涡阳以南挺进，截击杜聿明集团。

十三纵官兵马上出发，又是两昼夜的急行军，准时抵达蒙城以东、固镇西南陈集一带。他们正准备架桥渡过涡河时，粟裕的电报又到了：西逃

**中原野战军完全包围了黄维兵团，这是战士们在散兵掩体内阻击敌人的情形**

的杜聿明三个兵团已被包围于永城陈官庄一带，你们的堵拦任务解除，停止西进，在蒙城外集结待命。

第二日，粟裕再调周志坚：十三纵归中野指挥，参加围歼黄维兵团作战，由中野一纵指挥，接中野二纵原来的防区。当夜，三十九师接防完成。

第二天天刚亮，敌八十五军两个师就向三十九师阵地发起了疯狂反扑，企图打开缺口突围。他们组织一个营到一个团、两个团规模的冲锋，对三十九师的一一六团邹围子阵地轮番突击，打了一整天，就是打不动，连我方的阵地都没靠近过。敌八十五军感到遇上硬对头了。吴绍周来到前线，用望远镜一看，说："不对呀，他们军装变了，地形也变了？枪声也变了？"

他哪里知道，十三纵是华野的部队，一色的黄军装，不是中野的灰军装；装备都是缴来的美式武器；阵地地形变了，是十三纵连夜挖好的网状交通沟……

吴绍周的部队在十三纵面前遭受重大伤亡，丢下 400 多具尸体和一些伤员溃退下去。随后，十三纵发起了攻击。先后攻占双堆集外围村落中的周庄、后周庄和阎庙子，仅隔一条沟渠——黄沟河——便是双堆集黄维兵团的核心阵地了。

这时，粟裕电令周志坚：十三纵调归南攻击集团，由华野参谋长陈士榘指挥。十三纵与南攻击集团共同担任主攻，向黄维最后据守的双堆集发起最后的总攻，彻底解决黄维。

此时与十三纵对阵的，是蒋介石的五大王牌军之首的十八军。激战中，敌坦克群绕到三十七师指挥所附近，被一〇九团击毁一辆，其余的掉头逃窜。一〇九团战士们呐喊着冲上去，三营通信班李世和冲在前头，活捉了十八军军长杨伯涛。

另一部敌人在坦克的掩护下冲向后周庄，被三十九师迎头痛击，打乱了阵形。一一五团宣传股长苗生新率机关人员向被围敌兵喊话，使1000多敌兵投降。一一六团攻占平谷堆，也迫使敌六三二团投降。由敌军官组成的突击大队“突击”到后周庄和小间集一带时，被三十八师全部俘虏。16日凌晨战斗结束，十三纵毙、伤敌4100人，包括十四军军长覃道善，活捉敌十八军军长杨伯涛等1.36万人。

1949年2月，根据中央军委命令，华东野战军第十三纵队改称中国人民解放军第三十一军，隶属第三野战军第十兵团。周志坚任军长，陈华堂任政治委员，姚运良任副军长，黎有章任参谋长，方中铎任政治部主任。第三十七师改称第九十一师，第三十八师改称第九十二师，第三十九师改称第九十三师，全军共3.2万余人。

渡江战役中，第三十一军在靖江渡江登陆后，控制江阴，占领武进

**我攻击部队步步逼近敌守村庄，向敌发起攻击**

（常州），协同兄弟部队攻占宜兴，切断南京、镇江国民党军东逃退路，围歼南逃的国民党军于郎溪、广德地区，毙、俘国民党军 1.7 万余人。上海战役期间，在第九兵团指挥下，十三纵会同兄弟部队攻占浦东地区，断敌海上退路，在同浦、高桥等作战中，毙、俘国民党军 1.7 万余人。他们模范地执行城市政策，露宿街头，不进民房，受到上海市民的交口称赞。此后在第十兵团指挥下，第三十一军向福建进军，先后参加福州、漳厦战役。在解放厦门战斗中，第九十二师二七四团八连三排奋勇作战，荣获“厦门登陆先锋排”称号。在解放福建全省战斗中，第三十一军歼灭国民党军 3.7 万余人。

解放战争中，第三十一军转战鲁、豫、皖、苏、沪、浙、闽等地，参加主要战役、战斗 200 多次，涌现出黄相和、刘坤、蔡萼等一批战斗英雄，以及“济南第二团”等一批战斗集体。

## 东山岛上再鏖战

新中国成立后，我军绝大多数部队都没有在本土作战的经历，第三十一军却是个例外。

1953 年 7 月 15 日黄昏，国民党陆军上将、金门防卫司令胡琏率 13 艘舰艇和 30 多艘机帆船直扑东山岛。第二天早晨 5 时许，胡琏部队的登陆艇上开出 21 辆水陆两栖坦克，抢滩登陆。第一批 6000 人紧随坦克跟进，偷登东山岛“成功”。

守卫东山岛的华东军区公安第八十团顽强反击。霎时间，枪炮声、喊杀声震天动地。

胡琏同时下令海、空力量加入战斗，一架架飞机从新竹机场起飞，投下一批批伞兵。这是国民党军首次在战争中使用伞兵。

情况十万火急，解放军第十兵团首长命令第三十一军（留一个师守备厦门）与二十八军八十一师，分别由泉州、漳州南下，统一归三十一军军长周志坚指挥，增援东山。

各增援部队在周志坚的指挥下，迅速出动，驻漳浦以南旧镇的三十一军二七二团 5 时 50 分接到命令，先头部队一个小时内就登车出发了。车辆不够，官兵们跑向公路，路上的客车、卡车一听说是上前线，根本不需动员，都成了运兵的军车，帮助二七二团向东山方向进发。

东山保卫战打得异常惨烈。驻岛群众和守岛官兵按照作战预案，拿枪的拿枪，拿刀的拿刀，边打边撤，步步阻击迟滞国民党军，等候周志坚率增援部队赶到。

16 日上午 9 时，二七二团在团长郑克诚的率领下，赶到了八尺门对岸。此时，水兵连难以支撑，边打边向渡口后退，依靠残留的码头围墙做屏障阻击国民党军。见渡口危殆，郑克诚立即下令抢渡。先头排迎着枪林弹雨奋勇向前，终于渡过大海，与危急中的水兵连余部会合。随后，大部队上岸，迅速向国民党军伞兵发起猛烈还击。

当国民党军侦察机报告解放军东、西两路车队向东山增援的消息时，坐在美式吉普车上的胡琏根本不信，说："不可能吧？九龙江大桥不是已经炸毁了吗？增援最快，也得 48 小时啊！"

胡琏没有想到的是，周志坚早已料到胡琏会炸掉九龙江大桥，他命令解放军护桥部队在两个小时内修好便桥，使得解放军增援先头部队二七二团及时抵达火线，与公安第八十团协力抗击国民党军，将三个核心阵地牢牢地掌握在手中。

7 月 16 日下午 8 时，解放军第四十一军的一个先头团也急速赶至八尺门渡口。17 日早上 4 时，第二十八军的先头团也开始渡海进岛。

随后，周志坚指挥的三十一军九十一师和二十八军八十一师陆续赶到，登上东山岛。一夜之间，东山岛上的军事力量对比已发生了根本转变。

解放军增援部队源源不断进岛，声势浩大，而且统一指挥有序，胡琏的信心受到动摇。战至 17 日上午 9 时，胡琏不得不下令撤退。

东山保卫战，是胡琏在大陆留下的最后一笔败绩：被歼 3379 人（其中被俘 715 人）、被炸毁坦克 2 辆、被击沉登陆舰 3 艘、被击落飞机 2 架，而且只有两个旅 2000 多人的伞兵部队报销了 500 多人。

华东军区司令员陈毅说："东山战斗胜利的意义不在于战果数量多少，而在于把敌人的计划彻底粉碎，不仅是军事上的很大胜利，而且是政治上的很大胜利。"

毛泽东对东山保卫战给予了高度评价，他说："东山保卫战的胜利不光是东山的胜利，也不光是福建的胜利，而是全国的胜利。”

当毛泽东得知东山岛上的部队伤亡不小时，还专门指示说：“东山打得很顽强，很好。就从我的家乡抽调一个营，补充那里的部队吧！”于是，上级从韶山组织一个营500余人的兵力，加入了守卫东山岛的公安第八十团的序列中。

## 镇守海疆砺雄师

新中国成立后，按照中央军委部署，地处东南沿海前线的第三十一军主要担负炮击及沿海防空、反登陆、反空降等防御性作战任务。

1958年，“八·二三”炮战打响，第三十一军炮兵部队担负炮击金门、马祖的任务。直至1979年元旦，国防部部长徐向前发表声明，宣布停止对大金门、小金门、大担、二担等岛屿的炮击，他们才撤出战斗。

1985年，陆军第三十一军改编为陆军第三十一集团军。为了更好地履行捍卫祖国主权和领土完整的神圣使命，集团军从改编和接收新装备之日起，就成立训练攻关小组，组织官兵研究解决训练中的疑难问题，摸索适应新装备训练的新的组训方法手段，为新装备尽快形成战斗力当开路先锋。

1998年长江发生特大洪水，有着江海作战经验的第三十一集团军奉命参加九江抗洪抢险，表现出色。其某团二营还被中央军委授予“抗洪抢险英雄营”荣誉称号。

1995年以来，第三十一集团军多次参加了在东南沿海举行的三军联合作战演习。如1995年11月的“成功五号”、1996年3月的“联合96”及2001年6月的“解放一号”三军联合作战演习。他们都完成了上级赋予的各项任务，取得了优异成绩。

新中国成立50周年的阅兵式上，第三十一集团军高炮旅组成的车辆第十五方队驶过天安门，接受人民的检阅。当时的解说词对他们进行了很好的概括：“由南京军区某集团军官兵操纵的共和国自己设计生产的先进中低空防空火炮，被人们誉为‘制空猎手’。它具有卓越的技战术性能，每分钟射速可达千余发，形成密集弹幕，在瞬间对敌实施毁灭性打击；能在各种复杂的天候和环境下打击敌隐形飞机，拦截敌巡航导弹；具有同时跟踪和处理多批目标，并自动进行最大威胁判断的能力，从捕捉目标到火炮实施射击，仅在数秒之内便能完成。”

这样的武器在英雄部队手中，必将会大大提高部队战斗力。

LUZHANZHIHUN
ZHONGGUO WANGPAI
JITUANJUN

# 谁人不知“万岁军”

## 中国人民解放军第三十八集团军

驻河北保定的中国人民解放军第三十八集团军可谓声名显赫，号称“万岁军”。20 世纪 80 年代，为了搞清这一说法的由来，笔者采访了洪学智上将。他说“万岁军”这个提法，是被彭德怀元帅骂出来的，也是被彭德怀叫响的。

## 彭总怒骂老部队，骂出一个“万岁军”

中国人民志愿军入朝后，很快发起了第一次战役。彭总的设想是用三十八军和四十军的两个师再加上四十二军的一二五师，重点攻击熙川之敌。

然而战场情况千变万化，三十八军未能按计划插到指定位置。彭老总在作战室发了火：“三十八军梁兴初怎么这样慢腾腾的？”

参谋长说：“三个方向的敌人正向温井运动，想合击我温井部队，熙川的敌人好像已撤出了。”

彭德怀的眼睛瞪得老大：“你看看，要跑了不是？”

副司令员洪学智正盯着地图，他意识到如果不随机应变，很可能会造成军事上的被动。他说：“彭总，我们的计划要马上改变。”

“怎么个变法？”

“放弃先打熙川之敌的计划，用四十军坚决阻住向温井进攻的敌人，把李承晚军六师七团围住，诱使熙川、云山的敌人出来，我们集中三十八、三十九、四十军吃它六七个团。”

彭德怀思忖了一下，问副司令员邓华和韩先楚：“你们二位的意见呢？”

“老洪的主意好！”邓华和韩先楚都表了态。

彭德怀一锤定音：“就这样定了，马上给各军师发报！”

然而，这次三十八军还是没有按时赶到指定地点，没有很好地完成任务。在总结经验教训的会上，彭老总指着三十八军军长梁兴初问：“梁兴初，我让你往熙川插，你为什么插不下去，你是怎么搞的？”

梁兴初满脸通红，说不出话来。

“你还是主力呢，什么主力？这是第一仗，三十九军在云山打美军骑兵第一师打得好，四十军包围韩六师也不错，你三十八军怎么就不给我插下去？你说，为什么？”

梁兴初只好低着头挨骂。

彭德怀元帅怒骂：“都说梁大牙是打铁的，一员虎将，我看是鼠将，你三十八军是什么鸟主力部队？”

彭总之所以能这么骂，还有一个原因，三十八军的主力一一二师是他带出来的老部队，是1928年彭德怀领导平江起义后创建的工农红军第五军。1930年以红五军为主的红三军团一举攻克长沙，这也是土地革命时期红军攻下的最大城市。抗战中这支部队编为八路军一一五师三四三旅六八六团，参加了平型关战役。

梁兴初被骂急了：“你骂我可以，不要骂三十八军嘛！”

洪学智知道，当领导的有时候要唱黑脸，有时候要唱红脸。吃饭时，他见梁兴初看着饭碗发愁，就主动和他说别的。梁兴初说：“洪副司令员，我们三十八军可从来没有打过这样的窝囊仗呀！我们是往前插了，确实插不动啊。”

洪学智说：“老梁，不以一次成败论英雄，这次没有打好还有下一次嘛！”

梁兴初攥了攥拳头，说：“下一次！”

在第二次战役发起后，三十八军受领的任务是一定要插到三所里，切断平壤与价川的联系。梁兴初动员部队时就强调：“要不惜一切代价，克服一切困难，保证完成迂回任务。”

战役打响后，洪学智跟彭德怀、邓华守在作战室，等着他们的消息。别的部队不断有消息传来，唯独三十八军一一三师一直没有音信。

参谋长和通信处处长盯在电台前，不停地呼叫一一三师，就是不回话。三十八军前指也没有一点儿消息。

彭老总倒背着手，在作战室转圈子。“这个一一三师怎么搞的，跑到哪儿去了呢？”洪学智和邓华先后到了电台前，洪学智说：“这回梁兴初可是要打翻身仗的。”邓华说：“再等等。”

好不容易和三十八军前指联系上了，他们也不知道一一三师的具体位置。大家急得团团转。邓华等首长一夜没有睡，一直等着一一三师的消息，直到第二天清晨，电台里传来了一一三师的信号。一对坐标，他们已经到了指定地点——三所里。洪学智心里的一块石头这才落了地。他来到彭总的作战室，彭总也长出了一口气说："总算是出来了，总算是到了。"

原来，一一三师为了保证插到预定地点，大胆冒充韩溃退部队，14 小时急行军 70 余公里，实行了无线电静默，赶在全机械化的美军前，成功穿插三所里与龙源里。

他们的电台一打开，美军就知道了，刚刚展开没有几分钟，敌人的骑一师一个团就赶到了，激战马上开始了。一一三师击退了敌人的十多次冲击，牢牢地守住了三所里，切断了敌人的退路。

这时敌人又想从北面的龙源里退走，一一三师不怕疲劳，连续作战，先敌占领了龙源里，保证了战役的全面胜利。

三十八军三三七团三连以果敢动作抢占松骨峰，一举切断了美第八集团军南撤退路。他们激战两昼夜，不顾敌军疯狂反扑，死守阵地，打退美军多次进攻，使敌南北两部相距不到 1 公里却始终无法会师，迫使其大部转道新义州才避免了全军覆灭。此役，三十八军共歼敌 1.1 万余人，缴获坦克 14 辆、大炮 200 余门、汽车 300 余辆。

战报送到了志愿军司令部，彭德怀只说了三个字："打得好！"

洪学智对他说："老总啊，他们上次没打好，受到了批评，这次就是要打出样子来。他们就是有股不服输的劲儿！"

彭总说："要嘉奖他们！我来写嘉奖令！"

彭德怀挥笔写道：

梁、刘并转三十八军全体同志：

此役克服了上次战役中个别同志的某些顾虑，发挥了三十八军优良的战斗作风。尤以一一三师行动迅速，先敌占领三所里、龙源里，阻敌南逃北援。敌机坦克百余，终日轰炸，反复突围，终未得逞，至昨（30 日）战果辉煌，计缴坦克汽车即近千辆，被围之敌尚多，望克服困难，鼓起勇气，继续全歼被围之敌，并注意阻敌北援。特通令嘉奖并祝你们继续胜利！

彭邓洪韩解杜

写完，彭德怀问："你们看怎么样？"洪学智说："很好！"邓华说：

"同意！"

"那就发出去吧！"

参谋刚刚走，彭总又喊："拿回来，拿回来！"他接过电报，大笔一挥写下一行大字："中国人民解放军万岁！三十八军万岁！"这就是彭德怀的风格，没有完成任务，他骂你；任务完成得好，他就这样奖励你！

不过这个评价还是出乎邓华和洪学智的预料，还从来没有人说过一个军万岁啊，可彭德怀就这么写了。"怎么样？"他问邓华和洪学智。他俩都不好表态，他们都曾经当过这支部队的领导，不好说自己的部队好话呀！

彭总说："不表态就是同意了，马上通报全军，上报军委！"

随后，《人民日报》记者李庄发表了长篇通讯《被人们欢呼"万岁"的部队》——三十八军"万岁军"的美誉由此传遍全国。

著名作家魏巍当时正随该军采访，他把松骨峰战斗中的英雄事迹写成了战地通讯《谁是最可爱的人》，在《人民日报》上发表。志愿军是"最可爱的人"也从这里开始叫响。

## 敢打硬仗的首任军长李天佑

说起三十八军的战斗历程，就不能不说首任军长、开国上将李天佑。这支部队在抗日战争、解放战争中的几场大仗、硬仗，都是在他的指挥下打的。

这里也有一个错觉，人们以为，三十八军是四野第一军，那李天佑一定是四野的老人，也一定是林、罗的老部下，恰恰不是，他应该说是邓小平的老部下。

15 岁时，李天佑到国民革命军第七军李明瑞部当兵。邓小平、雷经天、张云逸、韦拔群领导百色武装起义时，他在教导总队参加了扫平百色警察局的战斗。起义的当天，红七军军长张云逸、政治委员邓小平任命李天佑为红七军特务连副连长。

1930 年红七军攻打榕江城时，李天佑带领 12 名战士组成突击队。枪林弹雨中，他带头跃出掩体，肩扛竹梯，飞奔墙下，架起竹梯，爬到梯顶，仍有几米高才能上墙。李天佑拿出一根竹竿，攀缘而上，很快爬上城垛。战士们也相继上了城墙。李明瑞和张云逸在望远镜中看到这一幕，连声说：“这真是个小老虎连长！”

他负伤后，邓小平政委到医院看望，还对医务人员说，他可是我们的“小老虎连长”！

在三十八军的军史馆里，我们能看到李天佑带队参加平型关战役时的照片，真实地记录了当时的情景。

那天，八路军一一五师三四三旅六八六团团长李天佑和副团长杨勇奉命到一一五师师部去受领任务。林彪见他们来了，说：“你们来了。我们要在平型关这一带打一个大仗，给日军一个打击！给友军（指国民党军队）一个配合！给人民一个兴奋！”正说着，电话响了，林彪接了电话，是国民党军方面打来的，说日军的先头部队已进到平型关附近了。林彪放下电话，说：“我们要在敌人进攻平型关的时候，从侧后给它狠狠的一拳！”

林彪的部署是，六八五团在平型关东侧，六八六团在平型关西侧，伏击沟里的日军。当天黄昏，两个主攻团趁夜暗出发，赶到了离平型关 30

八路军进抵平型关

余里的冉庄。第二天傍晚，师部命令到了——“今晚 12 时部队出发，开往平型关。”天公不作美，此时下起了倾盆大雨。参谋问：“团长，雨这么大，还走吗？”李天佑回答：“前进！下刀子也要前进！”

天亮了，雨也停了，六八六团准时抵达预定位置。平型关方向的炮声一阵紧似一阵。李天佑和杨勇在前线指挥所用望远镜观察部队隐蔽情况，居然很难发现。他们很满意。

这时，山沟里传来了汽车的马达声。日军车队浩浩荡荡地开往平型关。夜里下了雨，公路上十分泥泞，几百辆汽车在兴庄至老爷庙之间的公路上走走停停。人、马、车拥挤到一起，真是一个好时机。李天佑用电话询问瞭望哨：“敌人全进伏击圈了吗？”

“通往灵丘的公路上已不见敌人了。”李天佑派参谋去报告林彪。

突然，日军向两侧山上开枪扫射。李天佑和杨勇都紧张起来：莫非被日军发觉了？他们交换一下意见，拿起电话机，命令担任突击的一营：“攻击开始，打！”

这时，去师部的参谋也带回了林彪一个字的命令：“打！”顿时，公路上爆炸声连成了一片，手榴弹、机枪、迫击炮的响声搅成一团。公路上的日本鬼子人仰马翻。

这时，作战参谋朝李天佑叫道：“团长，师长叫你到他那里去一趟！”李天佑急奔师指挥所。林彪披着雨衣，正在观察前面的战斗情况。看到李天佑，他说：“沉着些，还怕没仗打？战斗不会马上结束的。”

林彪指着公路对李天佑说：“看到吗？敌人很顽强。公路上的敌人正在抢占地形和利用汽车顽抗。我们现在包围了敌人一个旅团，大块不好吃掉，必须把它切成几段。你们一定要冲上公路，把公路上的敌人切成几段！用一个营抢占老爷庙。拿下这个制高点，我们就可居高临下，把敌人消灭在沟里。”

李天佑跑回指挥所，马上命令右侧山上的三营向老爷庙冲击。这时，六八五团也发起了攻击。巨大的冲杀声震撼山谷，战士们勇猛地向公路冲去。日本鬼子东逃西窜，利用汽车和公路旁的沟坎顽抗。我军的火力压不住日军的火力，冲上去的战士一个又一个地倒下！六八六团的伤亡在不断增加，部队却还没有冲上公路。一部分日军已经爬到半山，占领了老爷庙，情况十分紧急。李天佑命令：“三营长！不要怕伤亡！冲！冲上公路就好啦！”

三营长杨国夫说：“是！坚决完成任务！”

“用什么保证？”

“完不成任务不回来见你！”

“不对！我要你拿下老爷庙！”李天佑吼道，“我马上命令侧翼部队加紧攻击，吸引敌人的火力，你营趁机冲过去！”

杨国夫放下电话，与教导员刘西元率领三营指战员进入烟雾里，往前跑，往前爬，往前冲！

战士们终于冲上了公路，同日军展开了白刃肉搏战。战斗异常激烈，三营伤亡很大。为了切断日军汽车兵与骑兵的联系，三营九连差不多打光了，只剩下十几个人。

这支日军队伍似乎不懂得山地战术，除一小股日军占领了老爷庙外，其余的均在公路上顽抗。三营冲过了公路，直奔老爷庙。营长杨国夫负伤了，教导员刘西元接着指挥，二营增援的队伍也上来了，他们很快攻上了老爷庙。

取得平型关大捷的乔沟

占领了这个制高点，八路军居高临下，狠揍山沟里的日军，他们乱喊乱叫着，企图夺回这个小山头。然而，为时已晚，败局已定。

据统计，平型关战役，八路军以伤亡千人的代价（六八六团伤亡 300 多人），消灭日军 1000 多人，击毁汽车 100 多辆，缴获九二式野战炮一门、炮弹2000多发、机枪20多挺、步枪1000余支、战马53匹、日币30万元。

平型关战役，是八路军出师华北前线打的第一个大胜仗，消息很快传遍全中国，它打破了“日军不可战胜”的神话，振奋了人心，鼓舞了士气。蒋介石也发来贺电：“25日一战，歼敌如麻，足徵官兵用命，深堪嘉慰！”

平型关战役之后，李天佑升任八路军第三四三旅副旅长、代理旅长，转战吕梁山地区，和日本侵略者继续进行殊死的搏杀。

李天佑带队和日军打硬仗出了名，而东北战场上打国民党军也不含糊。1947年4月，李天佑从苏联回国后，调任东北民主联军第一纵队司令员。一纵队的前身是一一五师六八六团。李天佑可说是回老部队任职了。上任伊始，就是血战四平。

1947年6月5日，东总发布命令，三打四平（此前，四平已打过两次）。由李天佑指挥的第一纵队、邓华指挥的第七纵队和第六纵队十七师组成四平攻城部队，李天佑担任攻城总指挥。

战前，李天佑将指挥所设在离敌前沿阵地最近处。工兵排挖指挥所时，敌军一发炮弹落下，牺牲了一名战士，伤数人。参谋长建议转移他处，李天佑问：“观察所视野怎么样？”

“好！能直接看到一师、二师的突击地段。”

李天佑说：“那就放在这里嘛，不改了吧？”

后又伤亡几个士兵，参谋长再次询问，是否继续挖下去？

李天佑毫不动摇：“继续挖，一切要从便于指挥出发。”

指挥工事刚修好，他就进了指挥所。

三打四平并不顺利，10天激战，只攻占四平街西半部，歼敌6000余人。这时，国民党军从沈阳等地抽调了10个师增援四平。在敌增援部队逼近四平时，林彪下达了撤出战斗的命令。三战四平未果，林彪做了自我批评，李天佑也主动做了检讨。

1948年3月，东北民主联军已改称东北野战军，他们集中了第一纵队、第三纵队和第七纵队三大主力，四战四平。这一次，攻城总指挥仍是李天佑。

李天佑吸取了三战四平时战术呆板的教训，采取多点突破。他命令第一纵队为主攻部队，从西北和正北两个方向突击；第三纵队和第七纵队为助攻部队，从西南、东南、东北三个方向突击。

3 月 12 日 7 时 30 分，李天佑下令：炮火急袭！ 20 分钟后，五颗红色信号弹腾空而起。总攻开始了，各个方向的突击队勇猛地向四平城内冲去。

部队进展迅速，第一纵队四个团仅用了几分钟就冲过了铁路桥头堡，从北面突破进城；独立师有一个团从城西北角突入国民党军主阵地；第三纵队和第七纵队也分别突入城内。李天佑对参谋人员说：“指挥所前移！”

23 个小时后，四平被我军彻底攻克。李天佑带着他的官兵在四平摆酒庆功。

四平解放后，李天佑指挥第一纵队参加了辽沈战役，进行了大小战斗 20 余次，毙伤和俘虏国民党军 3 万余人，缴获各种枪支 1.7 万多支、各种火炮 392 门。

山海关人民热烈欢迎东北野战军入关

李天佑是一员猛将、一员虎将，其实打起仗来，也是心细如发。

平津战役中，天津攻坚战前，李天佑察看部队训练，在发总攻信号的炮前停住，他们准备由五门六〇炮同时发射五发照明弹。李天佑问：“如果这五门炮中有一门发生故障，怎么办?”得到的回答是：“这五门炮都是经过严格检查和试射的，估计不会发生故障。”

李天佑又问：“如果你的照明弹打到天上，有一颗哑火怎么办?”

“照明弹是挑选出来

的，不至于发生哑火。”

李天佑严肃地说：“不怕一万，就怕万一，一丁点儿也马虎不得！”

李天佑要求他们准备七门六〇炮，用两门做后备，照明弹也挑选一批，以防万一发生意外。

## 继任军长梁兴初与“四猛作风”

一支部队的作风，往往与这支部队的主官有着直接的关系。三十八军的“三猛作风”正是像李天佑这样的将军带出来的。说到这里，三十八军的老人还会补充一句：“还有我们的第二任军长梁兴初！”

这话不假，梁兴初将军的硬朗作风也堪称一绝。而这种作风完全是在硝烟战火中锻造出来的。

有一次洗澡时，警卫员悄悄数他身上的弹痕，他说：“数什么数？数也数不清！”

红军时期，他就九次负伤，九次大难不死。1931 年 5 月，第二次反“围剿”战斗中负伤，伤愈后提升为排长；1932 年秋，任副连长，在黄陂战斗中两次负伤不下火线，荣获“模范连长”称号，并被授予“红星”奖章，后任连长；1933 年夏，在一次遭遇战中负伤，一颗子弹从左腮穿透了头部，血流满面，说话困难，受到师部嘉奖，继任营长；1933 年年底，在保卫兴国的战斗中，负伤住院；1935 年，在长征途中的猪场阻击战中与敌人展开白刃战，负伤未住院，后任侦察连连长；在直罗镇战斗中提升为团长；过黄河东征，他右手负伤，落下食指、中指残疾。

梁兴初的夫人任桂兰曾经对采访的作家说：“老梁在红军时期六年，从战士到团长，作战无数，负了九次伤，升了九级，正好是一个伤疤一级军阶。他才真是一级一级打上来的。”

红军时期梁兴初不光经历了九次战伤，还经历了一件影响红军长征走向的大事，也就是史称“一张报纸决定了红军命运”的事。对此梁兴初有一段独特的回忆。

红军长征至甘肃，梁兴初已是红一军团直属侦察连连长。那天接到通知，要梁兴初与指导员曹德连跑步到红一军团指挥部接受任务。到了指挥部，梁兴初见了毛泽东、林彪、聂荣臻、左权等首长。左权指着地图对梁兴初他们说："你们立即出发，到哈达铺侦察敌情，筹集粮食和物资。"毛泽东以浓重的湖南口音说道："找一些近期的报纸啊！"

当天下午，梁兴初率全连官兵，换上国民党中央军军服。梁兴初戴中校军衔，曹德连戴少校军衔，大摇大摆开进哈达铺。该镇镇长及保安队队长等一来迎接即被控制，侦察连未放一枪一弹便占领了哈达铺。其时，国民党一位驻岷县的少校副官刚从省城回来。曹德连从他的行李中发现了一大批捆裹着旧年画的报纸，其中有《大公报》等好几种报纸，便立即送给了林彪、聂荣臻。聂荣臻很快送给了毛泽东。后来，毛泽东曾幽默地对梁兴初说："你们这次出去收获最大，把刘志丹的根据地给'抓'来了。"

次日，在一座关帝庙里，毛泽东主持召开了干部会议。毛泽东举着报纸说："同志们哪！告诉你们一个好消息，我们要感谢国民党报纸，为我们提供了陕北红军的消息，那里不但有刘志丹的红军，还有徐海东的红军，还有大块的根据地。这对我们真是好消息啊！"

毛泽东手里的报纸究竟是一份什么报纸？是谁送来的？有两三种说法，梁兴初的经历不失为一种较为可靠的说法。

抗日战争和解放战争时期，梁兴初所带部队有"四猛"之说。除了猛打、猛冲、猛追之外还加了一个"猛骂"。1948 年 1 月，梁兴初率部参加东北战场的公主屯战斗，属下三十师九十团于行进途中被国民党军劫走 100 名民夫。事后，他找来三十师师长方强："你 × × 的，送到嘴边的肉不吃，倒让敌人捡了个便宜！"方强不敢回嘴。梁转过来怒骂九十团团长："你不戴罪立功，把你脑袋割下来见我。"是役，三十师边打边走，连战连捷。

方强战后总结道："这一仗打得好，是梁司令骂出来的，我们就是要猛打、猛冲、猛追、猛骂。"

黑山阻击战中，梁兴初始终站在最前沿指挥。有一天正吃饭时，敌方一发炮弹于附近"当啷"一声爆炸，一块弹片飞进碗中。梁兴初毫无惧意，以筷夹之："没有陆（肉），哪来的骨头？"

二十八师政委晏福生劝他："梁司令，还是撤一撤吧。"梁兴初说："我不撤，看哪个敢撤？谁想撤，就踩在我的身上过去！"

梁兴初将军率十纵仓促应敌，孤军奋战，抗击五倍于己的敌军精锐部队。敌“西进”兵团猛攻三天，他们屹立不动，敌寸步未进。后来拍成的电影《黑山阻击战》的原型，就是这支部队。

有了这样的经历，人们就不难理解梁兴初军长在朝鲜战场的作为了。

在李天佑、梁兴初等将领的带领下，三十八军越打越猛、越打越强，成为一支名闻天下的英雄部队。

新时期以来，三十八军改编为第三十八集团军，部队建设有了跨越式的发展。在国庆 50 周年的阅兵式上，我们看到了他们的雄姿——三十八集团军组成多个方队，以崭新的面貌接受了人民的检阅。徒步第七方队、车辆第一方队——驾驶 88B 中型坦克、车辆第三方队——驾驶 88C 式主战坦克、车辆第四方队（“平江团”）——驾驶 86 式步兵战车、车辆第五方队（“松骨峰团”）——驾驶 89 式装甲输送车、车辆第八方队——驾驶 89 式 122 自行榴弹炮、车辆第九方队——驾驶 89 式 120mm 自行滑膛炮、车辆第十方队——驾驶 83 式 152mm 自行加榴炮、车辆第十一方队——驾驶 89 式 122mm 履带式自行火箭炮、车辆第十六方队——驾驶飞蠓—80 地空导弹，都是来自第三十八集团军的部队。在最后出场的空中梯队中，第九梯队——驾驶武直—9 武装直升机，是第一次出现在阅兵式上的陆军航空兵，也是第三十八集团军的陆航大队。

LUZHANZHIHUN
ZHONGGUO WANGPAI
JITUANJUN

# 敢于亮剑的部队

## 中国人民解放军第三十九集团军

现驻辽阳的第三十九集团军，是一支有着辉煌历史和优良传统的老部队。这里的老同志都说："我们是红十五军团的后代，是徐老虎（徐海东）和刘志丹带出来的队伍！"他们用五句话来概括自己的部队："听党指挥的坚定信念、敢为人先的先锋精神、不畏艰险的钢铁意志、情同手足的阶级友爱、英勇顽强的三猛作风。"

## 敢当先锋：孤军北上到陕北

追根溯源，第三十九集团军的根儿要从红十五军团说起。

1935 年 9 月 18 日，中国工农红军第十五军团在陕北永坪正式组建，徐海东任军团长，程子华任政委，刘志丹任副军团长，高岗任政治部主任。它是由从鄂豫皖孤军长征到达陕北的红二十五军、陕甘边红二十六军、陕北红二十七军合编而成的。

巧合的是，就在同一天，党中央率红一、三军团北上到达甘肃南部的岷县哈达铺镇。毛泽东从国民党的报纸上看到了国民党军进攻陕北红军的消息。党中央决定了红军的去向——到陕北去，那里有我们的队伍！

江泽民同志后来评价说："创建陕甘和陕北革命根据地的西北地区红军，同先期到达陕北的红二十五军一起，打破了敌人的重兵'围剿'，为党中央把革命的大本营安置在西北创造了条件。"

的确如此，红十五军团成立后，他们团结抗敌，打破重兵"围剿"，巩固了陕北革命根据地，迎接党中央和中央红军到达陕北。

中央红军到达陕北后，红十五军团编入红一方面军，在党中央和毛主席的亲自指挥下取得直罗镇战役的重大胜利，为把中国革命的大本营放在西北"举行了一个奠基礼"。后来，毛泽东在接受《大公报》记者范长江采访时说："徐海东部之由陕南经陇东入陕北，乃偶然做成红军长征之向导。"

徐海东部在红军长征史上写下过浓墨重彩的一笔。

1934 年 11 月 16 日，在河南省罗山县何家冲，徐海东和吴焕先率领 2980 余名红二十五军将士，高举"中国工农红军北上先遣队"的旗帜，踏上长征之路。他们自从撤离鄂豫皖苏区，就和党中央失去了联系，成了一支独立作战的孤军。

长征途中，他们创建了有 50 万人口的鄂豫陕革命根据地。这是长征途中各主力红军所建立的唯一一块较稳定的根据地。1935 年 7 月，红二十五军主力 4000 余人继续西征北上，到达陕北时还有 3400 余人，留在鄂豫陕根据地的红七十四师也发展到 2000 多人，两部合计 5000 多人，比长征出发时的人数多了将近一倍，这些部队后来成为中国革命的骨干力量。

1936 年刊登在《共产国际》第七卷第三期上的《中国红军第二十五军的远征》一文这样描写红二十五军："最堪注意的就是这支队伍差不多没有年逾十八岁以上的战斗员。从前的鄂豫皖苏区里，遭受异常残酷的恐怖，那些在战斗中牺牲者的孤儿，那些在 1932 年随红四方面军远征到四川的红军战斗员的子弟，便在这种恐怖条件下建立起游击队，从游击队变为现在以'儿童军'著名的红二十五军。"

红二十五军的官兵大部分是血气方刚的青年人。带领红二十五军长征的军政委吴焕先，在四坡村战斗中抄起大刀带队杀入敌阵壮烈牺牲，年仅 28 岁；在朝鲜战场牺牲的三十九军副军长吴国璋烈士，长征出发时年仅 16 岁。

中央红军刚到陕北时，供给非常困难，毛泽东亲自写了一张借条："海东同志：你好！因部队过冬吃、穿出现困难，特向你借款 2500 元。毛泽东。"并派供给部部长杨至成去找徐海东。徐海东当即从红十五军团仅有的 7000 块银圆家底中拿出 5000 块银圆送给了中央红军。这可说是解了中央红军的燃眉之急。

毛泽东对此事一直念念不忘，在若干年后的一次干部大会上深情地讲道："在陕北最困难的时候，还多亏了海东同志借给我的 5000 元钱呢！那几千元钱，可是为革命帮了大忙！"

## 敢担重任：从八路军变新四军

在三十九军的历史上，有两次是执行中央赋予的战略性任务。一次是在抗日战争时期从华北到苏北，另一次是解放战争时期从苏北奔赴东北。

1937 年 8 月，红十五军团奉命在陕西三原县改编为八路军一一五师三四四旅。

这就要说到这支部队的另一位老首长——共和国开国大将黄克诚。

平型关战役结束后，时任八路军总政治部组织部部长的黄克诚到一一五师检查政治工作情况。红军改编为八路军后，部队按照国民革命军的要求，取消了政治委员，只设政训处主任。党的核心领导作用被削弱。部队内部军阀习气有所滋长和蔓延。黄克诚感到这个问题很严重，立即向八路军总政治部主任任弼时进行了汇报，情况很快反映到了党中央。几天后，中共中央决定在八路军恢复政治委员制度，黄克诚被任命为三四四旅政治委员。

从此，黄克诚在这支部队任军政主官长达 10 年，从华北到苏北，再到东北，为这支老红军部队血脉的延续和发展壮大做出了杰出贡献。改编为八路军三四四旅后，这支老红军部队在与日军作战中勇敢顽强，斩获颇丰。

1938 年 4 月，三四四旅六八九团奉命配合八路军一二九师粉碎日军对我晋东南根据地发动的“九路围攻”，在山西武乡县长乐村截击日军，以伤亡 500 余人的代价英勇完成阻击任务，保障八路军主力取得歼灭日军 2200 余人的重大胜利。1938 年 4 月 16 日，八路军一二九师刘伯承师长亲自签发了嘉奖令：“六八九团团长韩先楚、政委康志强及全体指战员：在这次马庄、长乐村战斗中，你们表现出非常英勇顽强、前赴后继、死打硬拼的大无畏的高贵品质，特予以嘉奖。”

1938 年 7 月 6 日，为配合国民党军对日军发起的侯马战役，三四四旅在旅长徐海东、政委黄克诚的率领下，在山西阳城县北町店伏击日军一〇八师团的一个联队，以伤亡 114 人的代价取得了毙敌 500 余人、伤敌 290 余人、俘敌 4 人的重大战果，对侯马战役起了重大配合作用。此役被拍成电影《徐海东血战町店》。

町店战斗结束后，八路军朱德总司令亲临三四四旅驻地端氏镇，主持召开连以上干部会议，学习持久战思想。部队随即深入晋豫边区，发动群众，建立抗日民主政权，发展抗日游击战争，开辟和巩固了冀鲁豫抗日根据地。到 1940 年春，冀鲁豫边区由三四四旅组建和帮助发展的八路军主力及地方部队已达十几个团。1940 年 2 月，八路军总部命令将晋豫和冀鲁豫边区的部队统一编为八路军第二纵队，三四四旅旅部编为纵队部，八路军副参谋长左权兼任纵队司令员，黄克诚任政委，全纵队兵力达 2.5 万人，成为八路军华北抗日前线的一支主力部队。

1940 年 4 月，党中央、八路军总部命令黄克诚率八路军第二纵队机关和主力一部东进，执行“巩固华北，发展华中”战略任务。他们迅速出发，于 7 月到达豫皖苏地区，与新四军第六支队彭雪枫部合编为八路军第四纵队。

7 月中旬，黄克诚又奉命率原二纵机关和部队进军皖东北。8 月到达皖东北，与八路军苏鲁豫支队、新四军第六支队第四总队合编为八路军第五纵队。

第五纵队组建后，奉命进入苏北淮（阴）海（州）地区、盐（城）阜（宁）地区开辟抗日根据地，同时打击顽军侧后，策应新四军进行的黄桥战役。

1940 年 10 月 9 日，第五纵队在阜宁县刘庄、白驹镇之间的狮子口与新四军苏北指挥部先头部队会师。10 月 15 日，陈毅同志带领文工团慰问第五纵队指战员，见到黄克诚，陈毅喜出望外，当场即兴赋诗：“十年征战几人回，又见同侪并马归。江淮河汉今属谁？红旗十月满天飞。”至此，第五纵队与新四军胜利会师，使苏中、苏北连成一片，初步实现了党中央关于八路军、新四军协同发展华中敌后抗日根据地的计划。

这也使得红十五军团军团部改编为八路军一一五师三四四旅旅部，并一直延续到今天的第三十九集团军军部，因此这个军也是中国人民解放军中唯一的红军军部。

皖南事变后，第五纵队改编为新四军第三师，坚持苏北敌后抗战，建立苏北根据地。苏北反“扫荡”期间，第三师涌现出两个“八十二烈士连”。

这两个“八十二烈士连”，同属一支部队，同在一个战场，同为保护老百姓，同样以寡敌众，同样血战捐躯，可谓是两座不朽的丰碑。

1941 年 4 月 26 日，三师八旅二十四团二连途经江苏涟水县大胡庄时，突遭日伪军 700 余人的袭击。面对 8 倍于我之敌，在副营长巩殿坤的率领下，战士们英勇战斗，打退敌人 5 次进攻，毙、伤敌百余人。敌人施放毒气，发射燃烧弹，二连伤亡过半。随后，官兵又用刺刀、枪托与敌人展开殊死搏斗。除一名小战士负伤倒在战友遗体下幸免于难外，82 人壮烈牺牲。

1943 年 3 月 17 日，日军步骑兵 3000 余人，合围苏北根据地党政军机关。三师七旅十九团二营四连与敌激战至黄昏，完成掩护任务后，突围至淮阴市朱皮镇刘老庄。为掩护群众转移，连长白思才、指导员李云鹏带领全连英勇抗击日军一整天的轮番进攻，毙伤敌 170 余人，82 名官兵全部壮烈牺牲。后八路军总部命名该连为“刘老庄连”。

1945 年 8 月，对日全面反攻开始后，新四军第三师发起两淮战役，先后解放苏北重镇淮阴、淮安，使苏北解放区连成一片。在攻克淮阴战斗中，第三师特务团七连班长徐佳标第一个登上南门城墙。他双臂被敌人砍成重伤，仍倚靠着城墙坚持战斗。当城墙上敌火力点突然向突击队射击时，他奋不顾身扑上前去，用身体堵住枪眼，壮烈牺牲。徐佳标是解放军历史上有记载的第一个舍身堵枪眼的马特洛索夫式的英雄。战后，淮阴城南门被命名为“佳标门”。

抗日战争中，第三十九集团军前身部队共作战 5000 余次，歼灭日、伪、顽、匪 10 万余人，部队由抗战初期的 6000 余人发展到主力部队和地方武装共 7 万余人，是一支从华北挺进华中的抗日先锋。

## 敢于亮剑：从松花江打到镇南关

1945 年 9 月，黄克诚奉命率新四军第三师主力 3.5 万人执行挺进东北的战略任务。他们从苏北出发，两个多月长途跋涉 1500 多公里，于 11 月 25 日到达辽宁锦西地区，编入东北人民自治军序列。1946 年 9 月改编为东北民主联军第二纵队。1948 年 11 月改编为中国人民解放军第三十九军，刘震任军长，吴法宪任政委。

在进军东北的十万大军中，第三师下辖七旅、八旅、十旅、独立旅四个旅和三个特务团，毫无疑问是编制最大、战斗力最强的一个师，这支老部队在解放战争时期频频亮剑，打得精彩纷呈。

他们打了东北战场第一场歼灭战。

1946 年 2 月上旬，第三师十旅、独立旅在东北人民自治军总部的统一部署下，于2月12日奔袭、包围辽宁阜新鹫欢池，歼灭国民党军第十三军八十九师二六七团483人。第二天，也就是2月13日，第七旅和山东一师在辽宁法库秀水河子歼灭国民党军第十三军八十九师1600余人。这就是我军进入东北后的第一场歼灭战。

看过电视剧《亮剑》的人都对李云龙敢打违抗命令的胜仗印象深刻，其实这里就有三十九军一一六师（二纵五师）师长钟伟的影子。

1947年3月9日，三下江南作战中，第二纵队五师奉命东进，配合第一纵队围歼吉林德惠大房身的国民党军新一军。进至靠山屯时，发现国民党军第八十八师一部。在东北民主联军总部（以下简称“东总”）一日之内三次电令东进的情况下，师长钟伟坚决主张打，他认为，战机出现绝不可贻误，应该当机立断，就地歼敌。他在党委会上说：“就这么定了，留在这里打，打错了，砍头掉脑袋我担着，打！”经反复说明情况，东总复电肯定第五师歼敌部署。3月10日晚，五师全歼国民党军第七十一军八十八师二六二团、二六四团1700余人，并吸引国民党军第八十七师、第八十八师来援。东总随即调整作战部署，取得了在吉林郭家店地区歼灭援敌——国民党军第七十一军主力的重大战果。战役总结会上，东总首长表扬钟伟“敢打违抗命令的胜仗”。

**东北野战军在辽西地区展开大规模围歼战**

辽沈战役打响后，东北野战军向锦州发起总攻，担任突破城垣任务的第二纵队五师随即发起冲锋，仅五分钟就打开突破口。为了争取时间，战士搭起人梯往城墙里翻。整个突破正面形成了争先恐后、多路并进的壮观场面。在帽儿山观察战况的东总首长从望远镜里看到他们前赴后继、奋勇登城的感人场面，连连对第二纵队首长说：“五师这个部队，好部队！好作风！”

突击部队通过突破口向锦州城内发起进攻时，遭敌地堡火力杀伤，前进受阻。关键时刻，五师十五团十连五班战斗组组长梁士英挺身而出，冲向地堡，用身体死死顶住插入地堡射孔的爆破筒，与敌人同归于尽，为部队开辟了通路。锦州人民为了永远铭记这位英雄的功绩，把锦州城西北门命名为“士英门”，把梁士英所在部队攻占的惠安街命名为“士英街”。如今，他的塑像耸立在辽沈战役纪念馆里，历史将永远记住这位舍身炸碉堡的人民英雄。

1949 年 10 月，东北军区在《东北三年解放战争军事资料》中对每个部队逐一做了中肯的评定，在 12 个纵队、36 个野战师中，对五师的评价最高：“该部队系东北部队中最有朝气的一个师，突击力最强，进步快，战斗经验丰富，攻、防兼备，能猛打、猛冲、猛追，三猛称著，善于运动野战，攻坚力亦很顽强，为东北部队中之头等主力师。”

1949 年 1 月，东北野战军发起天津战役，第三十九军在城西担任主攻。战斗发起前，前线指挥部明确金汤桥为东西对攻部队会师点，为了抢先夺占金汤桥，三十九军突击部队千方百计往前冲，街区走不通，就穿墙凿壁，先头部队不顾伤亡，快速直插，最终率先到达金汤桥。天津前指通电前线部队：“我一一六师已攻占金汤桥，各部迅速向金汤桥会师。”这一仗，三十九军共歼敌 2.8 万人，俘虏国民党军将官五人，并最先抢占金汤桥，在解放天津战斗中立了头功。

天津战斗总攻前夜，三四三团尖刀连四连突击班的 11 名战士在战壕里约定：这次战斗，谁要是能活着回来，每年今天都到这里来看一看牺牲的战友。突击班冲出战壕登上城头，还剩下三个人，到战斗结束时就只有副班长刘岩一个人了。后来，刘岩转业到武汉，为了这个约定，每年清明或天津解放纪念日，他都自费从武汉到天津为牺牲的战友扫墓，年复一年，从未间断，直到 1999 年 1 月，刘岩病逝在祭扫途中。“五十年的守望”成为第三十九集团军战友之情的生动写照。

1949 年 11 月 7 日，第三十九军参加广西战役，解放柳州、南宁。解放南宁后，为迅速扩大战果，第三十九军主力分数路追歼溃散之敌。其中，一一五师沿南（宁）镇（南关）公路疾速前进。12 月 11 日 18 时 30 分，三四三团三营七连首先进占我国南部边陲重镇镇南关（今友谊关），把胜利的红旗插上镇南关城楼。这一激动人心的场景，被团政委楚农田用相机记录了下来，成为第三十九军在解放战争中英勇表现的标志。

四年解放战争，三十九军越战越强，成为中国人民解放军当之无愧的主力军之一。东北军区在《东北三年解放战争军事资料》中对这个军的评价是："三十九军部队历史较老，战斗力有基础，攻击力强，其中以一一六师战斗力为最强，一一五师及一一七师次之，各部队均善于野战，为东北部队中之主力军。"

## 敢于胜利：朝鲜战场上的"九个之最"

1950 年 10 月，中国人民志愿军第三十九军在吴信泉军长率领下，首批跨过鸭绿江，入朝作战，连续参加了志愿军第一次至第五次战役和临津江两岸 340 天阵地防御，取得了首战云山、突破临津江、横城大捷等重大战役、战斗的胜利，创造了志愿军战史上的"九个之最"。

最先与美军交锋。1950 年 11 月 1 日，志愿军第三十九军首战云山。这是第一次和美军交手，极少数新兵有"恐美"情绪。军长吴信泉对他们说："娘的，不就是美国佬吗？他们也没长着三头六臂！咱不光要摸摸它的老虎屁股，还要扒下它的老虎皮，给咱彭老总做把太师椅！"他部署一一六师、一一七师正面突破，一一五师断敌退路，并阻敌增援。云山战斗，第三十九军歼灭美军王牌骑兵第一师八团大部、五团一部共 1800 余人，取得了中美两国军队首次交锋的胜利。志愿军彭德怀司令员称赞："华盛顿开国时组建的、一直没有吃过败仗的美国骑兵第一师，这回败在我们三十九军的手下！"

最先击毁和缴获美军坦克、飞机。1950 年 11 月 2 日，在云山战斗中，第三十九军击毁、缴获美军坦克 28 辆，击落美军飞机 3 架，缴获 1 架炮兵校射机和 3 架轻型运输机。令人遗憾的是，由于当时志愿军运输能力有限，缴获的飞机未能及时运走，美军第二天即出动轰炸机将这 3 架飞机炸毁。这也是志愿军唯一一次缴获美军飞机。

最先吃掉美军一个连。1950 年 11 月 1 日下午 1 时许，三四三团先于敌前卫连——美骑一师五团一营二连一分钟抢占龙头洞北的 185.6 高地，迫其退至龙头洞。晚 10 时 40 分，三四三团一连向敌发起攻击，仅 50 分钟即占领龙头洞，全歼敌前卫连，毙、伤敌 80 余人，俘敌 20 余人。11 月 2 日，志愿军司令部发出嘉奖令："三十九军一一五师三四三团一连，1 日在龙头洞（云山西南）歼灭美骑一师的一个连。从此作战中可以看出，我军指战员的战斗素养与作战精神比敌人强，我以一个连即能歼灭美军一个连，特此传令嘉奖，并号召志愿军全体同志，学习该连坚持勇敢作战的精神，歼灭更多的美国敌人。"

最先迫使美军成建制投降。1950 年 11 月 27 日，志愿军第三十九军一一六师三四七团在云山郡东南上九洞战斗中，迫使美军第二十五师二十四团三连（工兵连）连长斯特莱率 115 名黑人士兵投降。这是朝鲜战场上美军唯一一次成建制投降，震动美军高层，立即改变黑人单独编制的做法，实行黑白混编。

最先攻入平壤。1950 年 12 月 6 日，志愿军第三十九军一一六师三四六团和三四八团，分别从东北和东面率先攻入平壤市，收复朝鲜民主主义人民共和国首都。

最先攻入汉城。第三次战役，志愿军第三十九军率先突破临津江，并乘胜追击，于 1951 年 1 月 4 日攻入汉城，占领了总统府。

突破临津江战斗中，一一六师出其不意地将突破口选在河道弯向敌方地段，将 7500 多兵力和数十门火炮全部转入地下并严密伪装，在最近处距敌前沿仅 150 米的阵地上潜伏一天，最大限度地达成了战役的突然性。志愿军陈赓副司令员称之为"三险三奇"："一是突破口选得很险，但很奇，即敢于把突破口选在临津江水道弯向敌人的地段，一反兵家之常规，出其不意而制胜；二是进攻出发阵地选得险，但很奇，即大胆地把近 8000 人的进攻部队和武器提前一天隐蔽在进攻出发阵地上，而没有被敌人发觉，起到了出奇制胜的效果；三是炮兵阵地选得险（近），但很奇，即大胆地把 50 余门火炮设置在距敌前沿 300 ～ 1100 米处进行直瞄射击，准确地摧毁了敌人的工事。”

打到抗美援朝战场最南端。1951 年 1 月 6 日，在第三次战役向南追击逃敌时，志愿军第三十九军一一六师三四八团四连和团侦察排进至位于北纬 37 度线的水原，这是志愿军在抗美援朝战争中向南打得最远的地点。

一个师一次战斗俘敌最多。1951 年 2 月 12 日，在第四次战役中，第三十九军参加横城反击作战。担任战役穿插任务的一一七师一夜潜行 38 公里，夺占横城以北夏日、鹤谷里公路两侧要点，断敌退路，阻敌增援，激战整日，歼灭美第二师九团、韩第八师等部 3300 余人。其中，俘虏 2500 余人，创造了志愿军一个师一次战斗俘敌的最高纪录。

最先创造坑道战范例。1952 年夏，为配合板门店谈判，第三十九军发起 100 天缓冲区争夺战。5 月 15 日至 6 月 16 日，一一七师与敌激烈争夺 190.8 高地，歼灭美军 2500 余人。其间，三五〇团一连六班班长高云和带领全班，依托坑道坚守五昼夜，挫败敌人爆破、放毒、打燃烧弹等攻击袭扰，首创志愿军坑道战成功范例。高云和与六班分别被志愿军授予“二级英雄”和“二级英雄班”称号。

抗美援朝战争历时两年零九个月，三十九军首批入朝，参加了战争的全过程，歼灭包括 2.8 万美军在内的“联合国军”4 万余人，为保卫新中国的安宁、捍卫世界和平做出了应有的贡献。

社会主义建设时期，部队走上革命化、现代化、正规化建设之路。20 世纪 50 年代整编改装，参加了辽东半岛抗登陆大演习。60 年代，入闽备战；开展群众性军事技术大比武活动，涌现出全军闻名的“神枪手四连”等先进集体；总结创造的“参谋六会”成为全军参谋素质评定标准。70 年代，率先组织冬季千里野营拉练，获毛主席亲笔批示：“这样训练好。”改革开放新时期，担负合成集团军编组试点任务，部队大搞机械化；创造性地贯彻军委新时期军事战略方针，率先开展群众性科技练兵活动，引发全军军事训练的重大变革。

进入新世纪，特别是党的十八大以来，第三十九集团军广大官兵牢记强军目标，献身强军实践，开展信息系统综合集成建设，迈开机械化信息化复合式发展步伐，部队核心军事能力和执行多样化军事任务能力不断增强。

# “旋风部队”

## 中国人民解放军第四十集团军

## “旋风部队”之由来

按照《现代汉语词典》的释义，旋风是指螺旋状运动的风。人们往往用快如旋风来形容迅疾的动作。“旋风部队”自然就是指来无影、去无踪的快速纵队了。

据考证，中国人民解放军中“旋风部队”的称谓始于1946年的东北战场，是指中国人民解放军第四十集团军的前身——东北野战军第三纵队。

最早的说法出自国民党军东北保安司令长官杜聿明。杜聿明“被”调离东北，离职时说过一句话：“在这里，最难对付的是韩先楚的‘旋风部队’。”

后来，国民党军参谋总长陈诚出任东北行营主任。陈诚到东北后，调兵遣将，排兵布阵，声称“六个月内消灭东北的共军”。韩先楚指挥的第三纵队和兄弟部队一道，围法库，打彰武，活捉了国民党军新编第五军军长陈林达。陈诚离职时，在日记中写道：“韩先楚是很难对付的‘旋风司令’，不知道什么时候会出现他的部队。”

卫立煌接替陈诚经略东北战场后，也曾指挥部队与三纵交手，他说这支部队“动作之快，如同旋风般”。

再后来，东北的国民党军第四绥靖区司令长官兼新编第六军军长廖耀湘被第三纵队俘虏后，当面对韩先楚说：“韩先生，三纵……解放军的‘旋风部队’就是阁下指挥的，领教了，领教了！”这应该也是战场上的对手第一次当面以“旋风部队”称呼东北野战军第三纵队。

## 旋风一路刮来

东北野战军第三纵队是由抗日战争时期八路军鲁中军区和冀热辽军区部分武装力量发展起来的。

在抗日战争最艰苦的1942年8月，以八路军山东纵队机关为主，组建了鲁中军区，辖第一、第二、第三军分区和军区直属团。1945 年 8 月，鲁中军区主力部队改编为山东军区第三、第四师和警备第一、第二、第三、第四旅。1945 年冬，鲁中军区主力部队执行中共中央关于向东北发展，并争取控制东北的战略部署，鲁中军区所属山东军区第三师、山东军区警备第三旅先后进至辽宁辽阳、鞍山地区。

1946 年 1 月，根据中共中央东北局的决定，由山东军区第三师、山东军区警备第三旅，和先期进入辽宁省沈阳、本溪地区的原冀热辽军区第十六军分区的第二十一、第二十三旅等部合编为东北民主联军第三纵队。程世才为司令员，罗舜初为政治委员（司令员一职先后由曾克林、韩先楚担任），下辖第七、第八、第九旅，共 2.6 万余人。

第三纵队先后参加了辽阳、本溪地区作战，四平保卫战，四保临江作战等战役、战斗。1946 年冬，国民党军趁我军在南满落脚未稳之际，企图将我军赶进长白山高寒山区冻死、饿死、困死，而后进犯北满。东北民主联军三纵与友邻部队一道，在敌强我弱、力量悬殊的情况下，绝地求胜，采取内外线密切配合的方针，在临江、通化地区浴血奋战，连续击退国民党军三个主力师的四次猖狂进攻，粉碎了敌人“南攻北守，先南后北”的企图。“四保临江”的胜利，一举扭转了南满和整个东北战局，改变了南满和东北敌我力量对比，使我军由战略防御转为战略进攻，为发动辽沈战役奠定了坚实的基础。

1947 年 9 月下旬，东北解放军发起秋季攻势。此时三纵受领的任务是歼灭开原县威远堡至西丰间的敌五十三军一一六师。几乎与此同时，新任第三纵队司令韩先楚到一个叫“小四平”的村庄走马上任了。

在上任后的作战会议上，对如何打这一仗却发生了争论。有同志认为应该集中全纵兵力首先打击、歼灭驻西丰的一个团。韩先楚却说，敌一一六师在开原以东的小镇威远堡，那是敌一一六师师部带三四七团及辎重队、特务连的驻地，也就是它的大脑和心脏。而这里只有临时修筑的野战工事，守军也只有一个营。我们可奔袭它，攻其不备，出其不意，用“掏心”战术直插威远堡，打掉它的头！其他敌人一定会出援，我军就可在半路上伏击，将其各个歼灭。

两个方案都有道理，谁也说服不了对方。最后上报东总裁决。第二天下午，“林（彪）罗（荣桓）刘（亚楼）”的复电到了:“按先楚案实施战斗。”

于是，旋风刮起来了——9 月 29 日，三纵各师团冒着冰凉的秋雨开始向攻击和阻援地域运动。战士接到的命令是——要快，要快！还要隐蔽行动，急行军 100 公里，第二天凌晨进入指定位置。

暗夜中，三纵七师前卫二十团和纵队炮团陆续从威远堡的山下通过，那里的敌人毫无觉察。

半夜时分，韩先楚带指挥所抵近威远堡，爬上距威远堡 1 公里远的东山。这时部队已做好战斗准备。

天色渐明，国民党军驻地响起起床号声的同时，三纵攻击的枪炮声响了起来。顿时，威远堡火光闪闪，爆炸声此起彼伏。

敌一一六师师长刘润川听到枪炮声，连问什么情况，当确认是共产党的部队来进攻时说：“他们是从哪里来的？难道插上翅膀飞来的？”他给驻西丰、莲花街的三四六团、三四八团下令：立即赶来救援师部。又给友邻的三十师、一三〇师发报求救……

殊不知，他手下的两个团接到命令赶来救助时，恰恰进入了三纵队布置好的伏击地域。

在“缴枪不杀”的喊声中，敌师长刘润川跑进了一片高粱地，被三纵抓了个正着！被俘后，他说：“从战术眼光看，你们可能打西丰，最厉害可能打头营子（即郜家店），万万没想到你们竟打到威远堡来——这一招太厉害了！”

威远堡战后总结时，第三纵队政委罗舜初说：“这一仗，韩司令用兵，有独到之处，不拘一格，有正有奇，我们要好好向他学习。”

## 旋风刮过辽西

旋风要刮起来，首先要有内在动力，这就要说到新式整军运动。

1946 年 7 月，第三纵七师二十团三营的教导员冯凯参加师政工会议后，针对士兵成员的变化和普遍的思想状况，在营里组织了“谁养活谁”的专题讨论。因为那时士兵多是苦出身，所以教导员冯凯采取诉苦的方法，引导官兵用亲身经历控诉地主阶级和国民党反动派的剥削压迫，开展

“查忘本”和“复仇立功”活动，解决为谁扛枪为谁打仗的问题，激发了战斗热情，密切了官兵关系。他们的活动，先是在三纵引起强烈反响，后被罗荣桓等领导同志大力推广，使东北部队的战斗力空前提高。后来，毛泽东逐字逐句地修改了他们的诉苦教育经验并转发全军。这成为全军性的新式整军运动的起源之一。

在 1948 年秋天的辽沈战役中，三纵的旋风越刮越猛。他们与兄弟部队一起，首克义县，主攻锦州，会战辽西，围歼国民党军廖耀湘兵团。

在攻克锦州的作战中，三纵从城北向南突破。第七师二十团一营和第八师二十四团三营官兵面对的是两块最难啃的“硬骨头”——城北 1 公里处的配水池和亮甲山核心据点。这里是锦州的主要屏障和制高点，工事极为坚固，被称为“中国的凡尔登”。

强攻配水池后，大疙瘩核心据点还打不下来，韩先楚非要去配水池看个究竟不可。他的脚不听使唤了，就要警卫员和一个参谋轮换着把他背上去。在那里，他指挥部队浴血奋战，终于肃清了城北所有屏障，打开了锦州的北大门。而后，和兄弟部队一路血战，解放锦州。

随后，三纵东进，参加围歼廖耀湘兵团的辽西会战，在黑山、大虎山以东，无梁殿以南，魏家窝棚（那里的村镇大都叫作“窝棚”）以北，厉家窝棚东面，绕阳河以西，约 120 平方公里内，和廖耀湘兵团开始了一番斗智斗勇。

旋风怎么刮到了廖耀湘的司令部？这里面颇有些传奇。

10 月 25 日，韩先楚打电话给七师二十一团团长毛世昌，问：“你们离胡家窝棚不远吧？”得到确切答复后，韩先楚说：“你马上组织个加强营，带上个炮连、侦察排，明天拂晓前必须赶到这个胡家窝棚以西，查明那里的敌情，占领有利地形，保证纵队和师的主力投入战斗。”

这时，二十一团八连找到两个从胡家窝棚回来的老乡。他们说，那村里都挤满了兵，还有很多汽车，还拉起了很多电话线。副团长徐锐带着一个加强营，像股旋风一样直扑胡家窝棚。到了就打，首先攻占北山制高点，然后向村里发起冲击。抓住俘虏一问，正是廖兵团的指挥所。经过一阵猛打猛冲，这个胡家窝棚被他们端掉了，国民党军第九兵团中将司令官廖耀湘也成了第三纵队的俘虏。

后来，有人问韩先楚：“你怎么知道这个窝棚上是他的指挥部？”韩回

东北野战军某部攻占廖耀湘兵团指挥部所在地胡家窝棚

答说："我感觉就是它。"

这时，韩先楚也带三纵前指赶到了。作战科长带着当了俘虏的廖耀湘来见韩先楚。一见面，廖耀湘就说："韩先生，我很敬佩你的'旋风部队'。我曾多次告诫部下，一定要小心这个'旋风部队'，没想到辽西战场上……"

韩先楚说："什么旋风部队，那是你们给瞎嚷嚷出来的。"

廖耀湘叹口气，问道："韩先生，你怎么会知道我的通信指挥所就在胡家窝棚？"

韩先楚说："那是我蒙上的。不然，我就不会只派去一个加强营，至少也是一个加强团了。"

廖耀湘又叹了口气："倘若蒋总统能够听从我的意见，我是不会坐到这里来的。"

韩先楚请他讲下去。

廖耀湘长叹一声："败在贵军手下，还有什么可说的呢？"

辽西会战，第三纵队共歼灭国民党军 3.9 万余人，可谓战果辉煌。

被俘的国民党第九兵团司令官廖耀湘（右下）及其官兵

## 旋风刮到海南岛

1948 年 11 月，东北野战军第三纵队在辽宁锦州改编为中国人民解放军第四十军，韩先楚任军长，罗舜初任政治委员，沙克任副军长，刘西元任副政治委员，卓雄任政治部主任，周辉任后勤部部长。原辖第七、八、九师改称第一一八、一一九、一二〇师。东北人民解放军独立第一师调归第四十军建制，改称第一五三师，全军共 5.9 万余人。

1949 年 1 月，四十军先遣部队进至河北香河地区参加平津战役。四十军先攻占北平的南苑机场，后与兄弟部队共同完成包围、分割北平国民党军的任务。北平和平解放后，第四十军由北平向华中、华南进军，与第四十三军一起参加渡江作战，解放华中重镇武汉等十余个市、县。7 月，参加湘赣战役。9 月至 10 月，参加衡宝战役，担任中路军正面突击任务，与兄弟部队共同歼灭国民党军白崇禧集团主力第七军军部及四个精锐师。

11 月至 12 月，参加广西战役，他们连续追击国民党军白崇禧集团 21 昼夜，全歼其第一二五军。而后，集结于钦州、防城、合浦地区。

新中国成立后，大批国民党军逃到我国的第二大岛——海南岛，加上原驻岛的部队，共约 10 万人，还有 50 艘军舰和 30 多架飞机，构成了陆海空立体防御体系，以海南岛防卫总司令薛岳的字命名为“伯陵防线”。

1950 年 2 月，渡海作战前敌指挥部在广州召开了攻打海南岛的作战会议。议定，5 月底渡海作战准备完毕，6 月渡海登陆作战。

第四十军军长韩先楚却认为：“我们的渡海工具基本上是帆船，要依靠谷雨前的季风过海，如果在谷雨前的五天内（ 4 月 20 日前 ）不攻打海南岛，就要往后拖整整一年。”

韩先楚回到四十军，一方面进行准备工作，另一方面考虑向中央军委报告，陈述己见。3 月初，四十军征集到 1058 只帆船，动员船工 1417 人。渡海船只和船工问题有了着落，他的报告也送到了军委。报告中甚至有这样的字眼：“如果兄弟部队四十三军没有准备好，我愿亲率四十军主力单独渡海作战。”足见“旋风部队”主官之决心。

中央军委采纳了他的意见，要四十军、四十三军另配属一个加农炮团、一个高射炮团及工兵、通信、后勤等部队，组成攻岛部队。并称韩先楚提出的“积极偷渡、分批小渡与最后登陆相结合的办法有效，即可提前解放海南岛”。

3 月 5 日，韩先楚组织了一次“积极偷渡”。第一一八师三五二团一营 800 名官兵组成首批“渡江先锋营”。韩先楚给他们送行时说：“喝了这碗酒，同志们定能闯过琼州海峡，把红旗插上海南岛！”

“渡江先锋营”很快消失在夜色中。

一直到第二天（ 3 月 6 日 ）下午 1 时 40 分，韩先楚看到了“渡江先锋营”成功登陆的信号，连说：“成功了！成功了！”

“渡江先锋营”的成功，鼓舞了部队士气，紧接着，3 月 26 日和 3 月 31 日，第四十军、四十三军各一个加强团共 6600 多人，在刘振华、王东保、宋维栻的率领下，乘 169 只帆船，实行第二批偷渡。渡海过程中，和敌军发生激战，创造了木船打军舰的奇迹，除少数船只被敌击沉、少数人员伤亡外，偷渡亦获得成功。

经过充分准备，反复计算潮汐，中央军委和第四野战军批准了海南岛战役作战方案，决定4月16日大潮前发起进攻。

4月16日下午6时30分，韩先楚率领四十军和四十三军乘坐300多只帆船，借海上东风，向海南岛进发。

这是一次既没有制海权也没有制空权的渡海作战。韩先楚决定随第一梯队指挥。4月17日凌晨3时，四十军的风帆船队冲破国民党军炮舰的拦截，在海南岛的临高角抢滩登陆。

三五五团政委夏其昌见了韩先楚军长说："军长，你也上来了。现在太危险！"

"我怎么不能上岸？"韩先楚反问了一句。

"军长，滩头阵地还没有完全打下，快隐蔽一下！"夏其昌把韩先楚拉到一块岩石下。

"没有拿下滩头阵地，我们一起来拿下！"韩先楚站起身来往前走。

夏其昌转身对三营副营长杨立明下令道："给你一个任务，你们派人把军长看起来，不让他再往前走，一定要保护军长的安全！……"

这时，在北京总参作战室的代总参谋长聂荣臻焦急地问："韩先楚在什么位置？"

值班处处长向他报告说："韩先楚已经上岛了。"

聂荣臻说："韩先楚上了海南岛，就意味着胜利！"

**海口市人民群众举行集会，热烈庆祝海南岛解放**

仅仅14天，薛岳指挥四个军苦心经营的“伯陵防线”土崩瓦解。4月30日，四十军把红旗插到了海南岛的最南端——天涯海角，海南岛宣告全部解放。战斗中，四十军还涌现出“登陆先锋营”“登陆英雄班”等战斗集体和一批英模人物。

## 旋风刮过三千里江山

1950年10月19日，第四十军军长温玉成率部入朝参战。10月24日接到志愿军司令部（简称“志司”）电令，立即派一个师赶赴志司驻地大榆洞。

第一一八师经过连续五昼夜的急行军，赶到志司驻地，师长邓岳见到了彭德怀司令员。

彭德怀把作战地图铺在桌面上，对邓岳说：“敌人攻占平壤后，正分兵冒进，我们的飞毛腿恐怕难以赛过他们的汽车轮子，很有可能赶不到预定地域进行防御了，你们过了北镇就要准备随时与敌人遭遇。”

北镇离志司驻地不过几公里的路程。邓岳说：“彭总，你这儿太靠前了，太危险了。”彭德怀说：“你们来了，我还危险什么？”

彭德怀又说：“你们第四十军是先头部队，要打头阵。出国第一仗要打得漂亮，打出威风，打掉敌人的嚣张气焰，掩护我志愿军主力的集结与展开。目前还要按原计划，争取赶到预定地区进行防御。如果情况有变，你们就要独立自主，果断处置，运用阻击、袭击、伏击等各种手段，不失时机地歼灭敌人。”

邓岳留下了一个连队临时给彭总当警卫，便率领部队向温井方向奔去。

一一八师的部署是：前卫第三五四团暂不过温井，在温井以北的丰下洞和富兴洞地区隐蔽休息并占据有利地形，构筑工事，准备阻敌北犯。师主力集结于两水洞和北镇地区，视情况投入战斗，倘敌不来，则明晚继续前进。保持无线电静默，命令由骑兵通信员送交各团并报军部。

晚10时30分，各团全部到达预定位置。

温井是个公路交叉点。“联合国军”要继续北进，一是经桧木洞、古场去鸭绿江边的楚山；二是经丰下洞、两水洞、北镇去鸭绿江边的碧潼。后一条路正好路过三五四团的集结地点。这是一条南北方向的河川谷地，东侧是起伏的山峦，松林繁茂，枯草深密，便于部队隐蔽防空，而且居高临下，便于发挥火力。公路西面是一条20多米宽的九龙江，江的西面又是大山。东西两山之间、公路和江流两侧都是收割已毕的稻田，十分开阔，是理想的伏击地形。

10月25日下午2时，一一八师将面对的敌情用电话报告了志愿军值班首长、志愿军参谋长解方。解方当即叫醒洪学智副司令，并要一一八师查明面对之敌。很快，邓岳报告说："已查明，是李承晚军。"

洪学智说："哦？往里多放放，等他钻进口袋再打。"

洪学智和解方商议，立即发电告诉已进至云山以北的第四十军一二〇师，以一个团的兵力占领云山东北的间洞、朝阳洞、玉女峰一线。

天刚亮，云山方向的第一二〇师三六〇团首先打响了。

敌军第一师先头部队在14辆坦克和自行火炮的配合下，沿云山至温井公路北进。三六〇团徐锐团长命令放过敌人尖兵排，待敌主力进入阻击地域后，先敌开火，打了敌人一个措手不及，还抓了30多个俘虏。

战斗中，三连三班班长石宝山在迎击敌人第八次冲击时，弹药耗尽，他抱着仅剩的两根爆破筒，高呼"同志们守住阵地，为祖国争光！"扑进敌群。以为是抓到了一个俘虏的敌人还没有反应过来，就被一声天崩地裂的巨响所埋葬。

相邻阵地上的排长刘汉升等18名战士目睹此景，全红了眼，呐喊着跃出工事，用刺刀和石块将敌人击退。

三六〇团整整坚持了三天两夜英勇顽强的阻击战，直到27日下午4时，将防务移交第三十九军。战斗中，二连副班长秦永发用爆破筒炸毁了敌人坦克；五连在机枪全被打坏、弹药大部消耗、伤亡很大的情况下，先后有四人代理连长指挥战斗，守住了阵地。

在三天两夜的战斗中，全团共击毁、击伤敌坦克3辆，歼敌280人。从此，他们有了诸多第一：打响了抗美援朝第一枪，打响了抗美援朝第一炮，出现了志愿军第一位与敌人同归于尽的英雄石宝山，产生了志愿军第一位"反坦克英雄"秦永发，活捉了第一批敌军俘虏，击毁了敌军第一辆坦克。也有了第一个遗憾：徐锐团长为查明敌人番号和兵力，让赶紧把抓获的第一批俘虏后送，但被美军的飞机发现，其引导地面炮火，将这几十名俘虏炸得血肉横飞，剩下几个没死的也跑掉了。

三六〇团打响不到两个小时，三五四团也打响了，这是志愿军入朝的第一个歼灭战。

10月25日8时50分，温井方向尘土飞扬。敌人12辆拉着榴弹炮的汽车和车载步兵混杂着开过来了。隐蔽在山林中的三五四团将敌先头营放进伏击地域，前卫四连负责封闭口子，挡住后面的敌人。谁知，他们还没有打响，三五四团身后却先打响了。

原来，敌人的先头分队超越了团队设伏范围，闯到了一一八师师部所在地。

师长邓岳指挥车的玻璃窗被敌人的机枪打得粉碎，邓岳连棉裤都没顾得上穿，指挥着报务员抱着电台向山里转移。这时村口的侦察连投入了战斗。侦察连连长耿文庭是有名的侦察英雄，不等敌人展开，他挥着驳壳枪，带着战士们端着刺刀高叫着与敌展开激战。敌人哪里见过这样不怕死的对手，溃逃下去，边跑边扔枪和子弹。侦察连三下五除二就把敌人尖兵解决了，然后冲上去顶住跟进的敌人，准备帮三五四团扎住前面的口子。

这边，三五四团参谋长刘玉珠看时机已到，大吼一声："打！"机枪手榴弹一通爆响，敌军被炸得人仰马翻。八连六〇炮班班长何易清第一炮放倒几个敌军士兵，第二炮就掀翻一辆汽车，燃起冲天大火的汽车堵住了敌人逃跑的路。这门炮，作为抗美援朝第一功臣炮，后被永久陈列在北京中国人民革命军事博物馆。

诸传禹团长一声令下，一营、三营端着刺刀喊着杀声就扑了上去。剩下的事就是漫山遍野抓俘虏。敌军官兵听不懂"缴枪不杀"的喊声，纷纷往汽车下钻，往树丛里躲，怎么招呼都不出来。战士们只好一个个掐着脖子抓着双腿往外拖。这次战斗从打响到基本结束，仅仅20分钟。

挡住敌后续部队的三五四团四连却承受了很大的压力。敌人不断发起猛攻，都被四连用机关枪手榴弹打了回去。战斗最激烈的时候，八班战士在与冲上阵地的敌人白刃肉搏中全部壮烈牺牲。敌人始终没有突破这道防线。

中午时分，只剩下敌人先头炮兵部队还和侦察连僵持着。敌炮兵看他们没有重武器，频频呼叫自己的步兵上来。

邓岳师长调来三五三团一营、三营，他们如猛虎下山，三下五除二解决了战斗，打扫战场时清点核实：敌人番号是韩六师第二团三营和加强的炮兵分队。此次战斗共毙敌 325 名，俘敌 161 名，缴获汽车 38 辆、火炮 12 门、各种枪支 163 支。

军长温玉成见两水洞和云山打起来，想趁热打铁，让第一一八师和第一二〇师夹击温井，彻底解决韩六师二团。彭德怀接到温玉成的报告后，根据敌人战线拉得长，兵力分散，决定以军、师为单位分别迎敌，各以歼击敌一至两个团为目标，并向北京做了报告。

次日，毛泽东批准了这个方案，并通报了楚山、云山、熙川的敌情变化，对各军行动也做了具体指示。

25 日当晚，第四十军老军长、志愿军副司令员韩先楚赶赴四十军，直接指挥温井战斗。子夜，第一一八师和第一二〇师开始对温井之敌进行对进合击。凌晨 2 时战斗结束，歼灭韩六师二团大部。

这时才得到情报，韩六师七团已于两天前从温井北上，经桧木洞、古场到达鸭绿江边的楚山了，还向中国境内开枪开炮。当天，毛泽东的电报也确证了此事，并让彭德怀速做处置。

彭德怀当即决定第一一八师撤出温井，回师楚山，配合第五十军一四八师，歼灭韩六师七团。第一二〇师和第一一九师由韩先楚指挥，仍在原地准备打增援之敌。

10 月 27 日，韩第六师、第八师各两个营向温井扑来。四十军立即发起反击。经两日激战，该敌大部被歼灭，三五八团抓了 700 多个俘虏，还缴获了 20 多门美式榴弹炮。可惜缴获的汽车除了让俘虏和会开车的师团干部开出几辆，其余大部被敌人炸毁了。

29 日拂晓，前卫团第三五三团在龙谷洞以南将正在南逃的韩七团兜头截住。当日中午，邓岳率领师主力赶到，迅速对敌形成包围。

战至 30 日清晨，将敌人基本解决，还俘虏了一个美军少校顾问。

几天后，在龟头洞和球场的第一一九师和第一二〇师，也各自搜捕了三五百名韩七团逃兵。

史家称，第四十军揭开了伟大的抗美援朝战争的序幕，为志愿军主力完成战役的展开夺得了先机，打了第一场歼灭战，振奋了民心士气，可以说是“三喜临门”。后来，经中国人民解放军总政治部建议，中央军委和毛泽东主席批准，将打响第一枪的10月25日确定为“中国人民志愿军抗美援朝入朝参战纪念日”。

在抗美援朝第二次战役中，第四十军和朝鲜人民军第一军团收复了朝鲜首都平壤，而后又截歼逃敌，并收复了镇南浦、铁原、新溪等重要城镇。第四次战役中，第四十军在春川以南、金化以北地区抵抗了“联合国军”与韩军三个师及一个旅的进攻，第一二〇师三六〇团一连副班长曹庆功、三五八团三连班长王学凤和副班长刘维汉等在子弹打光后与敌同归于尽，被中央军委追记一等功，并追授“一级战斗英雄”称号。在战斗中还涌现出支全胜、王庆琳、孔繁玉等战斗英雄和英雄集体。1953年7月，第四十军凯旋。

在社会主义革命和建设时期，第四十军发扬旋风精神，取得了一个又一个辉煌。1976年唐山大地震时，第一二〇师参与了抗震救灾，三五八团一连被中央军委授予“抗震救灾模范连”称号。

新时期以来，第四十集团军在部队革命化、现代化、正规化进程中，屡创佳绩，把“旋风部队”锤炼成能打仗、打胜仗的一流队伍。

LUZHANZHIHUN
ZHONGGUO WANGPAI
JITUANJUN

# 塔山精神铸军魂

## 中国人民解放军第四十一集团军

驻广西柳州的第四十一集团军，在中国人民解放军中是一支赫赫有名的队伍。说起这个军，就不能不说到辽沈战役中著名的塔山阻击战。

笔者有幸，在 20 世纪 80 年代中叶，曾经先后采访过这支部队的几位老领导：老军长吴克华、老政委莫文骅、参谋长李福泽……他们对老部队充满了深厚的感情。他们说，打过的仗成百上千，惨烈程度，莫过于塔山。说起那时的战士，说起他们的团队，甚至老泪纵横。他们还说，百年之后，一定要回到塔山，和他们的战士永远在一起。

如今，四十一军的老首长都实践了自己的诺言，魂归塔山。老将军静静地躺在塔山，永远和激战塔山的英雄们在一起……

这也成了中国人民解放军军史上独有的英雄篇章。

## 起点：天福山起义

1935 年寒冬的中国，正处于内忧外患、民族存亡的关头，在胶东一个三面环海的狭小地区，发生了一场惨烈的红色暴动，这是土地革命战争时期中国共产党在山东领导的最后一次大规模农民武装暴动——“一一 · 四”农民武装暴动。

暴动虽然失败了，但暴动的火种组建了昆嵛山红军游击队，这也是土地革命战争时期山东境内保存的唯一红色革命武装火种。

1937 年 7 月 7 日，卢沟桥的枪声标志着抗日战争全面爆发。中共胶东特委于当年 12 月 24 日在天福山举行武装起义，以昆嵛山红军游击队为基础成立山东人民抗日救国军第三军（简称“三军”），揭开了胶东人民救亡图存、抗击外侮的壮丽序幕。第四十一军先驱从此诞生。山东人民抗日救国军第三军不仅“生”出第四十一军，还“生”出了第二十七军、第三十一军等部队。

八年的胶东抗战，第三军历经多次改编、扩编，部队越战越强、越打越壮。首战攻克牟平县城，活捉了伪县长；血战雷神庙，打响了胶东抗日武装对日正规军作战的第一枪，给日军以重大杀伤，坚定了胶东人民的抗日意志；而后袭击招远、蓬莱，攻克黄城、郭家店、邢村、石岛市，建立了以大泽山为中心的抗日根据地，粉碎了敌万人“大扫荡”，收复了除青岛以外的胶东半岛，部队发展为两个师、两个旅，共 2 万余人。

## 跨海：挺进东北

天福山武装起义

抗日战争胜利后，为防止蒋介石发动内战，保卫抗战胜利果实，根据中央军委“向南防御、向北发展”的战略方针和抢占东北的部署，胶东军区副司令员吴克华、政治部主任彭嘉庆等率领胶东军区 10 个团 2 万余人，背负着胶东人民和闯关东父老乡亲的重托，分批渡海北上，挺进东北。因为是从胶东渡海到的东北，人们也称这批操着一口胶东话的兵为“海南货儿”。

这支队伍踏上黑土地之后，很快扩编成东北自治军第二、三纵队，担负剿匪、扩军和开辟根据地的任务。先是歼灭日伪残余和国民党特务三结合的土匪武装 4000 余人，后攻占营口，歼灭国民党军第五十二军二十五师七十三团 1700 余人，挫败了敌人从营口登陆的计划，稳定了东北局势，为粉碎国民党军的进攻、坚持南满斗争创造了有利条件。

1946 年 1 月，东北民主自治军改名号为“东北民主联军”。第二、三纵队奉命合编为东北民主联军第四纵队，辖第十、第十一、第十二旅和纵队炮兵团、警卫团，共 2.3 万余人。这就是军史上所说的四十一军正式的“前身”。

四纵组建后不久，就在沙岭跟全美械装备的国民党军打了一仗。1946 年 2 月 16 日，四纵 6 个团把国民党军新六军二十二师六十六团包围在沙岭，以绝对优势兵力、敢打硬拼的精神，和敌人进行了激烈战斗，结果还是叫敌人跑了。打扫战场一算账，歼敌 647 人，自己却付出了伤亡 2159 人的沉重代价。吴克华总结时说，部队战术技术尚未由游击战向运动战转变，对强敌战斗力估计不足，在兵力火力使用、协调、情报方面也有诸多弱点和不足。

打一仗，进一步，吃亏只能吃一次。四纵指挥员认真吸取了沙岭作战的教训。在三保本溪作战中，他们歼敌 4500 余人。5 月 24 日，第四纵队发起鞍海战役，相继攻克鞍山、海城、大石桥等城市，歼灭国民党军第六十军一八四师大部，迫使其师长潘朔端率师部及第五五二团起义。战后，四纵获东北民主联军首长传令嘉奖，辽东军区授予第二十八团“海城团”、第二十九团“鞍山团”、第三十团“大石桥团”的荣誉称号。

鞍海战役后，四纵利用停战时机，进行了为期四个月的军政教育与整训。通过整训，官兵的思想水平、技战术水平都有了极大提高，集中优势兵力打运动战的战法深得官兵认同。

## 新开岭：全歼“千里驹”

1946 年 10 月，蒋介石认为时机成熟，撕毁了停战协定，按照“南攻北守、先南后北”的作战方针，纠集 8 个师约 10 万人，分左、中、右三路向南满发起大举进攻，企图首先截断南北满解放区的联系，消灭南满民主联军主力，解除其北进的后顾之忧，而后转兵北渡松花江，进攻北满，占领整个东北。

东北民主联军决定由辽东军区坚守南满，其余主力集中在北满地区，伺机南进配合南满部队作战。辽东军区主动放弃安东，转守临江等东部山区，并命令三纵、四纵十师及十一师三十二团在永陵、通化、柳河地区打击敌的左路部队；四纵十二师在河沿、南坟、摩天岭一线守备，节节抗击敌中路部队；十一师（欠三十二团）在赛马集地区集结，准备侧击敌二十五师。

10 月 19 日，国民党军中路攻击部队左翼二十五师（欠七十五团）从本溪出发，沿小市、田师傅、碱厂向赛马集进攻，企图寻找四纵主力决战。

这个二十五师是蒋介石反共老本之一，号称“千里驹”，能打运动战。四纵首长利用它急于找我决战的心理和狂妄骄横的特点，有意采取节节阻击、边打边转移、不断诱敌深入的战术，相机歼之，以争取时间，掩护安东、宽甸后方人员及财产转移。敌二十五师占领赛马集后，留下两个营据守，主力继续向凤城攻击前进。四纵趁侵占赛马集的敌两个营立足未稳之机，集中十一、十二师主力向赛马集发起攻击，全歼了这两个营，重新夺回赛马集，威胁敌安沈路及本溪后方，迫其主力掉头回救。四纵遂集中五个团围攻回援之敌二十五师主力，因其七十五团归建，我进攻力量不足，战至次日凌晨，四纵主动后撤至赛马集以东新开岭地区隐蔽集结。为争取主动，四纵请示上级，秘密将第十师由新宾地区调回，以期集中全纵 8 个团在新开岭地区全歼“千里驹”。

新开岭地区位于宽甸以西约 35 公里，是一条东西走向的狭长谷地，四面皆为高山，宽甸至赛马集的公路和叆河穿越其间。这一地区，极利于兵力隐蔽集结，也利于在进攻中实施迂回与包围，是隐蔽兵力打大歼灭战的理想战场。

为迅速全歼敌二十五师，四纵采取四面包围、有重点多路攻击的部署。当敌二十五师主力重占赛马集，分两路向我南满解放区腹地疾进，准备攻占宽甸，切断我辽东军区机关及后方向东转移路线时，四纵十一师在正面节节阻击，十二师后撤至邵家堡子附近隐蔽集结，十师秘密回援至碱厂附近。10 月 31 日，四纵向敌发起总攻击，经过激战，对敌形成三面攻击的合围态势。11 月 1 日，四纵先后九次发起对敌进攻，敌二十五师凭借控制的诸多高地及日寇遗留下的碉堡工事顽抗，战局陷入僵持。虽成功将敌压缩至主峰老爷岭附近狭小地区，但敌后续增援的 6 个师已接近新开岭地区，威胁四纵侧翼安全。11 月 2 日，首先由十一师突破叆河，威胁敌主阵地老爷岭侧后；而后十师调整战术，重新组织步炮协同，强攻夺取老爷岭主阵地；十二师从侧翼攻占丛家堡子东南小高地和大庙，最后将敌压缩在黄家堡子河套内。这时，敌人阵脚全乱，在我军猛烈攻击和“缴枪不杀、优待俘虏”的口号下，纷纷举手投降。虽敌二十五师师长李正谊化装成伙夫企图逃跑，但仍被活捉。

这次战役，总共毙、伤敌团长以下 1190 余人，俘敌师长李正谊以下 8000 余人，开创了东北民主联军以一个纵队兵力全歼国民党军一个整师的先例，沉重打击了国民党军的嚣张气焰，为东北战场争取了时间。

战役结束之后，党中央、毛主席发电嘉奖。毛主席亲自起草的电报指出:“第一次集中五个团打二十五师，未能奏效；第二次集中八个团打该师，就胜利了，以后作战，凡打大一点的仗，总要集中十团八团兵力，最好能集中十二个团打，以期必胜。”延安《解放日报》于 11 月 5 日发表了题为《第二十五师的毁灭》的社论予以祝贺。

经过新开岭战役，第四纵队牢固树立了运动战思想，进一步培育了英勇顽强的战斗作风，被称为东北民主联军“五大主力”之一。

## 四保临江：人人记一功

新开岭战役后，敌军经过短暂休整，又向我南满根据地发起进攻。此时，南满根据地仅有长白山麓之临江、蒙江、抚松、长白四县和两道大沟。严酷的环境和恶劣的气候，无不考验着三四万部队和辽东军区机关。南满能不能坚持，成为大家心中的问号。

在著名的“七道江会议”上，决定坚持南满斗争，巩固保卫长白山根据地。四纵因此奉命深入敌后“大闹天宫”，配合三纵正面作战，展开了四保临江战役。

1946 年 12 月 17 日，国民党军 6 个师首次向南满根据地发动攻击。三纵、四纵十师和辽南独立师进行正面阻击。四纵十一、十二师奉命挺进敌后，直插安东、沈阳铁路两侧，在敌后转战一个多月，歼敌 3000 余人，迫使进攻临江之敌两个师回援。担任正面阻击任务的三纵等部队，连续战斗 40 余次，歼敌 4000 多人。这就是所谓的一保临江。

1947 年 1 月 30 日，国民党军再次纠集 4 个师，从通化以东分三路二犯临江。三纵及四纵十师先后歼敌五十二军一九五师 2300 余人、二〇七师 1700 余人。四纵十一、十二师二次插入敌后，牵制敌主力，攻克敌大小据点 20 余处，控制了本溪纵横 100 公里的广大地区，陷敌于首尾难顾的境地。敌二犯临江又告失败。

1947 年 2 月 13 日，杜聿明亲自出马，出动 5 个师分三路三犯临江。内线我三纵主力在金川以南歼敌侧翼，三纵八师和四纵十师在通化东的老爷岭、四道江据险阻击，并积极展开反击和追击，相继解放金川、柳河，攻克辉南，占领辑安（今集安）。外线四纵十一、十二师在敌后连克敌据点，积极配合正面作战，取得了三保临江的胜利。

1947年3月27日，杜聿明不甘心失败，再调集7个师约10万人，分三路四犯临江。我军集中三纵主力及四纵十师两个团，于4月3日在红石砬子地区将敌中路八十九师及五十四师一六二团全部歼灭。该部被歼后，其余各路纷纷回窜。敌第四次进攻临江宣告失败。

四保临江战役，四纵与三纵并肩作战，在南满群众的支持下，历经大小战斗百余次，消灭国民党军7700余人，谱写了“三插敌后，四保临江”的胜利。特别是第十一师，在敌后两个多月日夜行军作战，曾三天不得一餐，八昼夜不眠不息，有力配合了正面部队。辽东军区为嘉奖该师功绩，给全师指战员每人记了一功，这在我军历史上绝无仅有。

四保临江战役后，敌被迫由进攻转为“机动防御”，四纵与辽东兄弟部队一起参加夏季、秋季、冬季攻势，横扫了辽东各地国民党军，收复了安东、法库、西丰、公主岭、海城等15座城市。在冬季攻势中第三次解放鞍山时，当地群众还赠予四纵一面“钢都纵队”的锦旗。

**三保临江作战中，英勇的机枪手奋力杀敌**

随后，部队参加新式整军运动，进一步提高军政素质，为打大仗打硬仗积蓄底气和能量。

## 塔山：一战成名

1948年9月，东北野战军将55万国民党军分割包围在长春、沈阳、锦州三座孤城。党中央、毛主席审时度势，决定发起辽沈战役。战役先打何处，先攻占哪一城？东北野战军首长林彪起初认为应从弱处——长春开刀，但毛主席从全国战场出发，极具战略性地分析认为：虽然长春敌人较弱，沈阳敌人最强，但锦州则像一根扁担，一头挑东北，一头挑华北，是国民党军通向关内的咽喉。若先打长春，沈阳、锦州之敌势必向关内收缩加强，既不利于围而歼之，又增加了解放全国的困难和变数。因而决定东北野战军首先南下攻占锦州，对东北全境之敌形成“关门打狗”之势，而后歼之。

为解锦州之围，蒋介石急令第九兵团司令廖耀湘率11个师组成“西进兵团”由沈阳南下，令第十七兵团司令侯镜如率11个师组成“东进兵团”由锦西、葫芦岛北上，妄图与锦州城内的范汉杰兵团里应外合，小则化解锦州之围，大则全歼东北野战军于辽西走廊。

这时，国共两党两军最高指挥官的目光都集中到一个叫塔山的地方。

凡是到过塔山的人都知道，这里既无塔也无山，只是个10多米的小土丘，因塔山堡村坐落于此而得名。它虎踞锦州、锦西之间，北到锦州只有30公里，南距敌前沿阵地不过几百米，北宁铁路、锦榆公路纵贯其间，是阻敌北上的第一道也是最后一道防线。

东北野战军以主力围歼锦州守敌时，命令四纵在十一纵和热河独立四师、六师的配合下，在塔山地区阻敌北上。

东总派司令部作战处处长苏静前往四纵协助指挥作战，罗荣桓政委对他说：“你到四纵去，就是当参谋，出主意，协助四纵首长死守塔山。告诉吴克华司令员、莫文骅政委，要不怕牺牲，不惜代价，任何情况下都不能动摇，要死死地顶住敌人。叫敌人尸骨成山，血流成河，不能前进一步。”

10月6日，四纵进入指定防御阵地。在东起打鱼山、西至白台山的8000米正面组织防御，以铁路桥、塔山堡、白台山为主要阵地，其中塔山堡是要害。一线阵地展开四个团，二线部署三个团，两个团为预备队，炮兵团部署在潘家屯以东高地。纵队指挥所位于九户屯，前指在排路沟西北高地。

10月9日，吴克华、莫文骅带领四纵指挥员在塔山宣誓:“我们司令员、政委的阵地位置，就在同志们身边，誓与大家同进退，与部队同生死共患难，为了粉碎敌人增援锦州的企图，随时准备献出自己最后一滴血!”

敌“东进兵团”一梯队投入三个师的兵力，八师居中主攻塔山正面，暂六十二师在右翼负责夺取红旗营子东南侧高地，一五一师在左翼负责夺取白台山。

10月9日锦州战役打响。10月10日，蒋介石指令第五十四军军长阙汉骞指挥“东进兵团”火速向塔山进击。凌晨4时，敌在七架飞机、两艘军舰和大量炮兵火力的掩护下，“哇哇”叫着冲向我三十四团守备的打鱼山、高家滩、铁路桥阵地。三十四团先后九次打退暂六十二师、第八师的强攻，但打鱼山阵地因防守薄弱而失守，威胁到塔山阵地侧翼。下午4时20分，二十九团一营对打鱼山之敌实施猛烈反击，及时收复了阵地。当

吴克华

莫文骅

日，敌一五一师向我三十六、三十五、三十二团阵地发起多次攻击，也被击退。国民党军“东进兵团”伤亡 1174 人，而四纵也伤亡 319 人。

第二天的战斗打成了阵地争夺战，阙汉骞总结了前日失败的教训，决定加大炮火配备及海、空军火力支援。步兵按原部署继续进攻，天刚刚亮，就开始了炮火准备。我塔山阵地弹如雨下，工事、人员严重损失。11 时，炮火延伸，密密麻麻的敌军气势汹汹地向我阵地压来。每一块阵地都抗击着几倍、十几倍于我的敌人。在白台山 7 号阵地，三十六团官兵先后六次打退敌一五一师的集团冲锋。四连五班班长徐忠智在全排伤亡、弹药耗尽的情况下，毅然拉响最后一颗手榴弹与敌人同归于尽，牢牢守住了阵地。敌暂六十二师、八师、一五七师也反复向我三十四、三十五、三十二团阵地冲锋，均被击退。

战斗进入第三天，两天两夜没有合眼的吴克华站在电台旁对政委莫文骅说:“这两天敌人的企图已很明确了。现在，我们必须缩小各守备阵地的正面，加强纵深配置。”莫文骅点点头说:“利用战斗空隙，开展战评活动，总结经验，准备恶战。”这一天，敌人只以少量兵力与我保持接触，并未进行像样的进攻。三十四团侦察班班长纪仁祥带领全班深入敌后设伏，捕获了从师部开会返回的敌二十一师六十三团副团长高录臻，获取了敌增加兵力、调整部署的重要情报。敌变我变，以十一师战斗力最强的二十八团接替三十四团守备塔山堡；三十一团配属给十二师做预备队；三十二团为纵队预备队，其守备任务由十一纵负责。

13 日，敌一线总指挥侯镜如决定将一直没有舍得使用的独立九十五师“赵子龙师”投入战斗，该师是蒋介石的嫡系和王牌，全部美式装备，号称“没丢过一挺机枪”。战斗一开始，敌独立九十五师和第八师就以“敢死队”为先锋，由连、营、团长带头，督战队压后，像潮水一样扑向我二十八团阵地。二十八团先后八次击退敌进攻，始终坚守着阵地。二连指导员程远茂身负重伤，带领该连一排仅存的七名战友，以石头、刺刀与敌展开激烈搏斗，誓与阵地共存亡。同时，敌一五七、一五一师也采用“波浪式”战法多次攻击我三十四、三十五、三十六团阵地，均被击退。程远茂后来回忆说，那才真叫恶战。国民党军整团、整师，甚至整个军发起一拨又一拨成建制的冲锋，漫山遍野成了人的海洋。阵地反复易手，有的阵地反复争夺达数十次。二十八团重创敌独立九十五师，挫伤了敌人的攻击锐气，获东北野战军首长通电嘉勉。因二十八团伤亡严重，守备塔山堡的任务当夜交由三十团负责。

10月14日，东北野战军主力向锦州发起了总攻。蒋介石心急如焚，限令侯镜如“拂晓攻下塔山，十二时进占高桥，黄昏到达锦州”。凌晨5时，敌独立九十五师在第八师的配合下兵分三路向三十团阵地发起猛攻，其右路、中路均被击退，左路曾数度夺占铁路桥头堡阵地，我三十团组织连续反击，牢牢巩固了阵地。敌一五一、一五七师多次向塔山、白台山阵地实施连续集团冲锋，十二师官兵奋力抗击，死死守住了阵地。东北野战军首长致电十二师：“你们这种英勇顽强的防御战，是模范的，值得赞扬的。”

15日，锦州守敌行将全部被歼，敌投入5个师在塔山做最后一搏。凌晨4时许，敌暂六十二师、八师、一五一师、一五七师向高家滩、铁路桥、刘家屯阵地实施突然袭击和强攻；敌独立九十五师不要命似的狂攻塔

**国民党军集中11个师增援，而我英雄的塔山阵地屹立不倒**

山。三十四团与敌殊死搏斗，寸土未失。一营部四名战士依托一棵大树，用一挺机枪打退敌九次进攻，歼敌50余名，此树后被誉为“英雄树”。战至12时，敌人开始全线败退。四纵将士用血肉之躯死死地守住塔山，没有让敌人前进一步，确保了锦州战役的胜利。

用艰苦卓绝、悲壮惨烈来形容塔山阻击战一点儿都不过分。它谱写了战争史上阻击战的辉煌篇章。四纵涌现出了“塔山英雄团”“白台山英雄团”和程远茂、鲍仁川等大批英模单位和个人。他们铸就的“顾全大局，严守纪律，勇于牺牲，敢打必胜”的“塔山精神”永载史册！

## 平绥线，穿插分割

塔山阻击战结束后，东北野战军第四纵队未经休整就奉命与第十一纵队组成东北野战军先遣兵团，踏着冰雪，秘密从长城冷口入关。此时，士兵们并不知道是要去参加平津战役。

这时，四纵已经改称为中国人民解放军第四十一军，原属第十、十一、十二师，分别改称中国人民解放军陆军第一二一、一二二、一二三师，原辽南独立二师改称中国人民解放军步兵第一五四师，调归第四十一军建制。

翻开当时的作战地图，平津战役当时叫作“平、津、张战役”。为何？这要从傅作义的“一字长蛇阵”说起。

辽沈战役结束后，在北平的傅作义面临三种选择：一是按蒋介石的想法，南撤。但傅作义一直担心被蒋介石吞并，不想南去。二是西撤绥远，那是傅作义起家的地方。然而那里地瘠民穷，兵源枯竭，补给困难，终非长久之计。三是坚守北平，前景也不看好。不过，北平、天津、张家口、唐山地区人多地丰，交通便利，守撤回旋余地大。他判断辽沈战役刚结束，正值隆冬时节，东北野战军难以马上入关。即便要打，自己具有以逸待劳的优势，可以争取胜利。几经考虑，傅作义终于定出“暂守平津，保持海口，扩充实力，以观时变”的基本方针。

因此，他的56万兵力收缩在东起北宁路的滦县，西至平绥路的张家口，长达600公里的地带，并以北平、天津、塘沽、唐山、张家口为重点，摆开一字长蛇阵。

四十一军入关后接到的命令是，和华北野战军一道在平绥路上执行“围而不打，隔而不围”的战役行动，使傅作义的部队既不能东去，也不能西逃。11月9日，第四十一军先头部队首战康庄，歼敌第十六军指挥所、第一〇九师全部、第九十一师一个团、第二十二师六十六团一部。除敌第十六军军长袁朴率其警卫营一部和驻岔道城的第二十二师六十五团逃跑外，其余全部被歼。此役歼敌6885名，取得进关后第一个胜利。

11月10日，第四十一军再战怀来，追歼企图西进接应敌第三十五军突围的国民党军第一〇四军，毙、伤敌281名，俘敌7831名，共歼敌8112名。

他们没有参加天津的攻坚战，却纵横在平绥线上，取得了康（庄）怀（来）张（家口）连战连捷。

11月23日，第四十一军三战张家口，率先攻入市区，切断了国民党傅作义集团西退绥远的道路。敌除第十一兵团司令孙兰峰潜逃外，其余全部被俘。共毙、伤敌1896名，俘敌第十一兵团中将参谋长王韶琴以下36162人，其中“塔山英雄团”三连一个连即俘敌7000余人。

## 北平，仁义之师

1949年1月1日，吴克华和莫文骅踏着霜雪赶到平津前线司令部接受任务。叶剑英介绍了平津战役的形势，对他们说：“战争的进程比原先预料的还要快。眼下，平津前线司令部正在和傅作义进行谈判，因此，可能出现两种情况：一是傅作义不接受我方的条件，我们就打进去；二是如果他接受人民的和平条件，北平就可能和平解放。中央和军委都在积极争取其和平解放，创造一个‘天津方式’之外的新方式。”

事后，莫文骅回忆说：“在场的领导同志还告诫我们，和平是手段，解放才是目的。没有强大的军事压力，对方是不会在和平协议上签字的。部队要做好进攻的准备，丝毫不能松懈。尤其是领导干部要做好多方面的思想准备，迎接这场特殊的战斗。”

回到青龙桥的军部后，军长、政委做了分工：吴克华负责打，认真做好攻城准备；莫文骅负责谈，认真做好与北平各界代表和谈的准备。在莫文骅接待北平各界代表谈判的过程中，吴克华接到前线司令部命令，命令四十一军让设在玉泉山的炮兵向天安门广场、天坛公园西北角和东单广场各发射一发炮弹。要用炮弹告诉他们：解放军能把炮弹落在中心位置，既不伤人又不毁古迹，说明有能力、有武力解放北平。

同时，吴克华指挥侦察分队，在北平城外周边与国民党军进行了几次小规模的战斗，共毙、伤国民党军 387 人，俘 60 人，迫使其投诚 25 人，从中详细了解到北平城内的武装部署情况，从军事上为攻城做好了充分准备。

1 月 18 日，平津前线司令部电告吴克华和莫文骅："傅作义已同意接受和平改编，由四十一军负责与傅作义部交接城防。中央军委、毛主席要求守城部队绝对不允许违反群众纪律。"

当天，北平警备司令部成立，兵团司令员程子华任司令员兼政委，彭明治、吴克华任副司令员，莫文骅任副政委，刘道生任政治部主任。四十一军政委莫文骅在颐和园对全军团以上干部进行动员，说："什么是形势？这就是形势！我们今天坐在排云殿下，就说明革命已经发展到战略决战阶段。我们的思想必须适应这个形势。"他还说："我们担负警备北平的任务，对北平的工商业、名胜古迹、公共设施及各项物资等，部队要做到 24 个字：只许看管，不许运用；只许保护，不许破坏；空手进去，空手出来。"

各师团遵照统一布置召开党员大会、士兵代表大会，进行为期一周的政策纪律教育。连以上干部、司务长、上士由师部统一集训，勤杂人员由各团集训。为不留死角，普遍进行检查。一二一师进行"政策点名"，利用集会或操课时间，点名要干部战士回答《入城八项守则》和《警备须知》等有关内容。随后，全军推广一二三师的办法"评入城资格"，先由本人发言，然后大家讨论，从上到下、从下到上，逐一评定其有没有入城执行任务的资格。在此基础上，又进行互助互保活动，成立互助组，互相监督，互相帮助。他们提出在遵守军党委的四条规定外，还要做到：一、原封不动，一点儿不拿；二、不准随便进入居民家中；三、借物资须经上报批准；四、遵守人民群众风俗习惯，争取新的光荣。

我们要进北京了！我们要进紫禁城了！这对四十一军的每一个将士来

说，是多么光荣和自豪的任务啊！他们从思想和物质上都进行了认真的准备。进行军容风纪的整顿和队列礼节的训练；拆洗了棉衣、棉被，用新的白布做了一丈七尺长、半寸宽的背包带；调整了部分装备，要求军容整齐划一。各级后勤供管人员蒸窝窝头、烙高粱面饼、买菜、打油买盐、准备马草，筹备进城后的生活用品，备足了进城后三天的粮草。

1949 年 1 月 31 日，是四十一军历史上非常值得记载的一天。军政委莫文骅率第一梯队从西直门进城接防，留下了那张具有历史意义的中国人民解放军接防的照片，标志着北平从此回到了人民的手中。

1949 年的早春三月，第四十一军胜利完成北平市警备任务。3 月 25 日，他们又接到了一个命令：一二一师三六一团、一二二师三六四团、一二三师三六七团和军炮兵团等部队到西苑机场接受毛泽东、朱德、刘少奇、周恩来、任弼时等中央领导同志的检阅。这对英雄部队来说，更是莫大的荣誉。离开北平时，北平各界群众和他们依依惜别，赠送给他们的“仁义之师”“秋毫无犯”的锦旗至今还陈列在中国人民革命军事博物馆里。

**人民解放军入城接防**

1949年4月，第四十一军离开北平向华中、华南进军，一路所向披靡。5月，在河南改编国民党军第四十军2万余人。9月至10月，参加衡宝战役，担负正面突击任务，歼敌5000余人，俘敌第七军副军长凌云上。11月至12月参加广西战役，先后攻克6个县、市，歼敌8600余人，俘敌第三兵团副司令兼第七军军长李本一。1950年1月，奉命由广西容县地区开赴广东淡水、高要、惠阳、黄冈等地执行剿匪任务，并先后解放了南澳岛、南鹏岛。

1951年1月，第四十一军进驻潮汕地区，执行保卫海防任务。1953年7月，国民党军偷袭东山岛，四十一军奉命增援，歼敌3300人，击沉登陆艇3艘，击落敌机1架。1979年2月，四十一军在广西方向参加了南疆自卫反击作战。参战官兵发扬“塔山精神”，速战速决，28天歼敌7000余人。战后共有5个单位、12名个人被中央军委授予荣誉称号，8个单位、12名个人被广州军区授予荣誉称号。

人民解放军举行北平入城仪式，受到市民们的热烈欢迎

# 荆江：英雄栽倒在大堤上

跨入新的历史时期后，第四十一军改编为陆军第四十一集团军。他们紧跟军队现代化建设步伐，围绕建设一支听党指挥、能打胜仗、作风优良的过硬部队，聚力抓中心，矢志谋打赢，先后完成了战备值班、军政训练、“广字”“塔山”系列演习、“997”行动、“军交—2007”“跨越—2009”演习等重大演训任务，部队的战斗力有了新飞跃。

特别值得大书一笔的是这支英雄部队的“新时期英雄战士”李向群。

1998 年，一场特大洪灾在长江、嫩江、松花江流域肆虐。根据中央军委、广州军区的命令，第四十一军分赴广西、湖南、湖北三省（区）22 个县（市）112 个点，执行抗洪抢险任务。

一二一师、一二三师和炮兵旅从接到命令到第一个列车梯队装载完毕均仅用了不到 3 个小时。一二一师 60 小时内全部到达 1200 多公里外的荆江大堤；一二三师 17 个列车梯队机动 1000 多公里，42 小时内全部进至任务点。摩托化开进的部队在接令后 1 小时内就出动，高炮旅、一二一师高炮团 10 小时机动 400 多公里，提前到位。由于他们火速投入战斗，及时稳定了洞庭湖区和荆江大堤枣林港至柳口段的抗洪形势，总部、广州军区首长表扬他们是抗洪抢险中行动最快的部队。

抗洪大军中，有一位中断休假来参加特殊战斗的战士李向群。用现在的话说，李向群是个典型的“富二代”，他是海南琼山市人，1978 年 9 月出生在一个拥有百万资产的家庭，1996 年毅然参军报国。入伍后，努力争做“四有”军人，被评为“优秀士兵”，荣立三等功。他刻苦学习理论和科学文化知识，写了近 10 万字的心得笔记，参加法律函授被评为“优秀学员”；苦练军事技术，20 个训练课目，获得 17 个优秀，被团里评为“训练尖子”；关心同志，乐于助人，战友们称赞他“不是党员，做的是党员的事，不是干部，操的是干部的心”；艰苦朴素，克勤克俭，“身为特区人，不当特殊兵”，把省下来的上千元津贴费捐给战友和群众；关键时刻，挺身而出，曾从水中、火中和爆破现场先后救出 5 名老人、儿童和战友。

1998 年 7 月下旬，李向群因事回家探亲，得知部队即将赴湖北抗洪，就提前乘飞机赶回部队，来到公安县南坪灾区。8 月 10 日，李向群和战友发现并堵住了一个管涌。13 日，一个取水闸门发生渗漏，他又奋不顾身地跳入水中查洞抢险。因为表现突出，他在“水线”被批准为中共预备党员。

由于连续涉水抢险，李向群病倒了。20 日下午，正在医院治病的他听说连队官兵又紧急出动，就偷偷跑出来赶到抢险现场。部队领导要送他回医院时，他说：“轻伤怎么能下火线?”坚持战斗，直到病得体力不支，栽倒在大堤上。部队当即把他送到广州军区武汉总医院，但终因救治无效英勇牺牲，年仅 20 岁。

1999 年 3 月 17 日，时任中央军委主席的江泽民签署命令，授予李向群“新时期英雄战士”荣誉称号。解放军总政治部、共青团中央联合发出《关于积极响应江主席题词号召，广泛开展向新时期英雄战士李向群同志学习活动的通知》。共青团中央、全国青联追授他“中国青年五四奖章”，广州军区授予他“抗洪勇士”的荣誉称号，集团军为他追记一等功。江泽民主席亲笔题词：“努力培养和造就更多李向群式的英雄战士。”

# “岭南雄师”

## 中国人民解放军第四十二集团军

广东惠州有一支被称为“岭南雄师”的部队，这就是隶属广州军区的中国人民解放军第四十二集团军。

## 绝无仅有的“第五纵队”

中国人民解放军第四十二集团军的前身是东北野战军第五纵队。中国人民解放军各大野战军——西北、华北、中原、华东野战军都没有第五纵队，只有东北野战军有第五纵队，为何？这还要从 1936 年西班牙内战说起。

1936 年 10 月，西班牙叛军和德、意法西斯军队准备向西班牙共和国首都马德里发起进攻时，叛军将领摩拉在广播讲话中扬言，他的四个纵队正在进攻马德里，而第五纵队（指正在共和国后方活动的地下军）已在首都等待着做内应。从那以后，“第五纵队”便成了叛徒和特务间谍的代名词。

“第五纵队”的说法在中国流传开来，还是第二次世界大战期间。那时，法西斯德国向与之交战的国家和中立国派遣了大量的特工，他们潜入对方境内，利用绑架暗杀、制造分裂、收买人心、挑动叛乱等非正常手段，把好几个国家都搞得人心惶惶、无心抵抗，为德国法西斯占领欧洲起到了重要作用。这些特工也被称为“第五纵队”。在相当长一个时期里，“第五纵队”就是指内奸。

谁愿意用这样一个名字呢？各战略区在成立野战军时，都不愿意使用“第五纵队”这一番号。

1948 年 3 月，东北野战军组建第三批纵队时也碰到了这个问题。前面已经有了四个纵队，现在又要组建几个纵队，第五纵队这个番号用还是不用？东野首长有点儿不信邪，说：“就按顺序排！”

于是，3 月 31 日，在辽阳地区成立东北人民解放军第五纵队，万毅任司令员，刘兴元任政治委员兼政治部主任，吴瑞林任副司令员，唐凯任副政治委员。下辖第十三、第十四、第十五师。此时全纵队已有兵力 3.6 万余人。这个 3.6 万余人的纵队，是日本投降后由山海关内几个解放区进军东北的部分部队骨干一步步发展起来的。

1945年金秋时节，根据中共中央关于向东北发展，并争取控制东北的战略部署，陕甘宁边区、晋察冀、华中和山东等解放区抽调了一批部队和干部奉命开进辽东地区。他们参加了创建与保卫辽东革命根据地的斗争，配合主力部队参加四保临江战役和东北1947年夏季、秋季攻势作战。

1946年5月，辽南军区警卫营、庄河保安团、安东军区保安一团、辽宁军分区警卫一团和延安炮校调进的一部分干部合编组建了辽东军区独立第一师。8月，以通化支队、靖宇支队、山东和华中挺进东北部队一部合编组建成独立第二师。

1947年11月，以安东保安司令部、辽宁军区第三分区基干一团、第四分区独立一团、安东保安第三团合编组建了独立第三师。

冬春之交，三个独立师分别参加了东北冬季攻势作战。他们破袭国民党军交通运输线，配合主力部队攻克辽阳、鞍山等城市。独立第一师还攻克了海港营口。

辽沈战役打响以后，组建不久的东北野战军第五纵队在彰武东南及西南地区阻击国民党军廖耀湘兵团西援锦州，而后协同兄弟部队在黑山以东地区围歼廖兵团，歼灭国民党军1.7万余人，生俘新编第一军中将军长文小山。这让五纵开始崭露头角。

1948年11月，中共中央军事委员会统一全军编制及部队番号，第五纵队改称中国人民解放军第四十二军，万毅任军长，刘兴元任政治委员，吴瑞林任副军长，唐凯任副政治委员，郭成柱任政治部主任。第十三师改称第一二四师，第十四师改称第一二五师，第十五师改称第一二六师，东北军区独立第九师调归该军建制，改称第一五五师，全军已有4.7万余人。

## “不怕一万，就怕万一（毅）”

1955年被授予中将军衔的第四十二军首任军长万毅，是一位经历十分传奇的战将。

他的军事生涯是从东北军开始的。1929年，万毅考入东北军陆军军士教导队。毕业后，在张学良司令部副官处当上士，后被录用为张学良副官处少尉副官，在沈阳北大营任过军械官。后又考入第九期东北讲武堂，考试成绩在2000名学员中名列第一，张学良为此特奖给他一块怀表和一把指挥刀。东北军进行军制改革时，张学良悬赏征集“标准连长”方案，他的应征文章又获第一名，张学良奖给他一支新式派克笔。1930年他被分配到东北陆军第二十旅当了少校团副。不久，东北易帜，张学良就任国民政府陆海空军副总司令，万毅随同去了南京，任张学良卫队少校营长。

1935年，万毅担任东北军一〇五师三旅七团代团长。与红军作战时，他的一个连队被红十六师包围，他率一个营突破红军警戒线，打进包围圈，救出了这个连。而国民党中央军八十五师赶上去试试身手时，反被红十六师打了个落花流水。

万毅再一次引起张学良的注意。6个月后，张学良把他调到总部工作。1936年，29岁的万毅被破格提拔为东北军最年轻的团长。

西安事变后，万毅认为张学良把蒋介石扣留后又亲自送回南京是不对的，他大发感慨，说张学良“未免太重义气了”。不久，万毅被反动当局扣押，后被逮捕入狱。

卢沟桥事变后，大敌当前，急需用人，万毅因此而获释，出任东北军第五十七军六七二团上校团长。曾参加南京保卫战，全团战没，只身幸免。同年3月秘密加入中国共产党，成为中国共产党特别党员。

徐州会战时，万毅率部攻打圣宫山，重创日军，缴获甚多。徐州失守后，万毅率部转战连云港，在孙家山滩头抵抗日军登陆，收复大桅尖阵地。随后，他又率部夜袭合肥机场，炸毁敌机4架、装甲车2辆，这时他首次与新四军取得了联系。随后，他们回师苏北，袭宿迁，打归仁集，守罗圩子，消灭了大量日军。日伪军中开始有了“不怕一万，就怕万一（毅）”之说。

1940年年初，万毅任东北军第五十七军一一一师三三三旅代旅长。其间，他组织领导了“九·二二”锄奸运动，将反共和勾结日军的军长缪澄流赶出部队。此事惊动了国民党军高层，万毅被逮捕，关在鲁苏战区监狱。

颇为传奇的是，万毅面对所谓审判，竟然把审判官变成了被审判者。就在当局等待蒋介石处决万毅的电令时，万毅居然在看守的眼皮底下，从严密控制的监狱逃了出来。

万毅跑到了一个小村庄，在村长的引导下，来到了八路军山东纵队二旅六团三营九连驻地。二旅旅长孙继先和政治部主任孙繁彬接待了他。

1943 年 1 月，以东北军一一一师为基础改编的新一一一师，成为共产党领导的一支人民武装。7 月，山东军区授予其番号为八路军山东军区滨海支队。万毅任滨海军区副司令员兼滨海支队支队长，王振乾任支队政委。

后来，万毅指挥部队打了石井伏击战，冰天雪地中歼灭日军一个中队。在后来的一次战斗中，敌人的子弹从万毅的一侧腮部打进，从另一侧腮部打出，牙床被打得粉碎，七颗半牙被打掉。当时援华的奥地利医生罗生特为他做了手术。他对万毅说："伤势不要紧，今后你会变得更加漂亮，因为你多了个酒窝。"万毅也因此被称为"酒窝将军"。

万毅率部破袭津浦路时，生俘了日军少将原山方雄。从此，"不怕一万，就怕万一（毅）"的说法被传得更远了……

更为传奇的是，万毅在毫不知情的情况下，当选为中共第七届中央候补委员。刊登七大消息的《大众日报》送到部队后，老战友梁兴初对他说："老万，你看中央委员里还有一个姓万的，叫'万镒'，你好好干，也是大有希望的！"万毅当时也没在意，后来才知道，这个"万镒"不是别人，正是他自己，是《大众日报》把"万毅"错排成"万镒"了。《大众日报》后来还刊登了"更正启事"。

1945 年 8 月 9 日，毛泽东在延安发表《对日寇的最后一战》的声明，号召举行全国性的大反攻。为配合苏联红军在中国境内作战，接受日、"满"、伪军投降。8 月 11 日，党中央发出调万毅重返东北的第一份电报：

> 东北军万毅所部，由山东、河北现地，向辽宁进发。

8 月 20 日，毛泽东又为中央军委起草了给山东分局、平原分局、冀鲁豫分局并告晋察冀分局的电报，这是调万毅的第二道命令：

> 中央决定从山东调两个团（万毅支队在内），冀鲁豫调一个团，冀中调一个团，共四个团，归万毅率领开赴东三省。以上告知万毅，但勿在报上发表。

8月29日，中央又发出第三封电报：

山东干部与部队如能由海道进入东三省活动，则越快越好。

第二道命令下达时，万毅率领的滨海支队正在胶东前线与伪军作战，接到命令后，他立即和支队政委王振乾赶赴山东军区所在地大店山。罗荣桓对万毅说："你们把原东北军一一一师的干部集合起来，带到东北去发挥作用吧。"

山东军区立即组建了东北挺进纵队，任命万毅为司令员，周赤萍为政委，关靖寰为参谋长，王振乾为政治部主任。挺进纵队辖一、二两个支队，一支队由原滨海支队改建，二支队是由胶东军区特务营和滨海、鲁中军区各抽出的三个连组成。

兵贵神速，三天以后，他们从驻地出发，几经周折，劈波斩浪，在辽宁兴城钓鱼台上岸，踏上了东北大地。

中央之所以三次电令万毅率部去东北，一个很重要的原因是滨海支队是原东北军一一一师组成的。其实，此时这支部队成员已经大多是山东人了，东北人只有百人左右。

## 抗美援朝，打出军威

朝鲜战争爆发后，四十二军作为志愿军先头部队，于1950年10月16日开始秘密入朝，比其他兄弟部队早了三天。

出身红四方面军的"瘸子"军长吴瑞林，率领齐装满员的四十二军，奉彭德怀命令，昼夜兼程赶到长津湖附近地区，执行第一次战役中的东线阻击任务，负责阻击美第十军。

位于长津湖以南的黄草岭和赴战岭成了进行阻击的要点。美第十军由精锐的美陆一师、美七师、韩"首都师"、韩第三师等部队组成，在人数和火力上都远远超过四十二军。

10月25日上午10时多，以为当面之敌是朝鲜人民军，韩"首都师"

**某部指挥员在黄草岭阵地上指挥战斗**

大摇大摆地向黄草岭攻来，遭到四十二军迎头痛击。“首都师”又连续发动进攻，但都被击退。双方一直打了六天，韩“首都师”和第三师伤亡惨重，不得不退了回去。这时他们才知道，对面的“硬骨头”是中国军人——中国已经出兵参战！

11 月 1 日，美陆战第一师开了上来，他们用极为猛烈的炮火轰击四十二军的阵地，整个阵地上火光熊熊。然而当他们的步兵发起冲锋时，四十二军的勇士们从火光中跃起，死死顶住了美军的攻势。

美陆战第一师还没有遇到过这样顽强的对手，他们呼唤空军支援，同时调来更多的地面炮兵，强攻死打，要把四十二军的阵地化为灰烬。

吴瑞林军长采取主动防御的方针，灵活阻敌，避敌锋芒，打其弱点。到了夜里，派出小股部队，夜袭敌营，搅得美军不得安宁。还炸毁美军火炮和坦克 20 余门（辆）。他们白天守、晚上攻，就是不让美军前进半步……就这样顶了 13 天。直到 11 月 7 日，西线战斗胜利后，四十二军奉命撤出黄草岭地区。

黄草岭阻击战是四十二军战史上的辉煌。在 13 天作战中，杀伤美军、韩军 3000 余人，同时也付出了 1800 余人伤亡的代价。三七〇团四连两天之内打退敌人 20 次进攻，歼敌 250 余人；三七一团四连坚守烟台峰阵地。

志愿军战士在黄草岭阵地上修工事

在整个抗美援朝作战中，四十二军战果辉煌，共歼敌2.8万余人。涌现出了“黄草岭守备英雄连”“烟台峰守备英雄连”“三八线尖刀英雄连”“石城岘英雄连”和关崇贵、安炳勋、员宝山等一批英雄单位和个人。

四十二军在朝鲜战场上的表现，军长吴瑞林向毛泽东汇报朝鲜战场的情况时，有详尽的叙述。

那是1951年5月下旬，中共中央、中央军委要志愿军副司令员邓华率第一批出国赴朝作战的三十八、三十九、四十、四十二军四位军长回国汇报，吴瑞林便有了被毛泽东单独召见的机会。事后，他有如下的回忆：

毛泽东握住吴瑞林的手说：“你太瘦了！我听说你在战场上累得吐了血，是怎么回事呀？”

吴瑞林：“那是内伤，过去的伤口破裂而出血，经治疗现在已经很好了。”

毛泽东又问：“是突破‘三八线’时伤口破裂的吧？能坚持吗？”

“是的，当时我虽然吐了血，但对群众采取保密，下面干部都不知道。当时彭总都把他的药送给我了，以后军委和东北军区专门送药给我。突破‘三八线’时，我坐着担架指挥战斗。”

毛泽东说：“正是有了你们这些同志坚持指挥战斗，我们什么也不怕了。”

吴瑞林汇报了对抗美援朝的认识，讲起入朝作战在军事方面做的准备工作。谈对付敌人空中优势，志愿军采取夜战、近战、不良气候条件下作战；对付敌人坦克、装甲车，则依靠地形地势，利用爆破箱、小包炸药等我军传统战法。当谈到对付敌整体装备优势的炮兵，采取集中火力重点使用，将劣势变成优势时，毛泽东说："好呀！你们抓住了要害，解决问题具体，方法对头，这是我们的优势嘛！"

当吴瑞林说到教育部队要尊重朝鲜人民的风俗习惯，要尊重朝鲜的领导，团结朝鲜人民军队，才能取得胜利时，毛泽东又说："这又是你们抓住了更重要的要害呀！只要坚决地坚持下去，就能打败美帝国主义及其帮凶军呀！"

在谈到对付敌人的毒气战时，他说会每人准备一块手巾大的纱布或白布，用水浸湿捂在口鼻和眼睛上；在山上如无水可取，则可用尿代替。他还讲起在抗日战争中曾用尿当水来防毒气的经历。毛泽东称赞说："我们的老同志有经验嘛，这种办法要及时往下传达，这很好。土办法对付洋东西，这是我军的光荣传统嘛！"

毛泽东问："过鸭绿江，你们军在一夜之间，三个步兵师、一个炮兵师和运输车辆都过去了。远的，过江后还前进了六七十里，近的也走了三十里，你们是怎么这样快过桥的呢？"

吴瑞林说："过江前，我和副军长看了三天地形，了解到步兵从火车道上走障碍多，步伐很慢，我们就设法把木板搭在枕木上，与铁轨镶平，用爪钉钉住，火车通过没有问题，步兵四路纵队通过也没有问题，一个团40分钟就过完了。另外，我们还在江水浅的地段用石条铺水下桥，桥头两面伪造公路，修一段伪装一段。车辆马匹从水下桥通过，可以防空袭。万一桥被炸，也可从水下桥上通过。做了两手准备。"

毛泽东听后大笑道："好呀！好呀！北朝鲜江河多，均可采用。这个办法现在可用，将来也可以用，这就叫天无绝人之路嘛！"接着，毛泽东饶有兴趣地问："我从电讯上看到你在公路上炸石头，炸毁、炸伤敌人的坦克车十余辆，你说说，是怎么回事啊？"

吴瑞林说："第一次在黄草岭作战，敌人出动坦克沿着山边的公路向我们进攻。我想起在抗日战争期间，看见过日本鬼子修公路炸石头。我就采用了这个办法，叫工兵在山缝中塞上小包炸药，扩大口子，再装上200

公斤炸药，电发火，用电话机起爆。飞起的石头一下子炸毁敌人坦克车 5 辆，炸伤 8 辆，敌人不知道我用的什么战术和新式武器，地面部队五六天不敢行动。第四次战役在三个不同的方向（龙头里、元宝山、中元山）都使用这种方法，炸坏了敌人大批坦克。”

毛泽东点点头说：“美帝国主义有飞机、大炮、坦克的优势，我们有山头，有石头嘛！”他手指着吴瑞林的头继续说：“还有这几千、几万、几十万的头脑嘛，这就是我们强大的优势。”

毛泽东拿起吴瑞林递给他的两份表格说：“我看了这两份表，你们打了近三个月的防御战役，还有两万九千人啊，还有一个两千人的完整团呀。”

吴瑞林说：“这是主席的《中国革命战争的战略问题》的教导嘛。”

毛泽东问：“你保持一个两千人的完整团的意义是什么？”

“我当时考虑留这个团的作用有二：一是防止敌人空降，防止敌人从海上偷袭登陆，保证侧翼安全；二是万一哪个地方出了漏洞，就用来补漏。”

毛泽东说：“好嘛，打仗要有预备队，以防万一嘛。你考虑得很细、很好呀！高级指挥员要有各种应变能力，这是非常必要的。”

毛泽东说：“你军单独在东线执行任务，而且任务很重，你们建议，留后梯队师守熙川以南的妙香山，你是怎么考虑的？”吴瑞林回答：“熙川是个战略要地，是三条铁路交叉的交通枢纽，其中两条直通我国边界，另外一条通元山、咸兴到清津，也与我国边界有联系。若敌人的机械化部队占领了熙川，则直接威胁我东西两线作战，也威胁到我国辑安（今集安）、临江两条战略运输线。因此，我建议留后梯队师守住妙香山，同时建议预备军开上去接替。我后梯队师直接控制这一战略要地，将使敌人无法破坏我东西两线联系。我正面虽然少了一个师，但地形对我有利，我既可节节抗击敌人，又可保证两条铁路供应线的安全。”

毛泽东说：“高级指挥员在现场了解情况，若遇威胁全局的问题，就应当机立断，这是非常重要的，我立即批准你的建议。兵法曰‘将在外，君命有所不受’哟。这是个带有全局性威胁的问题，又是个有战略意义的大问题。你这次一面执行，一面报告，不是等批了再执行，这样做是对的，不然就会耽误了大事呀。”又说：“我要你军派一个营，控制小白山制高点，你们也执行得很好。控制要点，是兵家常识。战争中，敌人控制了战略性的制高点，对我们则十分不利呀。对了，你向彭老总建议，要九兵团留一个团控制协汗岭，作用是什么？”

吴瑞林说：“协汗岭比小白山还重要。小白山离作战区远，对九兵团执行任务影响不大。协汗岭是在总司令部署范围之中，利于守而不利于攻，假若敌人占领，用一个营加榴弹炮控制，九兵团很难执行围歼敌人的任务。而且此处又是东西南北公路的交叉点，也威胁熙川铁路，控制它，既可保护战略要点，有利于九兵团在协汗岭以东的长津作战，又有利于我东西线的联络。”

毛泽东说：“你是在实地看到的，我们是在地图上才看得清楚，彭老总立即采纳了你的意见，九兵团也执行了，很好哇！”

说着，毛泽东站起身来，在屋中边踱着步边说道：“一个高级指挥员，既要坚决执行命令，又要善于根据当时当地的实际情况提出改进部署的建议，这才是很好地执行命令呀！这是我们高级指挥员必须注意的重要问题嘛！我从来就主张，指挥员依据实际情况，做出切实可行的决定。”

这时，毛泽东扭转身子，问吴瑞林：“我听说从敌占区找回来的朝鲜人民军部队指挥员，都想找你谈谈，是怎么回事呢？”

吴瑞林回答说：“那是因为我熟悉他们的干部比较多，时间也长些，他们想找我了解我们志愿军的情况。他们想知道，我们支援他们参战，是长期的还是短期的。对此，他们心中没数。我是根据彭总的指示，和他们30多个师团级干部、4个军级干部谈了话。这些人中，有我在三个不同时期认识的三批人，他们都认识我或者知道我。”

“噢，你说在三个不同时期，是怎么回事呀？”

“第一批是在1945年，我们刚从山东到东北的安东时，在那里招收学生办军队的学校，萧华同志叫我兼任校长，一下子就招收了1600多人，其中有朝鲜族学生600多人。我一个星期抽时间去讲一两次话。金日成同志回国路经安东时，我根据中央指示曾向他汇报过，后来他派崔庸健副总司令来看望这些朝鲜族学生，他们感到很好，就把这批人要回去了。第二批是我们到东北后，组建了一支朝鲜族的队伍，支队长是李红光，有6000多人。这支部队全副武装，很能打仗，后来金日成同志将该部队要去改编成为五军团。第三批是中央军委曾把各野战军的朝鲜族同志集中起来整编成立了一个加强师。我军那时驻河南郑州。因为其中朝鲜族人原属四野的最多，四野首长把此任务交给我军担任。这个师共编了四个步兵团、一个炮兵团、一个技术营。我给他们讲过几次话，所以认识我的各级干部都有。”

“这很好嘛！这对朝鲜人民军的建设是起到了一定的作用嘛。”

“可是就因为我去执行这项任务，却耽误了直接指挥在新仓里消灭美骑一师一个团的穿插任务。”

“一个团是战术问题嘛，而与人民军干部谈话，要他们回去找部队，这是个战略性的任务哇！你执行彭总的指示是对的，是有重要意义的。”

接着，毛泽东又语重心长地说：“我们中朝人民是一家，中朝军队也是一家。我们战争时期，他们与我们一起战斗，包括金日成同志不也是在东北参加战斗的吗？所以说中朝人民是一家人，这是群众的称呼，群众的语言，是有根据的。你不是派了一个副师长去当顾问吗？中央感到很好，你们今后要坚持下去。”

接着，毛泽东和吴瑞林讨论起抗美援朝作战的艰难程度。吴瑞林讲到有时弹药供不上，有时衣服穿不上，有时粮食吃不上，就发动群众自己打草鞋，自己做棉袜子，打垮了敌人，用缴获补充自己，保持战斗力。毛泽东感叹地说：“是啊，抗日战争时期不是有个歌，‘没有吃，没有穿，自有那敌人送上前’吗？这在红军时期是如此，抗日战争也是如此，解放战争还是如此，抗美援朝也是这样嘛！”

当吴瑞林谈到穿插成川是不得已被迫走的一着险棋时，毛泽东说：“当时感到有点儿冒险，但亦考虑到，这一行动，不仅使清川江敌人动摇，而且把平壤的敌人也动摇了。果然未出所料，使敌人全线崩溃，向‘三八线’溃逃，故而彻底打破了麦克阿瑟“圣诞节在鸭绿江饮马”的梦想。所以说，有条件时，冒险也可起到决定性的作用。当年我在陕北，全党、全军都很担心，打电报问，我回电说：‘稳如泰山，放心好了！’”

吴瑞林又讲到四十二军和六十六军突破“三八线”，把主攻方向放在天险道城岘，也是做了两手准备的。当时主要突击部队由四十二军的两个师和六十六军的一个师组成。主要突破点——天险道城岘是个强点，也是个弱点。所谓强点就是一条羊肠小道，上下都是陡岩，三个师和军指挥部都要从这一条小道通过，而且要从冰上爬上去，难度极大。但此处敌人的工事薄弱，无铁丝网、地雷，无防御工事，只在山口修了一个炮楼；又是敌人两个师防御的结合部，敌人很麻痹，抓了很多北部的妇女在那里寻欢作乐。我们的侦察员曾两次在敌人的炮楼下观察两个多小时，敌人均未曾发现。战前，突击部队在冰路上搞爬雪山冰坡的训练，准备了谷糠，每人带一包，边走边撒，以起到铺路防滑作用。万一道城岘突破不成，在主攻点 7.5 公里的地段，还有三个师可以打进去。

毛泽东听后，微笑着说："好呀！你的准备工作做得细致。敌人认为我无飞机，吹'不可能突破'的牛皮，被你们给彻底粉碎了。俗语说，世上无难事，只怕有心人。我们长征时，过大渡河、腊子口时，蒋介石就说我们会步石达开的后尘，但被我们红军突破了。是你们军首先突破敌人号称铜墙铁壁防线的'三八线'。你们突破'三八线'，再一次证明，任何天险，只要认真对待，就能克服。以后你们要好好总结经验，教育部队。"

接着，当毛泽东讲到如何理解和贯彻积极防御的战略思想，在今后的抗美援朝战场上采用"零敲牛皮糖"的方针，进行杀伤战、消耗战时，吴瑞林说："抗美援朝战争往战略上看，我们是防御的，战役、战术指导思想是积极防御，而不是消极防御。我们在出国作战集结准备时，就组织各级干部学习，强调在敌强我弱的情况下，如何贯彻执行杀伤敌人的战术。第一次战役就采取正面守侧面攻，以后的战役运用得更多些。在第四次战役中，致使敌人每天只能前进 0.75 公里。再就是打反击杀伤敌人。大的反击，如反击横城、砥平里、原州；小的反击，在我军近 35 公里的正面防线中，差不多天天有。我们吃掉敌人一口就走，一夜之间，在好几个地方袭击敌人。这是我们杀伤敌人的战术。采取积极防御杀伤战术，我军伤亡一人，敌人就要付出三至四人的代价。"

毛泽东说："好呀！我想的就是杀伤、消耗敌人的战术嘛！"当吴瑞林讲"这也是被敌人逼出来的"时，毛泽东说："逼出来的也好嘛，我敢与蒋介石作战，敢与日本人作战，都是被逼出来的。我们的所有对策都是被逼出来的，我们干革命也是逼出来的。中国人民头上有三座大山压顶，因为压迫得没有办法生存，就得闹革命，逼迫人民闹翻身，逼迫人民起来推倒三座大山。我去重庆，不是被逼迫的吗？抗美援朝，是美国人逼出来的哟！"

毛泽东和一个军长谈兵论战三个多小时，这在全军野战军的军长中是少有的。正如毛泽东后来谈到的:“我与吴瑞林谈了三个多小时，他讲得实在、具体、生动，符合我军历来的‘伤其十指，不如断其一指’的方针。”

## 驻守岭南，再创辉煌

1952 年 11 月，中国人民志愿军第四十二军奉命回国。朝鲜人民的领袖金日成亲自举行宴会为他们送行。这在野战军中也是不多见的。归国后，四十二军调防华南地区，从此岭南就有了雄师镇守。

1979 年南疆自卫反击战中，第四十二军是东线的主攻部队。在失去友邻配合的情况下，他们单独对敌方最大的城市发起攻击，横扫对方最精锐的陆军第三〇八师的防线，追过奇穷河，出色完成了主要战役任务。

1985 年中国军队整编，陆军第四十二军改编为第四十二集团军，部队实力得到了充实，装备进一步改善，战斗力进一步增强。

香港回归前夕，中央军委组建驻港部队步兵旅。经过严格的考核和综合对比，从第四十二集团军抽调四个步兵营、一个团机关，和第四十一军“塔山英雄团”的一部，组建了中国人民解放军驻香港部队步兵旅，进驻香港，代表中华人民共和国行使主权。这是第四十二集团军的光荣，也是党和人民的信任。

1998 年夏，长江发生特大洪水，第四十二集团军应声而动，奉命奔赴湖北荆江抗洪抢险，与洪水英勇搏斗。之后，某团四连被中央军委授予“抗洪抢险英雄连”称号。

党的十八大以来，第四十二集团军按照“能打仗、打胜仗”的要求，在军政训练中取得了可喜的成就。2012 年 12 月，习近平就任军委主席以后首次到一线部队视察，就来到了第四十二集团军。习主席仔细看了他们的训练，和官兵促膝交谈，对他们按照实战要求练精兵的做法给予了充分肯定。

LUZHANZHIHUN
ZHONGGUO WANGPAI
JITUANJUN

# 血火锻造出铁军

## 中国人民解放军第四十七集团军

中国人民解放军第四十七军整编为第四十七集团军的时候，笔者正在为开国上将萧克将军编辑他的长篇小说《浴血罗霄》。有一天，笔者问他：“您小说中的原型是哪个部队？”老将军回答说：“是湘赣苏区的红十七师。”笔者又问：“这个部队现在在哪里？”他说：“部队南征北战，编来编去，多次转隶，如果找老底子，是现在驻临潼的四十七军。”

## 浴血罗霄的老部队

萧克将军所说的“老底子”，是指中国人民解放军第四十七军一三九师。它最早被称之为师，是 1930 年 10 月——湘赣革命根据地红军独立第一师。两年之后，该师编入红八军，改称第二十二师。1933 年 6 月，编入中国工农红军第六军团，改称第十七师，师长由红六军团军团长萧克兼任，蔡会文任政治委员。

萧克带领这支部队，参加了保卫湘赣苏区作战，特别是蒋介石对中央苏区进行第四次“围剿”时，他们奉中央的命令，进至茶陵县梅花山地区，与追来的敌军 3 个独立团展开激战，消灭敌人 800 多人，击溃了敌人。萧克将军后来回忆梅花山之战时说，这是从 6 月份以来战斗缴获最多的一次，对士气的提高、弹药的补给，有很大作用。

中央红军第五次反“围剿”失败后，这支队伍突围西征，经过 100 多天的浴血奋战，于 1934 年 10 月 24 日，在黔东印江县木黄与贺龙率领的红三军团（后改称红二军团）胜利会师。两支部队并肩作战，转战湘鄂川黔，有力地策应了中央红军的长征。

1935 年 11 月，红二、六军团开始长征。在敌人 130 多个团的围追堵截下，他们转战数省，过雪山，闯天险。1936 年 7 月编为红二方面军后，又进行了艰苦卓绝的西征，历尽千辛万苦，才到达会宁与红一、四方面军会师。

抗日战争时期，红军改编为八路军，这支部队被编为八路军一二〇师三五九旅。

1937 年 9 月，三五九旅开赴抗日前线（七一八团和师直留守陕甘宁边区）。当他们到达晋西北时，这里的国民党驻军早已落荒而逃，岢岚、五寨、宁武、偏关、河曲、保德等七个县城先后沦陷。一二〇师主力先是收复晋西北七城，后又参加灵丘、广灵阻击战，邵家庄伏击战和上、下腰涧等战役战斗，并配合第一二〇师主力粉碎了日军多路围攻。直到 1939 年 9 月，才奉命返回陕西绥德地区，担负保卫陕甘宁边区的任务。

## “南泥湾”显精神

郭兰英一曲《南泥湾》曾唱红了大江南北。歌中唱道：“……三五九旅是模范，咱们走向前，鲜花送模范!”这个模范的三五九旅，就是四十七军的主要前身。

南泥湾的故事发生在抗日战争最艰苦的时候。由于日寇的疯狂“扫荡”和国民党的严密封锁，中国共产党和军队的大本营延安遇到了极大的困难。陕甘宁边区军民已经到了无法维持正常生存的状态。为此，毛泽东提出了“发展生产，自力更生”的指示。

扬场

就是在这样的情况下，王震奉命率三五九旅开赴延安东南 45 公里处的黄龙山下的南泥湾，守卫延安南大门，搞开荒生产和部队训练。王震在全旅誓师大会上挥动着拳头，喊出了“一把镢头一支枪，生产自救保卫党中央”的口号。

“当年的南泥湾，处处是荒山，没呀人烟……”这里纵横百余里，满目荒凉，是名副其实的

“烂泥潭”。部队没有房子住，王震就和大家一起搭草棚子；没有粮食，就跑到 50 公里以外的供应站扛粮食；没有菜吃，王震带领大家上山寻野菜、采蘑菇；缺少农具，王震和战士用废铁和弹片打制。

也有人想不通，说：“我们当兵是来打日本鬼子报仇的，不是来种地的。要种地，回家就行了！”还有的说：“种地搞生产受苦受累，不如在前方冲锋陷阵打鬼子光荣。”为此，旅部开办了学习班。王震说：“我们现在搞大生产，就是为了保卫和建设边区，为了坚持抗战，是与日寇直接作战一样光荣的事。”

中共中央、中央军委对三五九旅开展大生产运动的情况极为重视，毛泽东、朱德、周恩来、任弼时、彭德怀、贺龙、叶剑英、聂荣臻、徐向前、林伯渠、董必武等先后亲临南泥湾视察，给他们鼓劲儿加油。

当时旅部下达的指标是每人开荒 6 亩，一年实现粮食部分自给，两年实现半自给，三年自给有余。通过第一年的艰苦奋战，全旅共垦荒 1.12 万亩，收获细粮 1200 余石（每石 274 斤）、蔬菜 164.8 万斤，每百人养猪 20 头，做到了经费自给 78.5％（包括衣服、油、盐、津贴、杂支等），超额完成了一年部分自给的指标。后来他们还开办了棉纺、毛织、被服和制鞋、制袜等工厂，除按规定领取的被服鞋袜外，全旅每人还领到了一条新

**八路军战士在纺线**

毛毯和一套黄呢军服。驻地的草棚也都建成了窑洞，指战员们的生活得到了很大的改善。

1942 年 2 月，王震兼任中共延安地委书记和延安军分区司令员，仍常住在南泥湾，只要一有空，就参加垦荒和劳动竞赛。毛泽东特为王震题词“有创造性”，称其是“生产模范”。同时，王震还被边区政府评为劳动英雄。副旅长苏进、副政治委员王恩茂，补充团团长苏鳌，第七一八团团长陈宗尧、政治委员左齐等也都表现突出，受到毛泽东和边区政府的表彰。

到 1944 年，三五九旅开荒种地达 26 万亩，收获细粮 3.6 万石，还种了大批瓜果蔬菜。除供应中共中央和中央军委各总部及部分兄弟部队外，全旅指战员人均吃到 20 个西瓜、一筐甜瓜。毛泽东得知后，极为高兴，他给王震的信中说：“士兵生产收入全部归公不好，应当公私兼顾。”王震按照毛泽东指示，立即召开分配工作会议，决定将剩余的粮食归部队和个人平分。分给个人的，可以卖钱寄回家去，也可存入边区银行或入股投资生产建设。这一决定，得到广大指战员的热烈拥护，进一步调动了大家的生产积极性。

经过三年时间的开荒耕种和建设，昔日的“烂泥潭”真正成了“陕北的好江南”，得到中共中央、毛泽东以及边区政府和人民群众的高度评价和赞扬，也被外国记者称为“荒野里产生的神奇”。

1944 年 11 月，三五九旅先后分两批组成南下支队，向华南敌后挺进。1945 年 8 月，第二支队（刘转连任司令员，晏福生任政治委员）奉命北上河南孟县地区。10 月，他们进至辽宁辽阳地区，扩编后恢复第三五九旅番号，直属东北民主联军总部。解放战争初期，三五九旅参加了抚顺及北满剿匪、三下江南、东北夏季攻势等战役、战斗。1947 年 1 月，这支部队改编为东北民主联军独立第一师。

## “宁当鸡头，不做牛尾”的纵队司令

在军史馆里，可以看到东北民主联军总部的一份命令：“着以独立第一师、独立第三师、东满独立师编成野战军第十纵队，下辖二十八师（独立第一师）、二十九师（独立第三师）、三十师（东满独立师），并以独一师在勃利的后方机关及东满吉敦军分区直属机关作为编成纵队直属机关之基础。任命梁兴初为第十纵队司令员，周赤萍为政治委员，刘型为副政治委员兼政治部主任，黄炜华为纵队参谋长，黄一平为纵队第二参谋长，王励为纵队供给部长，周吉安为纵队卫生部长。”看不到的，则是命令背后的一段故事。

1947 年 8 月，东北民主联军六纵副司令员兼十六师师长梁兴初，奉命来到东北民主联军总部。他不知道林彪、罗荣桓把他召来有什么事情。

一见面，罗荣桓就告诉他：独一师和独三师，都是三五九旅的老底子，不能老当独立师，总部考虑把这两个师再加东满独立师，组建第十纵队。

罗政委说的独三师，是 1945 年 8 月冀鲁豫军区、第三五九旅先遣队和太行区的部分骨干扩编成立的长春保安总队。曹里怀任总队司令员，刘居英任政治委员。总队成立后，主要战斗在长春、吉林附近地区，曾参加了北满和西满剿匪及解放长春、三下江南、夏季攻势等战役、战斗，共歼敌近万人，此时番号为独立第三师。

所说的东满独立师，是 1947 年 2 月 1 日在吉林省桦甸县桦树林子组建的东北民主联军东满独立第一师，师长赖传珠，政治委员唐天际。该师主要活动于东满地区，曾参加了吉林以东地区多次战斗，东北夏季攻势和吉林、长春以南地区的战役、战斗等。

罗政委又说：“让你去十纵当副司令员，要把这支部队带成能打硬仗的部队。”

梁兴初问：“这是组织决定，还是征求我的意见？”

罗荣桓问：“你有什么意见？”

梁兴初说：“我不去。如果让我去，就把那个副字拿掉。”停顿一下又说：“我是宁当鸡头，不做牛尾。”

梁兴初走后，罗荣桓说：“这个梁兴初就这脾气，让他当一纵副司令员，非要兼一师师长不可，到六纵当副司令员，又要兼十六师师长。”

一直在踱步的林彪，停住脚步说了一句：“宁当鸡头，不做牛尾。就让他当这个鸡头。看他这个鸡头到底如何。”

1947 年 9 月 10 日，东北民主联军第十纵队在吉林省敦化组建，司令员梁兴初、政治委员周赤萍走马上任。他们立即参加了东北民主联军向国民党军发动的东北秋季攻势，参加大小战斗 19 次，攻克了吉林、德惠、中固等据点。1947 年年底至 1948 年年初，第十纵队参加了东北民主联军发动的东北冬季攻势，攻克了开原等城镇。

## 血战黑山、大虎山

辽沈战役发起时，第十纵队从开原、昌图地区出发，奉命指挥第一纵队第三师、辽南独立第二师、蒙古骑兵师，进至新立屯以南地区，组织运动防御，截击由沈阳西援锦州之敌；而后进至黑山、大虎山，阻击国民党军廖耀湘兵团。

国共双方指挥官——廖耀湘和林彪都把目光集中到了黑山、大虎山这个地方。

北宁线和大连到郑家屯的两条铁路、沈阳到锦州的公路都从此穿过，是沈阳到锦州的唯一通道。而黑山、大虎山就像是这条通道上的两扇大门，廖耀湘的西进兵团无论进退都必须经过这里。

10 月 23 日，廖耀湘西进兵团到达黑山、大虎山地区。当天就和我军争夺 143 高地，十纵连续打退国民党军五次集团冲锋，抗击了整整一天，守住了阵地。

10 月 24 日，黑山阻击战打响。廖耀湘集中七个师的兵力，在 200 余门火炮和 200 余架次飞机的火力支援下，发动全线攻击。青年军第二〇七师三旅和有“国民党军之花”之称的新六军一六九师向黑山以东的高家屯一线实施主要突击，以七十一军、新一军共四个师向黑山以北尖山子一线实施辅助攻击，以新六军的新编第二十二师向大虎山迂回。

梁兴初坐镇二十八师，在主要方向上坚守 101、92、90 高地，仗打得天昏地暗，二十八师修好的工事毁而再修，阵地失而复得。

关键点在 101 高地。国民党军发射的炮弹如同雨点般密集，平均每平方米就落弹一发（战后在山上留下的弹坑多达 6600 余个）。坚守 101 高地的第二营，抗击整整一个旅的国民党军，进行了五次白刃肉搏，最后全营仅剩 80 余人。10 个小时后，101 高地和高地以北的 62 高地都相继被国民党军占领……

梁兴初虎着脸，命令部队进行反击，二十八师师长贺庆积到八十二团指挥反攻，冲上去被压下来，两次反击均未得手。天黑前，二十八师组织第三次反击才夺回了阵地。一天激战，廖兵团没有能够前进一步。

10月25日，廖耀湘集中所有重炮，支援三旅和一六九师继续攻击黑山。梁兴初命令说："今天就是一句话，死守阵地，坚决保住101高地！"

国民党军新六军也下了死命令，必须于当天占领黑山。在表面工事几乎都被炮火摧毁的情况下，敌一六九师组织了敢死队和军官突击队，拼死猛攻，在中午时分占领高地侧后的贺家洼子小高地，以此为依托向101高地发动攻击。十纵八十二团立即组织预备队出击，夺回小高地。

敌一六九师孤注一掷，集中两个团以波浪式集团冲锋攻击101高地，此时高地上我军仅剩百余人，寡不敌众，阵地再次失守。梁兴初用电话调来三十师一个营，要二十八师的所有预备队全部上来，晚6时发起反击，一举冲上高地，同国民党军展开白刃格斗，并命令全部炮火拦阻敌后续部队的增援，激战至天黑，重新收复101高地。

**东部野战军某部在黑山、大虎山地区与敌展开激烈战斗**

第三天，廖耀湘见正面攻击不行，又企图向右翼迂回，遭到刚刚赶到的我第八纵队二十二师阻击。直到拿下锦州，国民党军在十纵主阵地前未能前进半步。这为主力北上围歼廖耀湘兵团赢得了宝贵时间。在三天的激烈拼杀中，我军在黑山伤亡 3400 人（阵亡 751 人），国民党军伤亡 8000 余人。

廖耀湘兵团放弃夺取黑山、大虎山计划，向营口逃跑，第十纵队奉命全线出击，追歼逃敌，重创国民党王牌军新一军、新六军、第七十一军等，歼敌 1.4 万余人，俘国民党军新六军军长李涛，并缴获大量武器装备，圆满完成上级赋予的作战任务。

从此，梁兴初便有了能打大仗、恶仗的美名。

梁兴初后来回忆说，黑山阻击战的激烈程度超过他参加过的任何一次战斗。

1948 年 11 月，第十纵队改称中国人民解放军第四十七军。梁兴初任军长，周赤萍任政治委员。第二十八师改称第一三九师，贺庆积任师长，晏福生任政治委员；第二十九师改称第一四〇师，叶建民任代师长，张百春任政治委员；东北军区独立第八师调归该军建制，改称步兵第一六〇师，王明贵任师长，邹衍任政治委员。全军共 5.6 万余人。

平津战役中，第四十七军担任改编傅作义部第二六二、第二九七师的任务。

1949 年 4 月，第四十七军向江南进军。7 月，参加宜沙战役。9 月，为配合第四野战军主力进军两广，在湘西大庸歼灭国民党军第一二二军一部，生俘军长张绍勋以下 5000 余人。10 月底，该军军部和第一三九、第一四一师奉命配合第二野战军第三兵团参加向川黔进军作战，和兄弟部队一道，解放重庆、涪陵、广安、邻水等地，俘川湘鄂绥靖公署副主任兼第十四兵团中将司令官钟彬和江阳舰队中将司令官叶裕如等；第一四〇师留湘西执行剿匪与维护交通线任务。1950 年 1 月，第四十七军奉命返回湘西，执行剿匪建政任务。一年多的连续作战，剿灭了大大小小的顽匪，消除了湘西百年匪患。

# 不朽的雕像

一个民族要有自己的英雄，一支部队要有自己的楷模。第四十七军的英模是他们部队的，也是我们民族的、我们国家的。

说起四十七军的英雄，还要从小学语文课本说起。有篇课文叫《国际主义战士罗盛教》，插图是一名志愿军战士，边跑边脱下外衣，跳入冰河救朝鲜小学生的情景。小学生们也许知道罗盛教是舍己救人的英雄，但未必知道，他是中国人民志愿军第四十七军一四一师侦察队的文书，他所在的部队赴朝鲜参战后曾经血战临津江、夜月山，之后撤到龙化、成川地区整训。罗盛教就是在整训期间舍身救儿童的。他们更不知道，四十七军曾经重创美军骑兵第一师，鲜血染红老秃山，涌现出像罗盛教一样的郝志新、净成恩、马一钧、李太林、陈启瑶等许多战斗英雄……

1952 年 1 月 2 日清晨，参加整训的罗盛教和战友宋惠云一起去河边练习投手榴弹。旁边的河面已被冰雪覆盖，几个儿童正在河面上滑冰、笑闹。

忽然，传来了呼救声，有人掉进冰窟窿了！罗盛教抓起自己的帽子往地上一扔，直冲过去。他一边跑一边飞快地脱掉身上的衣服，纵身跳进了冰河里。钻进水里，罗盛教努力向落水的孩子游过去，将落水的孩子托出水面。那少年两臂扒住冰面往上爬时，“哗啦”一声，冰又塌了，少年又落入水中。这时罗盛教的体力已消耗殆尽，他又一次潜入水中，用头和肩膀将少年顶出水面。战友宋惠云将一根电线杆拖到河边，少年抱住电线杆被拉上了岸。但当人们再把罗盛教救出来时，他已经听不到人们的呼唤了。

罗盛教

全村老百姓都赶到了河边，沉

痛哀悼这位年仅21岁的志愿军战士。村民们将罗盛教安葬在村庄边的佛体洞山。1952年2月，中国人民志愿军政治部为罗盛教追记特等功，同时授予“一级爱民模范”“特等功臣”的称号。中国新民主主义青年团中央委员会决定追认罗盛教为“模范青年团员”。1953年6月25日，朝鲜民主主义人民共和国最高人民会议常任委员会授予他一级国旗勋章及一级战士荣誉勋章。

四十七军的另一位英雄更是声名远扬。新时期以来，中央军委决定，每一个连队都要悬挂八位英雄画像，而邱少云严守纪律的英雄形象就在其中。邱少云所在部队是由原十五军、十九军转隶四十七军的，同样也是四十七军的骄傲。

川娃子邱少云，13岁那年被国民党军队抓去当兵，1949年12月参加中国人民解放军。1951年参加了抗美援朝。1952年10月，邱少云壮烈牺牲后，部队党委追认他为中共正式党员。同年11月6日，中国人民志愿军领导机关为他追记特等功。1953年3月，他被安葬在沈阳市志愿军陵园。6月1日，邱少云被授予“中国人民志愿军一级英雄”称号。

在四十七军的军史馆里，还有一座雕像——跃身勒住马头的欧阳海。这座雕像曾经是金敬迈先生所写的《欧阳海之歌》的封面。这部小说印数达数百万册，一时间洛阳纸贵，人们争相传看。

欧阳海的故事发生在1963年11月18日早晨，驻湖南某部从野外拉练归来。一队炮兵战士拉着驮炮的战马，正沿着铁路东侧迎面走来。一匹驮着炮架的战马被突如其来的火车惊吓，突然跨上了轨道，站在路轨中间，战士猛拉缰绳，战马却纹丝不动。千钧一发之际，行列中猛然冲出一个战士，他奋不顾身地跃上铁路，抢在机车的前面，用尽全身的力气把战马推出轨道……然而，这位战士却倒在了无情的车轮下。这就是欧阳海！欧阳海因伤势太重光荣牺牲，年仅23岁。

1965年彭德怀被安排到西南三线建设委员会担任第三副总指挥，他在成都新华书店也买了一本《欧阳海之歌》。令人吃惊的是，这本书彭德怀一共读了三遍。全书共444页，他用红笔画了线的就有148页，写了批注的有80页，共1833个字。读到感人处他连连落泪，点点泪痕都留在了书页上。

2009年9月，欧阳海被评为“100位新中国成立以来感动中国人物”

之一。

1964 年，广州军区党委追授欧阳海一等功和“爱民模范”荣誉称号。1964 年 1 月 22 日，中华人民共和国国防部命名他生前所在班为“欧阳海班”，并号召全军指战员学习欧阳海同志全心全意为人民服务的崇高品质。朱德、董必武、贺龙、徐向前、聂荣臻、叶剑英等党和国家领导人分别题词，高度赞扬他的英雄行为。

LUZHANZHIHUN
ZHONGGUO WANGPAI
JITUANJUN

# 铁军中的铁军

## 中国人民解放军第五十四集团军

有研究者概括说，中国人民解放军第五十四集团军是“组建很晚，历史却很长，善与外敌作战，战果十分辉煌”的部队。而五十四军的将士们只说自己所在的部队是一支“铁军”——从 1924 年孙中山大总统府的铁甲车队叫起，一直到今天的重点建设部队。

## 周恩来拍板：“就叫五十四军”

朝鲜战争爆发后的 1952 年 10 月，中共中央军委决定，原第四野战军第四十五军和第四十四军各一部（四十五军军部、直属队、一三四师、一三五师，四十四军一三〇师）合编为一个军入朝参战。这是一次强强联合，两个军三个师的部队都经过血与火的考验，都有着闪光的经历。

四十四军的前身是抗日战争时期晋察冀的八路军第三纵队和新四军第三师，解放战争中编为东北民主联军七纵。抗战时期纵横冀中的马本斋“回民支队”就是这支部队的一部分。1942 年日寇发动惨绝人寰的“五一大扫荡”后，冀中主力部队陆续转入外线，其中有六个团由吕正操带领撤到晋绥根据地。抗战胜利后，根据朱德总司令的命令，吕正操带领约一个团的冀中子弟兵进军东北，出关后部队壮大为保一旅，后来编为邓华纵队的第一师，即东北民主联军第七纵队第十九师。邓华率十九师参加了血战四平街、锦州战役和天津战役，擅长城市攻坚战。平津战役后该师编为第四十四军一三〇师，南下进军广东。

四十五军的前身是红军时期的中华苏维埃共和国中央工农政府警卫团，也被称为“瑞金团”。长征前夕扩编为红一方面军第九军团，军团长就是著名的“奴隶将军”罗炳辉。在长征中，“四渡赤水”时单独活动于黔北川南，迷惑调动敌军，掩护主力顺利突破重围。1936 年奉中央军委命令，红九军团改编为红三十二军，与红二、六军团一起组成红二方面军，北上与中央红军（第一、三军团）会师陕北。抗日战争中编为八路军一二〇师三五九旅七一八团，后编为警备第一旅，驻守陕甘宁解放区的关中分区。抗战胜利后进军东北，编为热辽纵队，后改为东北民主联军第八纵队。组建不久，以弱胜强，取得辽西三战三捷，赢得秋季攻势的胜利。

在天津攻坚战中，一三五师率先一举突破民权门，而后全军以勇猛动作插入市区，与兄弟部队一起会师金汤桥，将天津南北守军一举割裂，赢得战役全胜。南下以后，在衡宝战役中，一三五师大胆插入敌后，拖住国民党军主力，为全歼李宗仁、白崇禧的桂系四个主力师起了关键作用，被刘伯承元帅称为“腰斩七军”。四十五军的官兵将胜利的红旗插上了镇南关（今友谊关）。

现在这两个军的主力合并为一个军，可谓兵强马壮。但也出现了一个问题：两军合并，用哪个番号？要知道，番号被取消就意味着这支部队在地球上消失了。在战争中，如果部队番号被取消，则是奇耻大辱。

四十四军的领导说，按排序，我们在前，番号应该用我们的；四十五军的官兵叫得更响，我们过来一个军部、两个师，当然要用我们四十五军的番号。争论报到军区，军区首长也难下决心，最后报到了中央军委。

主持军委工作的副主席、政务院总理周恩来把四十四军军长张才千、政委谭甫仁和四十五军代理军长丁盛、代理政委谢明叫到北京开会，专门解决这个问题。两支兄弟部队的领导都慷慨陈词。周恩来听完，笑了：“你们说的都有道理，希望自己的军番号保留嘛，无可厚非。其实这个问题不难解决，两个军的番号都可以保留！”

在场的人都看着他，不知道是什么意思。周恩来说：“我看可以这样，四十四军选你们一个‘四’，四十五军选你们一个‘五’，组成五十四军，这不是两个军的番号都保留了吗？”人们先是愣了一下，随即掌声响起，周恩来摆摆手说：“这叫皆大欢喜。”

1952 年 10 月，中国人民解放军第五十四军在广东惠阳正式成立，隶属中南军区建制，丁盛任五十四军首任军长，谢明任五十四军政委。

## 参谋长萧克：“他被称为丁大胆！”

当时新成立的五十四军为什么选丁盛为军长？有好几种说法。笔者访问过多位老同志，他们大都认为这和丁盛在衡宝战役中的作为有着直接关系。曾任第四野战军参谋长的萧克将军曾经跟我说过，丁盛当时被称为“丁大胆”，这支部队也被称为“铁军”。

1949 年 10 月，南下的解放军第四、第二野战军组成左、中、右三路大军，呈“大钳形”包围国民党军白崇禧集团 20 余万人。

白崇禧发现解放军南下后，急忙由耒阳、乐昌等地调兵加强衡宝沿线，企图迟滞解放军行动。林彪等人判断白崇禧有决战企图，遂令中路军暂停进攻，原地集结待命。同时令西路军由芷江东进至宝庆、祁阳地区。10 月 5 日晚，中路军主力接到林彪的命令，停止于衡宝线以北。

五十四军战史有如下记载：“10 月 2 日，一三五师向衡宝公路以南穿插，在永丰、青树坪一带与敌接触，迅即突破桂军一线阵地，继续向衡宝公路猛插。4 日晚，先头部队四〇三团占领衡宝公路上的水东江。因急行军途中顾不上架设电台，没有接到‘停止前进’命令，继续向衡宝公路以南挺进。5 日凌晨，一三五师全部通过衡宝公路，前卫进至衡宝公路以南的沙坪、灵官殿地区，犹如一把尖刀直插白崇禧集团的心脏。”

直到 10 月 5 日下午，一三五师师长丁盛和政委韦祖珍向第四野战军首长发电报，报告了所在位置。参谋人员指着地图上的“灵官殿”，向首长报告，这里是白崇禧设防的腹地！第四野战军参谋长萧克说：“这个丁大胆，简直是孙悟空，钻到牛魔王的肚皮里去了。”首长们都知道，这太危险了！一三五师突进到这里，如果被白崇禧发现没有后续部队，很可能会被白崇禧的几个师吃掉！

下午 6 时，四野指挥部越过兵团和军两级，直接给一三五师丁盛、韦祖珍发电报——这也是林彪在大战役中指挥作战的办法，越级指挥，对关键部位的师、团直接控制。电文如下：

（一）你师明日上午应在原地休息和待命，准备下午向湘桂路前进，于 6 日 12 时左右突然进至洪桥、大营市一线翻毁铁路。

（二）你们暂时归我们直接指挥，望告电台特别注意联络我们。

（三）目前敌后甚空虚，你们须采取机动灵活的独立行动，袭歼小敌，截击退敌。

战争中的情况千变万化。一三五师的突然出现，叫白崇禧摸不着头脑。他的判断是，这个师可能向南直插湘桂铁路。湘桂铁路可是部队机动

**第四野战军抢渡湘江向衡阳挺进**

的命脉，如被切断，部队想撤都难。白崇禧马上调一个师断一三五师的后路，调他的主力部队第七军两个师和第四十八军两个师从正面堵截，企图用五个师把一三五师吞下去。

丁盛收到四野总部电报时，部队正安排宿营。当天夜里侦察分队就有人来报告，前后左右都有国民党军运动。丁盛显得很冷静。他判断，如果撤退，路上肯定有重兵，这等于自投罗网。有人建议，立即构筑防御工事，抗击国民党军的进攻。丁盛经过慎重思考，下了一道命令："全师向前猛打猛冲！"

就在丁盛发出冲击命令时，四野指挥部里的人正在地图前研究如何找到一条路，让一三五师退出来。他们电文刚刚拟好，译电员送来了一三五师急电："我们前后都是敌人，部队正全力往前闯。"好一个以攻为守！好一个当机立断！一三五师三个团从不同的方向拼命向前冲击，把白崇禧五个师的部署全冲乱了。

白崇禧部署一乱，林彪的机会就来了，他对参谋长说："立即下令，各部队全线总攻。”停了一下又说：“给丁盛发电，要一三五师不惜代价，坚决挡住敌人，战至最后一人，绝不能后撤。”

四野参谋长萧克提议：“是不是给一三五师发一个嘉奖令？”林彪说：“可以，要他们一定顶住。”

收到野战军司令部（简称“野司”）的嘉奖令和严令时，一三五师各个阵地正打得不可开交，丁盛的师指挥所也临时改为救护所，上百名伤员挤在里面。丁盛立即把野司的嘉奖令迅速通知到每个连队，大大鼓舞了官兵们的士气，阵地上杀声震天，白崇禧的部队开始溃逃。丁盛抓住时机，通告各团：“敌人在我大部队打击下，正在夺路溃逃，四野首长要我师各部坚守交通要道，堵住敌人退路，打一个大的歼灭战。”

10 月 9 日拂晓，一三五师攻击到鹿门以西的官家嘴一带，一部到界岭一线堵截南撤的国民党军。下午，国民党军第七军军部率一七二师经黄土埔向西撤退，我一三五师四〇四团和四〇五团勇猛发起攻击，将国民党军第七军截成数段。

10 日 10 时，第四野战军部队全线总攻，一直打到晚上，白崇禧的北线部署全部被摧毁，国民党军第七军副军长凌云上也成了“铁军”的俘虏。

## 出国首战：金城虎威

1953 年 1 月 21 日，新成立的五十四军由广东惠阳出发，浩浩荡荡地向东北开进。2 月上旬，第一三〇师率先过江进驻朝鲜铁山半岛，担负抗敌登陆作战任务；军部和第一三四、第一三五师则在我辽东半岛抓紧作战训练，同时担负守卫海防的任务。

5 月 2 日，军部率第一三四、第一三五师大部队入朝，先是进至平壤附近地区，接替第三十九军防务，担负西海岸抗敌登陆及平壤地区反空降作战任务。6 月下旬，他们又接到命令由西海岸开赴金城前线，配属第二十兵团参加夏季反击战役。

志愿军的夏季反击战役从 5 月初就开始了。五十四军赶上了金城战役第三阶段。这次战役集中了志愿军第二十兵团的第二十一、第五十四、第六十、第六十七、第六十八军，加上配属的炮兵、工兵，总兵力达24万人。

6月23日，二十兵团召开作战会议。丁盛军长和谢明政委驱车赶到兵团司令部时，作战会议已经开始了。参加会议的战将有：二十一军军长吴咏湘、政委谢福林，六十军军长张祖谅、代政委刘瑄，六十七军军长邱蔚、政委旷伏兆，六十八军代军长宋玉琳、政委李呈瑞等。

杨勇的部署是：五十四军一三五师和六十八军二〇二师、六十七军全部组成中集团军。他们当面之敌是第八师和第六师一部。五十四军一三〇师和六十八军（欠一个师）组成西集团军，对手是"首都师"。丁盛和政委交换了一下眼色。看来要打的都是韩军，没有号称世界第一的美军部队。不过"首都师"是李承晚的主力，也不能小看。

杨勇司令员开始点名，"五十四军，你们打'首都师'怎么样?"丁盛回答:"没有问题，一定要打好这一仗。"

7月13日晚9时，志愿军1000余门火炮齐发，向对方防御阵地展开猛烈突击，一小时内即全部突破其前沿阵地。经过激战，中、西集团军全线突破，第五十四军所属部队在各自集团军内突入敌军阵地，完成了二十兵团规定的所有任务。

除第一三四师集结于洗浦里为兵团预备队外，第一三〇师配属第六十八军向梨实洞、北亭岭之敌发起攻击，第一三五师配属第六十七军由庆坡山向梨船洞、金城川之敌发起攻击。当日第一三〇师即攻占424.4高地及866阵地，第一三五师攻占了梨船洞、芦洞里等地。在志愿军的打击下，敌"首都师"、第六师和第八师遭受重创，1.4万余人被歼。

14日下午5时，志愿军首长鉴于战役第一步发展顺利，为贯彻"稳扎稳打"的指导方针，巩固既得阵地，电令第二十兵团以主力控制现占领线，准备粉碎"联合国军"之反扑，而以若干有力支队乘"联合国军"混乱之际，分别向南发展。中集团军的第一三五师一个团又一个营继续发展进攻，15日晨占领了602.2高地以南无名高地及后洞里。

志愿军向金城以南的战役进攻，对"联合国军"极为不利。"联合国军"总司令克拉克和美第八集团军司令泰勒飞抵前线，召开高级军官会议，组织大反攻，企图夺回失地。李承晚也赶赴前线督战，下令部队每天组织3个团，以400余架飞机、30多辆坦克为反扑进行掩护。

18 日，敌军的反扑重点转向我中集团正面之 602.2 高地、巨里室北山一线阵地，先后展开 1 ～ 3 个团的兵力，在 480 余架飞机、30 多辆坦克和大量炮兵的掩护下，进行连续猛攻。

五十四军一三五师在巨里室北山坚守阵地，打退韩军多次进攻，歼敌 6250 多人。韩军又使用两个营的兵力，在 10 多辆坦克的引导下，多路向四〇四团三连和七连阵地发起进攻。

战斗极为惨烈。一营三连连长和副连长都壮烈牺牲，二排长麻俊坤喊道："我来代理连长，大家听我指挥，坚决守住阵地！"

敌军冲上来，麻俊坤指挥全连打下去，敌军再次冲锋，他们再压下去。麻俊坤的双腿和右臂被打断了，就用左手射击。

最后，敌军组织一个连的兵力冲上麻俊坤坚守的阵地，将他包围起来。麻俊坤等到一群敌人靠近时，拉响了手榴弹，与之同归于尽。

三营七连三排长王占山在坚守阵地战斗中，连续打退敌 40 余次攻击，出色地完成了坚守阵地、阻击敌人的任务。

7 月 20 日，在战斗最困难的时候，丁盛命令五十四军的预备队一三四师全部投入战斗。四〇五团在巨里室西北高地与敌人展开争夺战，拉锯般地进行了 25 次争夺，直至 7 月 27 日，停战协议签订，阵地仍牢牢掌握在五十四军手里。

作为朝鲜战争最后一仗的金城战役，共歼以美军为首的"联合国军"5.3 万余人。这次战役向金城方向推进了 160 余平方公里，拉直了金城以南战线，有力地促进了朝鲜停战的实现。五十四军所属部队出色地完成任务，涌现了"二级战斗英雄"麻俊坤、王占山和 15 名国际功臣，14 个一、二、三等国际功臣连。

朝鲜停战以后，五十四军即在西起桥田里、东至北汉江地段担负"三八线"前哨阵地的守卫任务。为防止美军和韩军撕毁停战协定重新挑起战争，部队投入了紧张的战备施工。经几个月的艰苦奋战，构筑了大量的坑道、火力点、掩蔽部、堑壕、交通壕、反坦克壕、各种掩体、火炮与坦克阵地及防空洞等，还新修了军事公路，使阵地更加巩固，为长期坚守、粉碎敌人的进攻创造了条件。同时，修建了大量的简易营房，改善了部队的生活条件，为战备训练奠定了基础。

1954 年 4 月中旬，奉志愿军总部命令，五十四军将金城地区防务移交朝鲜人民军，部队移防至元山北玉坪里、文川、龙潭里、高原、永兴地区，担负守卫东海岸的任务。1955 年 3 月，又将东海岸防务移交朝鲜人民军，调防上端洞、宣川、古邑、定州、下端地区，守备西海岸。抗美援朝结束后，五十四军积极参加支援朝鲜人民重建家园，1958 年奉命分批回国。

## 边境反击:“瓦弄大捷”

抗美援朝归国后，五十四军参加青海、西藏平叛作战，对藏北青藏公路以西地区展开进剿，歼灭叛匪 2000 余人，确保了青藏公路补给运输安全。

1962 年 10 月，五十四军接到总参谋部命令，调一三〇师到中印边界东段、传统习惯线以北的喜马拉雅山脉南麓，参加反击作战。命令指出：根据瓦弄地区集结的印军和准备空运该地的援兵，估计瓦弄地区印军的兵力可能达 2000 ～ 2500 人，显示有坚守瓦弄的企图。为了歼灭这一地区的印军，中央军委决定一三〇师全部调到察隅地区，在昌都军分区部队配合下，执行歼灭瓦弄地区印军的任务。

五十四军迅即组成以军长丁盛为首的前线指挥部，简称“丁指”，统一指挥中印边境自卫反击战中的瓦弄地区作战行动。这对五十四军来说是一场严峻考验，他们面对的是从未接触过的、参加过第二次世界大战的印军正规部队。

11 月 6 日，“丁指”进抵西藏察隅。先期到达边境的一三〇师在师长董占林的带领下，正在进行战前侦察和准备。

11 月 16 日瓦弄作战全线发起攻击。4 时 40 分，第三九〇团以三营向“07”高地发起进攻，“团指”率一营、二营自“06”高地沿“05”高地东南侧向瓦弄方向穿插。“07”高地是印军防御前沿阵地左翼的制高点，有 300 余人驻守。攻击分队动作勇猛，迅速攻占了前沿阵地。但在只有 3 米宽的山梁上，兵力兵器施展不开，印军三面火力夹击，分队被压迫在“07”主峰下 30 米处。副排长张德兴独自冲入敌阵，英勇牺牲。班长周万派也只身跃入印军堑壕，壮烈牺牲。连长王传斌率领分队、伤员进行了十余次冲击，副连长、一排长等先后牺牲，“政指”刘贻武亦负伤。危急关头，二排机枪班长谭政贵率机枪组三人（参加火力急袭后返回）勇敢地抢占了有利地形，以机枪火力打退了印军成排成班的反扑。分队与印军短兵相接，展开了机枪对机枪、手榴弹对手榴弹的硬拼。配属六连的团七五炮连五班伤亡大半，副班长方纯德立即代理班长，与剩余的三人继续坚持战斗。五班在灌木稠密不能架炮的情况下，用背包带将炮捆在树上，发射炮弹十发，摧毁印军四个地堡和一个火力点，有力地支援了步兵抗击印军反扑。战后，方纯德荣立一等功。

在翼侧攻击的分队，摸至“07”高地东南侧发现印军，先敌开火，一举歼灭道格拉斯联队中校营长等 62 人，连续打退印军数次反扑，巩固了阵地。

“07”高地战斗打响后，第三八九团主力沿刀底曲向东台地发起进攻，行动中突遭台地北侧“80”高地反斜面上的印军侧击，部队被阻于半山坡上。“师指”严令迅速攻占该高地。

七连向察隅河东“80”高地发起冲击。防守该高地的印军为锡克联队四营四连，其为保障主峰阵地安全，与刀底曲（河）南岸守军构成交叉火网，并以一个加强班占领西南山脚，在该地构筑有地堡三座。其母堡位于子堡的后方，阵地中央有一个掘开式掩蔽部，并以交通壕、堑壕与各地堡连接。

七连三排长周天喜带领分队向山脚进攻时，身负重伤，但他顾不上包扎，强忍剧痛指挥战斗。在全排遭受严重伤亡、印军又猖狂反扑时，他既当指挥员又当战斗员，高喊着“为烈士报仇，为祖国人民立功”的口号，率领全排英勇杀敌，直至流尽最后一滴血。九班班长陈荣主动代理排长指挥，机枪手陈世荣被炮弹炸断三根肋骨，肠子流出，仍顽强战斗，直至攻占“80”高地。他们为河东的反击胜利打了关键的一仗。战后，国防部授予周天喜“战斗英雄”光荣称号，班长陈荣荣立一等功，排、连分别荣立二等功和三等功。

经过 10 小时的激烈战斗，印军前沿主阵地绝大部分被攻克。第三八八团控制了瓦弄扎公，割裂了印军部署，向纵深发展，直逼瓦弄。

“丁指”下令各部队加快进攻速度。三八九团攻占了河东高地，三九〇团二营进占瓦弄机场及其以南地区，三九〇团三营和二营一部打到天黑攻占了“07”高地，歼灭印军道格拉斯联队中校营长以下170人。一五三团五连也到达卡伦，继续向汉洋底前进。至此，中国边防部队全部攻占瓦弄。印军大部被歼，一部溃逃到峡谷、深山密林。印军第四军军长考尔中将带部分机关人员乘直升机逃走。

瓦弄之战是中印边境自卫反击战中关键一战，也是最后一战，歼灭印军三个营全部、一个营大部和印军第十一旅旅直分队等部共1200多人。号称参加过二战、曾击败“沙漠之狐”隆美尔军团的印度荣誉部队威风扫地。

## 八五整编："老铁军"入列

1985年，邓小平向全世界宣布：中国裁军100万。中国人民解放军进行大整编，第五十四军整编为第五十四集团军。此时，一支被称为老“铁军”的红军师，加入了第五十四集团军的序列。这个师的到来，使得第五十四集团军的历史又向前延伸了很长。

这个师曾经创造了我军历史上的多个第一——中国共产党掌握的第一支革命武装，参加南昌起义打响武装反抗国民党反动派的第一枪，第一个“支部建在连上”的党支部，第一个建立士兵委员会的单位，第一支实行“三大纪律、六项注意”的部队，第一个实践游击战“十六字诀”的团队……

这个师的前身是大革命时期的孙中山广州陆海军大元帅府铁甲车队，领导人是第一期黄埔生中的共产党员周士第等人。北伐战争中编为国民革命军第四军三十四团，也就是著名的“叶挺独立团”。在北伐战争中连克贺胜桥、汀泗桥，血战武昌城头，那时被人们称之为“铁军”。所以有人说，这支队伍诞生的时间，比中国人民解放军建军的时间还早。

八一南昌起义时，叶挺独立团改编的第二十五师七十三团是起义的骨干队伍之一。起义军南下途中，几次血战，在朱德、陈毅的率领下顽强地坚持下来，沿闽粤赣边界移动，保存了800多人的起义骨干。1928年1月，朱德、陈毅率部智取宜章县城，发动了湘南暴动，后改编为中国工农革命军第一师，朱德任师长，陈毅任党代表，全师发展到2000多人。4

月中旬，第一师和湘南起义军到达井冈山，与毛泽东率领的秋收起义部队胜利会师。“朱毛会师”后，两支部队合编为工农革命军第四军，朱德任军长，毛泽东任党代表。

在坚持井冈山的斗争中，这支部队编为工农红军第四军二十八团，是朱毛红四军的骨干，王尔琢、林彪先后任团长。而后参加中央革命根据地的第一、第二、第三次反“围剿”作战，表现突出。在第一次反“围剿”中，红四军第十师活捉了敌前线总指挥张辉瓒。毛泽东写下了光辉的诗篇：“万木霜天红烂漫，天兵怒气冲霄汉，……齐声唤，前头捉了张辉瓒！”

随后部队整编为红一军团第二师第四团，耿飚、王开湘先后任团长，杨成武任政委。在长征路上，红四团曾经担任中央红军的开路先锋，强渡乌江、巧渡金沙江、飞夺泸定桥、穿越草地、攻克天险腊子口等战役战斗，都是他们所为。

抗日战争全面爆发后，该部改编为八路军一一五师三四三旅六八五团，杨得志任团长，邓华任政训处主任。1940 年前后，其主力奉命编为八路军苏鲁豫支队，执行挺进华中任务。皖南事变后奉中央军委命令，改编为新四军三师七旅，转战苏北抗日根据地。在著名的刘老庄阻击战中，该旅一个连 82 名勇士顽强掩护主力和群众转移，最后全体壮烈牺牲，被誉为“刘老庄八十二壮士”。

抗战胜利后，他们千里进军东北。在恶劣环境下，参加了著名的秀水河子战斗，开我军在东北歼灭美械装备的国民党军的先河，大大振奋了我军的士气。在参加四平保卫战后，部队整编为东北民主联军第六纵队第十六师，参加了解放东北的历次大战。在辽沈战役中，该师勇猛机动，一举切断了美械装备的国民党军精锐廖耀湘兵团的退路，为全歼蒋介石五大精锐主力中的新一军、新六军，取得辽沈战役决定性胜利，做出巨大贡献。

辽沈、平津两大战役结束后，该师千里南下，横扫中南大地。在共和国成立的礼炮声中，这支英雄的部队解放了它的诞生地——华南首府广州。随后又奉命参加解放海南岛的战役，先后两次强渡一个加强团——突破国民党海空严密封锁的海峡，为战役胜利做出巨大贡献。

该师是一支将星云集、英雄辈出的光荣部队。共和国五位元帅（朱德、林彪、陈毅、罗荣桓、聂荣臻），粟裕、谭政、罗瑞卿等七位大将和萧克、杨成武、杨得志、耿飚等数百位将军先后在该师战斗和工作过。还有人统计，中央军委确定的36位军事家当中有15位在该师工作过。部队先后涌现出“强渡乌江模范连”“刘老庄连”“渡海英雄连”“飞夺泸定桥二十二勇士”以及“马特洛索夫式的英雄”王玉山等英雄单位和个人。

1979年2月，南疆自卫反击战打响。在副军长兼师长张万年的指挥下，他们在军事重镇谅山外围的支马、禄平地区接连打了四仗，四战四捷。张万年身先士卒，靠前指挥，在强渡奇穷河时，指挥位置距敌前沿仅有几百米。指挥车遭越军特工偷袭，中弹16发，机要译电员当场牺牲，因张万年早已向前转移，特工偷袭企图未能得逞。

新时期以来，第五十四集团军又先后参加了1998年长江抗洪、1999年50周年国庆首都大阅兵。从2000年以来，红军师先后担负“军交—2000”演练、“铁拳—2004”涉外演习、“和平使命—2005”中俄联合军事演习等重大任务，部队的全面建设不断加强，先后被总部、军区表彰为“军事训练一级师”“先进师党委”“抓基层先进单位”“整建制后勤管理先进师”“‘十五’期间装备管理先进单位”，涌现了“见义勇为的英雄战士”徐洪刚等一大批英模集体和个人。2006年11月，被中央军委记集体二等功。

第五十四集团军形成了独具特色的“铁军精神”：听党指挥、忠于人民、坚贞不渝的铁的信念；不怕牺牲、敢于胜利、百折不挠的铁的意志；军民一致、官兵一致、牢不可破的铁的团结；令行禁止、执纪严明、秋毫无犯的铁的纪律；勇猛顽强、英勇善战、所向无敌的铁的作风。

LUZHANZHIHUN
ZHONGGUO WANGPAI
JITUANJUN

# 从大渡河走来

## 中国人民解放军第六十五集团军

在中国人民解放军陆军 18 个集团军序列中，列在最后的番号是驻张家口的第六十五集团军。

在第六十五集团军“红军师”的军史馆里，我们看到了这支部队的崇高“精神”——“敢打头阵的大渡河精神、视死如归的狼牙山精神、勇猛如虎的清风店精神、官兵友爱的吕顺保精神”。一句话，就是“忠心耿耿听党指挥”的部队。

排在最前面的是“敢打头阵的大渡河精神”。第六十五集团军的官兵也说，他们的前辈是从大渡河走来的。其实，这个说法也不是很确切。这支部队的前身红一师早在强渡大渡河前就参加了秋收起义和井冈山的斗争——1933 年 6 月 7 日在江西永丰藤田镇，红三军第七、第九师和红二十二军军部及第六十六师合编成立红一方面军第一军团第一师，第一任师长罗炳辉是电影《从奴隶到将军》中罗霄的原型，政委蔡树藩，参谋长耿飚。下辖红一团、红二团、红三团。红一团团长周振国（后因病到后方，杨得志接任团长）；红二团团长李聚奎，政委刘英；红三团团长黄永胜，政委邓华。

20 世纪 80 年代后期，笔者曾经数次访问原军委秘书长耿飚将军，他肯定地说:“红一师是在江西的永丰县藤田镇开始编队组建的。藤田改编还叫作授旗典礼，我还记得两面旗子的字，一个叫‘决胜千里’，一个叫‘牺牲决胜’。”

他印象极深的一个情节是，那天晚上举行了一个晚会，很多领导同志都化装上台表演话剧。后来的共和国大将罗瑞卿当时扮演的是蒋介石，聂荣臻、李克农等也都登台亮相。那时，萧劲光刚从苏联回来，他就在台上跳乌克兰水兵舞，穿着个长筒靴子，跳的那个节奏、那个声音让台下的红军战士连声叫好。

红一师的历史，波澜壮阔。红一师成立后就参加了第五次反“围剿”斗争和二万五千里长征，长征途中的表现更是可圈可点，在突破四道封锁线、两渡乌江、四渡赤水、强渡大渡河、巧战直罗镇、激战山城堡等著名战役、战斗中，他们不畏强敌，打出了威名。毛泽东、周恩来、朱德等中央首长先后三次到该师传达遵义会议精神，部署作战任务，赞扬该师执行命令坚决，作风英勇顽强，为保证红军主力战略转移立了功。

# 十八勇士锻造“大渡河精神”

在我们这一代人心目中，红军强渡大渡河绝对是一部传奇。

1935 年 5 月 24 日晚，红一师一团团长杨得志率一营冒雨赶到大渡河安顺场。同时到达这里的还有红军的参谋长刘伯承、红一军团政委聂荣臻等。

来这里之前，杨得志像很多红军将领一样，早已知道太平天国翼王石达开那段悲壮的历史。

1863 年，太平天国翼王石达开率 4 万人马渡过金沙江，抵达大渡河畔。他组织部队扎营造船，指挥前锋抢渡，当渡过 1 万人马时，石达开担心前锋遭到背水作战的局面，又下令把渡过河的 1 万余人撤了回来。当时大渡河河水汹涌，4 万人马被阻于南岸，官军由四面八方蜂拥而至。太平军进退两难，粮食断绝，乘夜强渡失败，致使全军覆没。石达开悲凉地写下“大江横我前，临流曷能渡”的诗句。

红军将领也看到，蒋介石是师法清代将领骆秉章对付石达开的战略部署，企图凭借大渡河天险堵截红军，完成对红军的包围。“让共产党做石达开第二！”

红一团一营营长孙继先是小跑着来到安顺场的。

在半山腰的一个煤棚里，孙继先见到了表情严峻的刘伯承和聂荣臻。刘伯承说：“一营长，现在给你下达任务：一、消灭安顺场的守敌。二、以最快的速度找到过河的船。三、立即过河。四、过河后迅速抢占滩头阵地，掩护后续部队过河。”并约定每完成一项任务，点一把火为信号。

当年，笔者采访原中国人民解放军总参谋长杨得志时，他说：“那时没有什么五万、十万比例尺的地图，没有哇，连个路线图都没有。每天派侦察参谋，先到前面调查，明天到哪里，几里路，多少人家，有哪个村子……

“过大渡河时，我们团先袭击了安顺场。安顺场有七八十户人家，我们到那里时，敌人正在喝酒、打牌。他们的哨兵喊口令，问是哪个部队，我们一直往前走，敌人就开枪，我们很快就把他们打散了。

“大渡河的河水很急，两边都是高山峻岭，悬崖陡壁，找了一个晚上，我们找到一条船和几名船工，同时选出十七名官兵组成渡河敢死队。第二

泸定桥

天上午，勇士冒着敌人密集的枪弹，分两次乘船穿越急流，胜利抵达北岸。在滩头会合后，迅速抢占了渡口要地。当时选的十七个人，第一船过了九个人，带领第二船的就是济南军区副司令员孙继先。那时，他当营长，带着继续过，第二船八个人，加上孙继先，也是九个人。我是团长，是第三船过去的。

“过河时，河水那么急，敌人又在对岸打枪，怎么成功了？这里还有个幕后英雄赵章成。他是上级配属给我们的炮兵连连长。他带的炮兵连，只有三门迫击炮，我问他带了多少炮弹，他说一共才只有三发，一门只有一发。我的天哪！我说你要打准呐。他那个时候有点儿迷信，打炮之前要画十字，把十字画完了就打一家伙。过河时，敌人在对岸的碉堡里疯狂扫射，赵章成‘咣咣’两发炮弹，敌人的两座碉堡就上了天。这三个炮弹，最后还剩下一个。”

当笔者请教，强渡大渡河的究竟是十七勇士还是十八勇士时，杨得志说：“这两个说法是有原因的。两条船上共有十八个人。本来是十七名突击队员。营长孙继先同志身先士卒，带队强渡大渡河，这不是十八人吗？

宣传的时候，就是说十七个突击队员。没有说有领导干部。那时就是领导带头打仗，带头让荣誉嘛！”

从此，“敢打硬仗、不怕牺牲”的大渡河精神，在红一师官兵心中深深扎根，融入血脉。

## 视死如归的“狼牙山精神”

狼牙山五壮士的故事，在晋察冀广为流传。我们这一代人则是在小学课本上就认识了他们。后来，笔者认识了杨成武将军，他不止一次讲起这几位英雄。

1937 年 8 月，红一师的部队改编为八路军第一一五师独立团，团长杨成武。平型关战役时，他们在腰站阻击敌人，保障战斗的胜利。同年 10 月，扩编为八路军独立第一师，后又兼八路军晋察冀军区第一军分区。在此期间，他们打了雁宿崖、黄土岭歼灭战，击毙日军“名将之花”阿部规秀中将，举世震惊。在百团大战中，他们又救助日本孤儿，谱写了一曲人道主义赞歌。

1941 年 9 月，第一军分区司令员杨成武接到晋察冀军区聂荣臻首长的电话，说日军要进行一次“大扫荡”，大约有 7000 日军对第一军分区所在的地域“扫荡”。

这块地域内的狼牙山地形险峻，道路狭窄，易守难攻，这一带的党政军民常以此做依托。过去日军“扫荡”时，他们就利用这里的天然屏障和敌人周旋。这次杨成武接到命令后，立即指挥部队和地方党政机关向狼牙山地区转移。

9 月 25 日下午，杨成武带着主力部队去护卫晋察冀军区机关，只留一团等少数部队在狼牙山。第二天早晨，日军 3500 余人突然从管头、龙门庄、界安出动，从三个方向直扑狼牙山。

一团团长邱蔚报告杨成武说：“司令员，从早晨就打响了，敌机轮番轰炸、扫射，炮弹也落在了棋盘陀上，被包围的除了我们一团，还有易县、定兴、徐水、满城四个县的党政机关人员，四个游击队以及狼牙山周围和进山的群众，得有三四万人，怎么组织这么多人突出去？”

杨成武说："现在四个游击队也归你统一指挥，一定要顶住，绝不能让群众受损失，你随时报告情况，我一定想法给你解围。"

邱蔚立即召集各营连、党政和游击队干部开会部署力量，把住各个路口，节节抗击，争取时间。

没多久，杨成武又打来电话："敌情搞清了，我们来个'围魏救赵'。我调集三团和二十团猛攻管头、松山、娄山、周庄，把九连山和碾子山的敌人吸引过来，这样就会拉开一个十多里地的大口子，你们就从这个口子突围。争取今天晚上全部突出来。另外，你们应留下一个连，让民兵配合，争取明天再打半天，使敌人误认为你们还在山上，掩护这三四万人撤退！"

幸存下来的"狼牙山五壮士"之一宋学义回忆说："那天，天黑以后，全团都聚集在狼牙山山脚下待命。我们刚到，团长便派人叫我们七连上棋盘陀。刚攀到半山腰，团长便迎下来了。他和连长（刘福山）交谈了几句，便命令我们六班和二班站到连队前面去。"

邱蔚团长对七连二班和六班的战士们说："同志们，主力能否安全地跳出敌人的包围圈，全看你们能不能把敌人困在棋盘陀！明天中午 12 点以前，不准敌人越过棋盘陀。你们一定要很好地利用狼牙山的险要地形。你们一个人就能够抵挡 100 个甚至更多的敌人。"

转移的部队和其他人员开始行动了，邱蔚又一次走到二班和六班战士跟前，叮嘱道："同志们，狼牙山交给你们了！"

宋学义还回忆说："主力完全消失在黑暗里。连长命令二班守北山脚那道口子，我们六班守东口。二班走后，连长又详细交代了任务，挨个儿同我们握手，然后也带着部队走了。棋盘陀上只剩下我们六班五个人——班长马宝玉，副班长葛振林，战士胡德林、胡福才和我。"

下面就是我们很多人熟知的情景了：

日军指挥官深信邱蔚团已被围住，命令部队再次疯狂地向狼牙山进攻。激战中，七连战士大部分牺牲，连长刘福山身负重伤，为让大部队及七连受伤战士安全转移，指导员蔡展鹏命令马宝玉班留下坚守。

敌人开始了进攻，马宝玉沉着应战，等敌人走得很近时才令大家一起射击，手榴弹也接二连三地飞进敌群，敌人一批批倒下。他们一时搞不清山上究竟有多少八路军，以为是碰上了主力，便下令炮轰。

太阳已经偏西，按计划大部队也已转移完毕，马宝玉便下令"撤"。刚走不远，发现前面是个岔路口：向北去是主力部队和群众转移的方向，他们可以很快归队，可敌人正尾随其后，肯定会追上来，那无疑将前功尽弃，并使主力部队和群众处于危险境地；向南走，是通向棋盘陀的一条绝路。

此刻，马宝玉毫不犹豫，果断下令："向南走！"五个勇士一条心，宁可牺牲自己，也要保证主力部队和群众的安全。

五勇士边打边撤，并有意将行动暴露给敌人。敌人以为我军主力就在山上，紧紧咬住不放。五勇士凭借险要地形，又击退敌人多次进攻，子弹、手榴弹用光了就用石头砸，最后连能搬动的石头也用完了，日伪军发现他们没有子弹了，蜂拥似的向山顶冲来，并叫喊道："捉活的，捉活的！"

面对拥上来的敌人，马宝玉神情庄严地对战士们说："同志们，我们都是有骨气的中国人，宁死不投降！为人民牺牲是光荣的！"五勇士折断枪支，从容走向悬崖！

21 岁的马宝玉整整军衣、正正军帽，大喊一声："同志们，跟我来！"第一个纵身跳下深谷。葛振林等四名战士也相继跳下悬崖。

五勇士的悲壮之举，令一向骄横的武士道信徒们个个胆战心惊，直到

**晋察冀军区第一军分区政治部主任罗元发（左二）给"狼牙山五壮士"幸存者之一宋学义（右二）佩戴奖章**

这时他们才弄明白，数千日军围攻一天，耗费大量弹药，死伤数百人，原来与他们作战的只有五名八路军。

班长马宝玉等五名战士的英雄壮举迅速传遍全军、全国，被誉为“狼牙山五壮士”。

当时人们不知道的是，五壮士跳下悬崖，马宝玉、胡德林、胡福才三人壮烈牺牲，但副班长葛振林、战士宋学义被山崖上的树枝挂住，幸免于难，脱险后返回部队。

宋学义回忆:“我紧闭两眼。起初还能听到呼呼的风声。突然，像有个什么硬东西在腰间撞了一下，接着便失去了知觉。原来是半山腰伸出来的一棵树把我挂住了。同时被挂住的还有副班长葛振林。我的腰摔断了。第二天，老乡们把我送到医院……”

## 勇猛如虎的“清风店精神”

抗日战争胜利后，晋察冀军区第一军分区部队于 1945 年 9 月改编为晋察冀野战军第二纵队，开国上将郭天民任司令员兼政治委员，辖第四、第五旅。这是解放战争早期第六十五军的前身。

1947 年的秋天，晋察冀野战军打了一个翻身仗，这就是著名的清风店战役。它开创了晋察冀部队歼灭战的新纪录，对扭转华北战局起了关键性的作用。

1947 年 10 月 11 日，晋察冀野战军命令第二纵队进逼徐水，围城打援。第二纵队扫清外围后，迅速对国民党军形成合围。围城以后，对徐水发起攻击，但战斗并不顺利，持续攻了三天，还是没有打下来。

三天以后，国民党援兵出来了，驻固城的国民党军第九十四军和驻容城的国民党军第十六军开始向徐水运动。当天晚上 6 时，野战军司令部（简称“野司”）来电，命令二纵四旅撤出攻城战斗，北上参加打援的战斗。

北线国民党援兵猬集，不易分割，双方形成对峙。晋察冀野战军调整作战部署，主力向西，待机歼敌。

四旅在容城兴隆庄地区加入了打援的队伍。天黑时接到情报，驻石家庄的国民党军第三军军长罗历戎率所部主力七师及配属一个团北上保定，企图对我野战军进行南北夹击。

石家庄的国民党军出来了！这是一个重要情况。敌变我变，野司首长立即调主力六个旅南下望都以南，在这里打第三军。

军令如山，各个部队起程南下，但这时四旅仍在北线和国民党军打得难解难分。野司来电，命令四旅不得恋战，火速南下。但此时国民党军第十六军死死咬住四旅，一直打到晚上 7 时，四旅主力才将段村、北张村地区防御任务移交给兄弟部队，趁着夜色飞奔南下。

这时，他们已经连续奋战了八昼夜，战士们累极困极。但旅首长清楚，这时谁走得快，谁能忍受疲劳，谁就能赢得胜利。于是，萧应棠旅长要求部队召开飞行会议，边走边进行动员。战地宣传队在路边给大家鼓劲儿，干部和党员带头走在前面。快！快！快就能抓住敌人！

当时的群众工作做得非常出色，沿途每个村村头都放好开水缸，乡亲们拿出自己舍不得吃的窝窝头、咸菜、鸡蛋等，塞进战士们手中。他们硬是一昼夜强行军 80 公里，于 19 日下午 3 时按时赶到预定地域。不少老战士说，他们是边走路边睡觉的。

国民党军第三军被我主力合围在清风店、西南合等十余个村庄内。

**清风店战役中被击落的美制国民党军飞机**

20日拂晓，晋察冀野战军四纵和二纵六旅、三纵九旅同时向国民党军发起进攻，将其压缩至南合营、高家佐和东、西南合村的狭小地域。

在这种情况下，四旅又奉命疾进20余公里，于当日傍晚渡过唐河，以神速勇敢的动作，直扑国民党军第三军军部、七师师部和两个团驻守的西南合村。

21日凌晨，旅长萧应棠率两个团，分别从村西南角和南面展开强攻。在炮兵的掩护下，第十团二、三营和第十二团一、三营各一部，首先突入村内，抢占数栋房屋，逼近国民党军军部。军长罗历戎亲自督战，拼命反扑。此时，附近高家佐的国民党军向西南合溃退，堵塞在突破口，对我突入部队形成内外夹击。短兵相接，突入部队伤亡骤增。

战斗打得很是惨烈。我十二团副团长、政治处主任牺牲，十团两名营长也壮烈牺牲，十二团九连连长岳忠被打断双腿，拉响手榴弹与敌同归于尽。一连连长魏成科指挥全连与发狂的国民党军浴血奋战，死死守住村头的一所院子，像钢钉一般楔进敌人心脏，粉碎了国民党军一个连到一个营兵力的多次反冲击，毙敌数百人，而一连打到最后仅剩20余人。

旅长萧应棠深知这枚钢钉的重要性，一直守在电话机旁，一边倾听来自突破口的情况报告，一边命令炮兵集中火力和调遣后续部队支援一连。21日上午，四旅十一团赶到，立即由十二团一连据守的突破口加入战斗。22日4时30分，我军从四面八方以排山倒海之势向敌最后的据点西南合发起总攻。

7时，四旅主力向国民党军军部猛插，彻底打乱了其防御体系，此时各兄弟旅也先后攻入村内，将其分割，各个歼灭。国民党军军长罗历戎率数百人向东南角突围逃窜，最后被俘。

当天晚上11时30分，战斗结束。

在清风店战役中，四旅先是围点诱援，然后北阻强敌，最后飞兵南下，直捣敌军部，对加速战役的胜利进程起到了重要作用。

在战役总结大会上，野司政委杨成武对四旅的评价是："西南合战斗，共六个旅参加，大家都有功劳。但最困难、最艰巨的任务是四旅担任的。他们走的路特别多，又特别快，到后即加入战斗，虽然他们缴获最少，但是记功时，四旅应记第一功。"

清风店一战，四旅十团和十二团荣记集体大功，分别获得"勇敢坚

**1947 年 10 月，聂荣臻接见被俘的国民党军第三军军长罗历戎（左一）**

决”“勇猛如虎”的奖旗，成为六十五军战史上著名的两个大功团。十二团一连还被纵队命名为“魏成科英雄连”，并记集体大功。

## 兰州城外战犹酣

1949 年 2 月，根据中共中央军委关于统一全军编制及部队番号的命令，华北军区第八纵队改称中国人民解放军第六十五军，辖第一九三、第一九四、第一九五师。邱蔚任军长，王道邦任政治委员，萧应棠任副军长兼参谋长，王克斌任副军长，蔡顺礼任副政治委员兼政治部主任。

同年 4 月，第六十五军参加太原战役，他们从南门攻入城内，歼守军 9000 余人。6 月，调归第一野战军建制，参加解放大西北的作战。

1949 年 8 月，进军大西北的人民解放军兵临兰州——这里是反动势力马步芳重兵设防的西北重镇。

8 月 20 日，六十五军一九三师师长郑三生、政委史进前带各团主官到兰州城东南方向的马架山勘察地形，研究部署作战任务。

马架山是兰州的东南要地。守军是马步芳的主力，号称“天下第一师”的一〇〇师二九九团和配属的二九八团一个营及一个山炮营，是马步芳手中最为凶狠的部队，俗称马家军。

主阵地古城岭上有密如蛛网的铁丝网、鹿寨和蜂窝似的地雷区，钢筋水泥地堡及野战工事星罗棋布，火力交叉，并有坚固的暗道贯通。马家军利用地形进行了人工削壁，并从前沿至纵深挖有三道深、宽各 5 米的外壕，埋设尖木桩。古城岭东西两侧是悬崖绝壁，难以攀登，山后则修有汽车道直通兰州。

8 月 21 日清晨，兰州战役打响，外围阵地的枪炮声四起，古城岭上硝烟弥漫。六十五军五七九团在马架山南麓卜家路口向马家军主阵地古城岭发起攻击。他们迅速通过火力封锁，先头分队进入雷区时，周围地雷连锁爆炸，他们在地雷爆炸中勇猛前进，越过铁丝网冲到第一道外壕。这时，近百个马家军士兵突然从侧翼冲出，他们赤膊上阵，挥舞着大长刀，疯狂冲来，五七九团的战士们一阵手榴弹，把这一批亡命徒打了下去。

战士们不知道，这些亡命徒冲锋前是喝了血酒，喊叫着“战死可以升天”往上冲的。当他们再次冲上来时，三营官兵上了刺刀迎上去，真是一场刀对刀、枪对枪的血战。拼杀一个小时后，马家军丢下十几具尸体被打了下去。

不一会儿，又一群马家军士兵从另一侧包抄过来，又是一场激战，一直打到太阳升起老高，部队还是没有突破敌前沿阵地。上级命令暂停攻击，重新组织战斗。

第二次攻击仍未奏效。一九三师再次增加突击力量，调五七九团一营和五七八团三营加入战斗。下午 4 时，当部队冒着密集的火力冲到第一道外壕时，又有人触雷牺牲。还未站稳脚跟，马家军又开始每次用一个多连的兵力连续反扑，新加入战斗的五七九团一连就连续击退马家军十余次反冲击，壕内外堆满了马家军士兵的尸体。但前进速度缓慢，战士们前仆后继，反复拼杀，终于在黄昏前夺占了马家军第一道外壕，并一鼓作气突破第二道外壕，接近第三道外壕。

这时，马家军组织猛烈反扑，三营只得退回到第一道外壕。他们像钉子一样牢牢地钉在那里，一直打到深夜。马家军当晚向古城岭增调了一个营的兵力，也没能够撼动这颗“钉子”。

8 月 21 日，整个兰州外围攻击均不顺利，有的部队还严重受挫。第一野战军司令员彭德怀决定部队暂时停止攻击，总结经验教训，调整部署，做好充分准备后再发起总攻。

六十五军按照彭总的指示，调一九四师两个团上来，归一九三师指挥。同时命令部队冒雨挖掘工事，补充弹药、给养，并组织小分队昼夜袭扰敌人。

8 月 25 日拂晓，兰州战役总攻开始。

炮火准备一结束，一九三师冒着马家军的炮火向古城岭再次发起攻击。部队踏着英雄们经过浴血奋战开辟的通路，勇猛冲杀。在第二道外壕前，正面进攻的五七七团突然遭到马家军交叉火力的封锁和压制，前进受阻。三连三排在排长赵山的带领下，连续爆破马家军的外壕，打开了突破口。一连夺占了第二道外壕，七连三排也攻占了第二道外壕的三个地堡。此时，五七八团也从右翼攻进了第三道外壕。

马家军士兵在督战队的砍刀和枪口的威逼下，挥舞着大刀，从侧翼疯狂地冲杀过来，与占领外壕的部队展开了殊死搏斗。战士们吼叫着“宁死前进一丈，决不后退一寸”，把马家军打了下去。

在 5 小时的拉锯战中，双方争夺 20 多次，阵地上尸横遍野，鲜血流淌。

为加速战斗进程，一九三师师长郑三生令预备队全部上阵。厮杀中，五七八团三连忍受着饥渴，全连只有一壶水，一个人一天只能吃到两个土豆，但他们连续打垮马家军 14 次反冲击，一直到战斗结束，没有失掉一寸阵地。

五七九团六连不少战士的枪打坏了，刺刀拼断了，他们就用手榴弹、用马家军尸体上的枪顽强战斗。五八二团在师左翼加入战斗。经过激战，全部攻占第三道外壕，并迅速向纵深发展。在一九三师的全力攻击下，残敌开始向兰州市里溃逃。追上去！追上去！他们将红旗插上了古城岭主峰。午夜，马架山战斗胜利结束，

当日黄昏，友邻各部队先后攻占了兰州外围各阵地，守军全线溃败。1949 年 8 月 26 日中午，古城兰州宣告解放。

# 《英雄赞歌》唱《团圆》

电影《英雄儿女》主题歌《英雄赞歌》曾经风靡大江南北。英雄王成的形象感动了无数中国人！但很多人并不知道，这部电影和六十五集团军也有关系。

1952 年，作家巴金作为志愿军慰问团成员，在朝鲜开城前线采访了志愿军六十五军五八二团团长兼政委张振川。张团长向巴金讲述了这个团三打“红山包”的战斗。而六连副指导员赵先友和战友们坚守 67 高地视死如归、壮烈牺牲的事迹深深打动了这位大作家。

1952 年 10 月 2 日，志愿军六十五军一九四师五八二团二营奉命夺取 67 高地（海拔 67 米）。它的面积不足 1 平方公里，距板门店只有 5 公里。

1952 年 10 月 3 日中午，李承晚陆军王牌第十一师为夺回 67 高地，动用坦克、飞机、大炮，狂轰滥炸，接着以两个加强连的兵力向高地猛扑。

二营六连坚决打敌反扑。指导员、副连长负重伤被抬下阵地，副指导员赵先友与连长李才商量，敌火力太强，山上没有坚固工事，先把主力放在红山包下边的屯兵洞，必要时往阵地上增人。他自己带一个加强班坚守 67 高地。

10 月 4 日凌晨，敌人又开始发起猛烈进攻，大约有两个排向山上冲来。赵先友命令战士等敌人靠近后再打，40 米、30 米……赵先友一声令下，机关枪、冲锋枪同时喷出火焰，两侧的战士们向敌群夹击扫射，敌人狼狈地逃下山。晚上，赵先友和战友把爆破筒埋在阵地前沿，用电话线固定在爆破筒的拉火管上，引到工事里，并在离工事较远的地方埋设地雷。天亮以后，敌人又集中兵力发起进攻，当进入雷阵时，赵先友命令拉火起爆，敌人又一次惨败。坚守期间，赵先友还总结作战经验，组织两个小组在敌人欲溃逃之时向其发起冲锋，十几分钟就结束了战斗。敌人被打得晕头转向。这一天，赵先友带领战士们连续打退了敌人五次冲锋。

10 月 5 日上午，敌人使用飞机、坦克和上百门大炮，对 67 高地进行地毯式轰炸，炮弹、炸弹、凝固汽油弹不断落下，整个阵地浓烟滚滚，碎石横飞，山头被削下一米左右。敌人用一个营的规模，强行向高地发起攻击。赵先友率领六连战士与敌人殊死拼搏，激烈的肉搏战后，阵地上只剩下身负重伤的赵先友、负轻伤的刘顺武、二排副排长王桂印、战士李富四人。敌人还用飞机、炮火封锁了我军增援的通路，派去的一个班都伤亡在路上。

敌人从高地四面包围上来，副排长王桂印、战士李富相继牺牲，阵地上只剩下了身负重伤、双目失明的赵先友和负伤的刘顺武。敌人嚎叫着越来越近，赵先友对着步话机喊道："团长，敌人上来了，快开炮打吧！"

指挥所里张振川团长含泪下令炮兵向阵地开炮……

当反击部队夺回阵地后，他们看到，在 67 高地坚持了 57 个小时，打退敌人的 17 次冲锋，创下歼敌 562 名战绩的赵先友、刘顺武等 20 位战友已经全部壮烈牺牲。

这次战斗中，六连被授予"英勇顽强守如泰山的钢铁连"光荣称号，赵先友荣立特等功，刘顺武等八位同志立一等功。部队将赵先友等烈士的遗体运送回国，安葬在沈阳抗美援朝烈士陵园内。

巴金被赵先友等人的英雄壮举深深感动，表情凝重地发出了内心的感叹。回国后，他很快写出小说《团圆》，发表在《上海文学》1961 年 8 月号上。

《团圆》发表后，引起了人们的注意，受到热烈欢迎。当时的文化部副部长夏衍责成长春电影制片厂将小说《团圆》改编成电影，这才有了电影《英雄儿女》。

从小说到电影，当然是一种再创造。编剧毛烽在认真研读《团圆》的过程中，也读到了一篇题为《向我开炮》的通讯。这篇通讯是两篇稿子合成的，写了两个人的故事：一是 1953 年 6 月 29 日晚，志愿军七十三师二一八团配合金城主攻方向对无名高地之敌反击，战斗中于树昌也曾经在喊出"敌人上了我的地堡顶！开炮！向我开炮！"之后，砸碎步话机，拉响最后一个爆破筒，冲向拥来的敌人，牺牲时年仅 22 岁。于树昌"向我开炮"的情节让人动容。另一个是 1953 年 4 月，二十三军六十七师二〇一团步话兵蒋庆泉及战友，在石岘洞北山遭到强敌围攻时，蒋庆泉也对步话机喊出了"向我的碉堡顶开炮！"……这些情节，都被编剧和导演用来塑造《英雄儿女》的主人公——王成。

是众多的志愿军英雄，催生了艺术形象王成。这正像《抗美援朝战争史》上记载的："……危急时刻拉响手雷、手榴弹、爆破筒、炸药包与敌人同归于尽，舍身炸敌地堡，堵敌枪眼等，成为普遍现象。"

“王成”是一个艺术形象，他并不是生活中的哪一个人，他身上有着很多英雄战士的影子。这些英雄中，一定有六十五集团军的赵先友。巴金先生对此有一个非常明确的“证明”——现在矗立在六十五集团军某部的“战斗英雄赵先友”英雄塑像底座上，就刻印着巴金先生亲笔题字——“王成式的战斗英雄——特等功臣赵先友　巴金　1991年8月20日”。

## 红色基因，薪火相传

1953年10月，六十五军抗美援朝胜利回国，驻防河北张家口，开始了新的征程。他们先后完成了战备训练、教育学习、国防施工、营建生产、天津抗洪等重大任务。虽然历经多次调整改编，但红军的血脉、红军的传统，在官兵身上生生不息、代代相传。

改革开放以来，他们参加了著名的“802”华北大演习。演习期间，时任中央军委主席的邓小平和其他中央领导在张北地区观看了六十五军红军师“步兵师坚固阵地防御战斗实兵演习”。有五个方队参加了演习后的阅兵式。同时，该军两个连队与驻地万全县旧天子大队开展军民共建文明村活动，在当时开创了军民共建社会主义精神文明的先例。随后在光缆施工、张北抗震等重大行动中，也都圆满完成多项急难险重任务。

1985年百万大裁军，六十五军整编为中国人民解放军第六十五集团军。进入新世纪以来，红军师连续八年入选全军军事训练一级单位。他们参加了北京奥运会、残奥会开幕式和闭幕式的六项表演和保障任务。在国庆60周年盛典上，六十五集团军组建的步兵方队以铿锵有力的步伐，接受了祖国和人民的检阅，展现了官兵良好的精神风貌。时任中共中央总书记的江泽民到六十五集团军视察时，为部队题词勉励：“发扬老红军传统，为人民再立新功。”

六十五集团军紧紧围绕提高信息化条件下打赢能力，积极完成从机械化训练向信息化训练转变。在落实军事训练教学责任制、深化士官制度改革试点、组建维和工兵大队赴利比里亚执行国际维和、参加“和平使命—2010”上海合作组织联合军演等多项重大任务中表现出色，受到了总部、军区首长的好评，为红一师战旗增添了新的辉煌。

# 后记：写给读者朋友

这本书的出版，经历了一个不短也不算太长的历程。

2013 年中央人民广播电台邀请我在国防时空节目开设《名家谈军事》专栏，解读中国人民解放军历史上的 70 个军。这一档节目持续了将近两年。其间，电台的朋友告诉我，固定的听众已达数百万。同时，我也接到了许多来信和电话。其中有的来自基层部队的战士，也有的来自民间的军迷，还有一些老将军、老领导、老八路。他们或是赞许，或是提出意见和建议，这让我很受感动。

由于广播是一过性的，所以不少的热心听众通过不同的渠道找到我，询问能不能出书，什么时候出书。

在他们的鼓励下，我开始整理讲稿。这时，湖南《湘潮》杂志的主编找到我，希望我能给杂志开一个专栏，聚焦已对外公开的中国人民解放军陆军 18 个集团军的历史和现实，择其要点写成 18 篇纪实文稿。于是，就有了这本书的雏形。

去年，纪念中国抗日战争暨世界反法西斯战争胜利七十周年大阅兵时，陆军 18 个集团军都有官兵受阅。我看到每一个方队都高举着英雄的旗帜，感受到每一个方队都流淌着英雄的血脉。这更加坚定了我把这本书写出来的决心。

而在写作过程当中，一些集团军的首长以及军史馆等部门也都给我提供了无私的帮助。有的老首长提供了他们的回忆录，有的提供了珍贵的历史资料。第一集团军、第十二集团军、第十六集团军、第四十集团军、第四十一集团军等单位既提供了材料，还让相关的同志帮我梳理资料。新华社摄影记者李明和阅兵指挥部的摄影记者苏向东为我提供了高水平的摄影图片，为这本书增色不少。

陕西人民出版社的宋亚萍总编辑，李向晨、刘景巍主任，关谊编辑为这本书的出版付出了辛苦的劳动。特别是李向晨先生，很早就向我约稿，并多次和我讨论书稿的相关内容。书稿写完后，还送交军事科学院专家审定，使得本书更具有权威性。

另外，狄敏、刘文睿、王喆、田礼红、胡厚良等同事、朋友也给予了我很多的支持和帮助。在这里，我向所有为这本书的出版付出过劳动的朋友们，一并表示谢意。

最后，还有一句话想和读者说。出书是遗憾的艺术，任何一本书成书之后，都会发现一些遗憾，我真诚地希望所有的读者，把您读后的意见和建议告诉我。我期待着……

董保存

2016 年 10 月于北京